# 带你走进
# 加拿大高中

【加拿大】朱凡 (Frank Zhu) / 著

中国商务出版社

北京

## 图书在版编目（CIP）数据

带你走进加拿大高中 / 朱凡著 . 一 北京：中国商务出版社，2016.4（2019.12重印）

SBN 978-7-5103-1496-4

Ⅰ . ①带… Ⅱ . ①朱… Ⅲ . ①高中－留学生教育－概况－加拿大②高中－介绍－加拿大 Ⅳ . ① G639.711.8

中国版本图书馆 CIP 数据核字 (2016) 第 082876 号

带你走进加拿大高中

**DAINI ZOUJIN JIANADA GAOZHONG**

【加拿大】 朱凡(Frank Zhu) 著

出　版：中国商务出版社

发　行：北京中商图出版物发行有限责任公司

社　址：北京市东城区安定门外大街东后巷28号

邮　编：100710

电　话：010—64269744 （批发、网购）

　　　　010—64263201 （零售、邮购）

网　址：http://www.cctpress.com

网　店：http://cctpress.taobao.com

邮　箱：bjys@cctpress.com

照　排：北京鹏飞一力图书有限公司

印　刷：北京建宏印刷有限公司

开　本：710毫米×1000毫米　1/16

印　张：16.75　字　数：268 千字

版　次：2016年4月第1版　　2019年12月第2次印刷

书　号：ISBN 978-7-5103-1496-4

定　价：38.00元

六月下旬一个周末的晚上，我在多伦多家中的卧室沙发上看书，小儿子Donald 推门进来，他手里捧着一大堆材料。

"老爸，这是我这个学期的成绩报告，老师上课时发的大纲和课程资料，哦，还有我做过的作业、练习的卷子，你看，你是不是需要都留下来，你不要的话，我会扔掉的！"

因为儿子知道我在帮助照顾从中国来加拿大读书的中学留学生，平常我也不时地跟他询问学校情况，关注他在加拿大上学的事情。他觉得这些材料或许对我会有用，所以特别前来征询我一下。

我家 Donald 读完了 9 年级也就是高一年级，9 月份将升读 10 年级，他还有三年时间才高中毕业。目前我照顾的留学生大都是来加拿大读 10 年级。不过，我还是叫他把所有资料放好。来加拿大读中学的中国孩子越来越低龄，下学年已经有来读 9 年级的孩子，他的父母希望孩子在加拿大完成四年高中学习。儿子这些学习资料说不定还真能派上用场呢！

一年前，Donald 随我们从中国来到加拿大。他在中国生活了 14 年，再过几个月就是 15 岁的小伙子。可是在父母眼里，他还是个小孩子。这不，在我跟前的他仍旧像小时候那样的毫无拘束，把东西放在地毯上，然后，顺势躺了下来，打个呵欠，伸一下懒腰。

"儿子，今天是这学期最后一天，你回来上学也一年，怎么样，你有什么可以跟我分享的？"

我话音未完，他闭着眼睛立即睁开。我心想，或许这个话题太沉闷了，这孩子会爬起来溜走。没想到，Donald 翻了个身，仰望着天花板。然后，他接住我的话题，跟我聊了起来。

于是，我们爷俩一个坐沙发一个躺地上，东拉西扯地聊了大半天。

### "英语这门槛终于迈过去了"

来加拿大读书，英语是一道门槛，从中国来的无论是"学霸"还是"学渣"，都没有办法绕道而行。

一年前的新生入学测试，老师觉得儿子的英语水平中等，根据他的年龄把他编排到 ESL 的 C 级别，入读九年级。ESL 是专为那些英语并非母语而是第二语言的学生而设计的英语课程，从 A 至 E 按程度分为五个等级，A 是最简单级别，E 是最高级别，相当于正常的 10 年级英语水平。现在，儿子已经过 D 级，下一学年除了要通过 E 级，他可同步选修常规的英语课：10 年级英语。

"这一年我最大的收获，是可以完全听懂课堂上老师讲的了，"儿子开口分享道："刚来的时候，老师在课堂上讲课，我还能连猜带蒙，大概明白一点点。但听班里同学讨论，我就插不上嘴，不知道他们讲什么。记得上美术第一堂课，老师让大家二人一组，自由组合，互相认识，问对方姓名、有什么兴趣爱好，然后向全班介绍你的同伴情况。我的邻座是当地人，她把我说的都复述一遍，我不但把她姓名念错，也听不明白她说什么，只好借口说我忘记她讲什么，让她自己说出来，好丢人呀。上 ESL 课还好点，老师说得慢，同学用简单词句，但上其他正常课例如商业、科学、美术等困难大得多，我要同本地生做一样的进度，他们土生土长读了八年书，用英语去听说表达和写作比起我这个刚来的新生，不说你也知道有多大的差距。有一次，有个本地同学好奇地问我，他们讲笑话我为什么老是说"Yes，Yes"，他不知道我实在听不懂他们讲什么，只能微笑地说"Yes，Yes"，假装我是听懂了。

他继续回忆道："刚来第一个学期我上课生怕听不全搞不懂，每节课特别专心拼命去听，放学回来特别累，只想躺在床上睡觉……"我一边听一边在回想着，难怪有一段时间他放学回来，放下书包就躺在床上睡着了。我还以为来加拿大半年他还在倒时差呢！原来如此。

儿子在英语方面的困惑挣扎在三个月后家长老师见面会上，老师们都有反映。不过，这里的老师非常友善，都说孩子在一个新环境要适应是不容易的，他们都赞赏孩子的努力，还劝慰我们对孩子多加鼓励，要有足够的耐心。因为，成长需要时间。

儿子也很幸运，在教会里找到几个同校的同学，他们都是韩裔、日裔新移民，来加拿大有几年时间，英语不错。每天中午，这几个有爱心的学长都会约我儿子在学校公立图书馆的某个角落，吃各自准备的午餐，一起聊天。这一招还真管用，儿子多了说英语的机会，自信心也逐渐增加。少年人在一个陌生的环境里学会增强自信心非常重要，这不仅需要家长的鼓励，而且还要有同龄人的帮助。

作为过来人，我们非常清楚尽快掌握好英语对儿子在加拿大学习的重要性，但是我们没有找补习而是把他送到教会去学。我们教会每周五晚在多伦多大学里有个《圣经》英语学习班，我们鼓励儿子参加，正好他的那几位同学也在这个班上，他就答应下来。开始轮流读《圣经》时，轮到他不会读，牧师手把手地帮他，牧师念一句他跟着念一句。很快就跟上来，再坚持了几个月，终于有一天晚上他回来，兴奋地对妈妈说，他可以用英语同人讲自己的学习心得了。

"儿子，下学期开始上的常规英语，你将失去特殊照顾待遇，同本地学生一起一视同仁地上课做作业参加讨论。人家英语的听说会写是从幼儿园小学初中这样积累下来的，你是中途上车的插班生，所以，你将会面临新挑战，将要比别人付出多几倍的努力！"我忍不住地开始教训儿子了。

"老爸，打住，再说我就要离开了！"儿子立即打断我。

我是典型的"中国式父母"，在学习上总是施压、层层加码。其实我细心想一下，孩子每天上课平均 6 个小时，一个学年大约 1200 个小时，儿子整天都泡在英语世界里了，最难能可贵的是一个学年过去了，Donald 每科成绩都是 85 分以上。他站稳了脚，适应了与中国不一样的中学生活。

**"真实地感受到孩子的压力，还是从孩子似乎贪玩游戏开始的"**

接下来，我们聊到一个敏感话题：上网看东西、玩游戏。

"你近期整天关着门干什么？好像都在上网打游戏，是吗？"我问道。

"什么一整天，一天我才玩两个小时。"儿子漫不经心地回答。

"不止两个小时呀！"我扳着指头帮他计算。下午三点半回到家，书包还没放好，电脑已经打开，玩到六点多，吃完晚饭，帮忙做些家务，在正式做作业之前、做作业之间和做完作业之后，还会见缝插针地拿着手机鼓弄手机小游戏。

"玩手机的时间不算数"，孩子知道我想说什么。

"有时候作业太多了，遇上第二天要考试测验，我能一天都不玩游戏，只能在周末补回的，所以你在周末看不见我，误以为我一天在玩呢。"他说的也是实话。

如何处理小留学生上网玩游戏的问题，是不少陪读家长的心病。

在中国，我们对孩子上网有个不成文的约定：只有周末才可以玩两小时，中间还要起来休息一会。升读中学他是住校的，周末才回来，那个约定也成了他的习惯。但来到加拿大，一切都改变了。家庭作业少了，在家待的时间长了，空闲下来，上网成了每天的指定动作。今天的 90 后、00 后，不吃饭、喝水可以忍耐，不上网可受不了。那些从国内书山题海包围中"解放"出来、从父母和老师全方位监督中获得"自由"的 16 岁左右的小留学生们，再有节制也拒绝不了网络的试探，何况加拿大的上网速度比中国快多了。

"你现在还玩国内的那款游戏？"我转换个话题。

"对，一样的，只是更改了服务器。"他答道。

"哦，在加拿大玩游戏与中国有什么不同？"

"更加快速，不会卡住机器！在国内玩的话，网速太慢老是卡机，最气人的是，你有机会反击却因为速度不快，眼睁睁地看着别人把你干掉……"他似乎越说越兴奋。

"所以，你在加拿大玩游戏，觉得更加痛快？"我探讨道。

"你是什么意思？"他用眼角瞄我一下。"老爸，你不要以为我只是玩游戏，我还是在学英语的。"

边玩边学，多好的借口，我心里想。

"我玩的游戏都是英语版本的！我玩的游戏是队战，一组好几个人，有时候会有些讲英语的人加入，我们会用到英语术语配合。"他解释道，"有时候我也会开着电脑不玩只看别人玩，听他们用英语对话，我也从中学到不少攻略。你懂英语，操作更顺利，各种武器运用起来才得心应手。"他说得有些道理。

但从内心我还是认为上网玩游戏不是一件"正经事"，浪费时间荒废学业，容易演变成"网瘾"。事后，我同太太提及和孩子的对话。她引导我说："你要对自己的孩子有信心，这些年我们以身作则他应该知道上学读书是他的责任；你要对自己的孩子有信任，他应该是个有节制的人；还有，我们回来都觉得压力不少，何况是孩子，如同游戏全部'清零'，他在加拿大也是重头开始，极不容易"。

让他玩游戏适当轻松一下，就算是"减压"，太太安慰我说。

她说得也有道理。真正投入学习，在哪都会有压力的。我三个孩子在国内读书可能已经习惯了中国的教育模式："单行道"，上课只听老师讲的，下课排山倒海的习题操练，按部就班无需额外的烦恼。但在加拿大念高中，除了英语的压力以外，他们还要适应"双行道"教育模式：从上课到做作业，你都不能置身事外，在老师的引导下要有自己的看法和与众不同的创意，原先中国所学的训练一时半刻派不上用场，接受加拿大这里的新的训练又应付不来，困惑、挣扎、挫折等随之而来，有期待自然有压力。

其实，这也是许多小留学生刚来加拿大时的普遍现象。我太太看出这个现象背后的原因，她真实地感受到孩子的压力还是从孩子似乎贪玩游戏开始的。

看来，家长要站在孩子的角度去理解孩子的行为。

作为家长我还要做好引导工作，希望孩子除了上网玩游戏以外，还能找到更多"减压"方式，例如看书、打球、游泳。对了，马上放暑假，不如我去社区中心报名，让他参加游泳训练班！

### "交友，他找对了钥匙"

"儿子，下个月你第一次一个人回中国探望你的小伙伴们，你都通知他们你回去的消息了吗？"小儿子吵着回中国过暑假，我们同意了，年迈的爷爷奶奶也挂念着孙儿。

"早就安排好了，一个月的行程排得满满的。"儿子虽然和小伙伴们分手一年，但他们在网上保持联络。

"如果能待久一点更好。"儿子说。

"那你干脆留在那边，重回你的母校，继续读你的初三。"我故意逗他。

"好啊，你以为我不想吗！只怕我来真的你和妈妈不答应。"儿子回敬我一句。

"三年后我有能力，我会争取回去中国读大学的！"末了，他补充道。

　　最后那句我听着耳熟，我以前也曾经听过儿子的两个姐姐说过。老大 Christie 和老二 Garbo 刚刚返回加拿大读高中头一年，每当想念国内的好朋友，她们都会冲口而出说这句话的。现在 Christie 已是多伦多大学毕业生，Garbo 是 Ryerson 大学建筑艺术专业大一学生。这俩姐妹回中国读大学已成为历史旧话。

　　"不过，现在许多同学都想出国读中学和大学，你回去做好心理准备，他们的父母可能向你问长问短的。"我提醒他。

　　"我不像你，又出书又写专栏什么的。如果我的同学想出国留学的话，我干脆叫他们来加拿大和我做伴，你做他们的监护人，怎么样？"儿子知道我在帮一些国内朋友的孩子们到加拿大念书的事情。

　　我没有搭理他，仍然按我的思路问："这一年下来，你在这里的学校交了多少个朋友？"

　　"没有一个，只是有些聊得来的同学罢了。"他再补充解释，"聊得来的同学多是中国人，当地的同学特别是刚入校的同学都很幼稚似的，还像小学生那样用手当枪玩打仗，或者追逐打闹……"加拿大高中没有中国那种班的概念，选不同科目进不同课室，同学之间的关系自然不像中国的那样紧密，如果是读寄宿学校的，同学之间朝夕相处也许会多了解一些能成为朋友。

"之前邀请你去玩彩弹枪战的犹太人同学，他怎样了？"儿子学校位于犹太人社区，他的同学以犹太人居多。

"他们那帮人喜欢玩带点暴力的游戏，不适合我。"有其父必有其子，我家儿子是个书生。而且，他蛮清高的，在学校旁边的大操场跑步，他也喜欢独立自一人。所以，来加拿大后的第一个暑假，他吵着要回中国过。

"还好，你有几个跟你一齐回教会的同校校友。"我安慰他。这个时候的少年人，朋辈的友谊十分重要。

"是的，放心吧，老爸，我不会做宅男的！"他一跳而起，走出我的房间。

……

望着 Donald 离开的身影，忽然之间，我觉得他长高了不少，一个一米八的帅小伙子开始进入青春期。难得我们谈得来，父亲同儿子沟通没有代沟确实是一件开心的事！

**这一年，我与留学生家长沟通最多的话题：如何从留学成功转变到成功留学**

同 Donald 聊天之后，有一个意念好几天总是在我脑海里盘旋，是时候我要梳理一下这一年我陪读的所见所闻。

　　自从我的两本关于留学加拿大中学的专著：《中学就去加拿大——我将两个女儿送入加拿大名校》(电子工业出版社，2013) 和《轻松留学加拿大》(华文出版社，2015)，在中国与读者见面后，不断有家长向我打听加拿大留学的事宜，我力所能及，定期利用网络替国内家长排忧解难。我留意到，家长们对留学加拿大的关注已经开始从怎样申请、如何选择公校私校、什么年龄出国最合适等前端问题，开始转移到他们的孩子在加拿大如何安置、如何尽快适应有效监管和及时帮助等后端问题。当然，这项工作更加繁重和复杂。国内留学中介服务机构对于这方面的切实了解还是有差距的。更有聪明的家长有"超前"意识，孩子出国之前，他们已经四处寻找既熟悉加拿大本土文化又能兼顾中国教育传统的"后援"服务。身为三个孩子父亲的我，身处加拿大多伦多的我，重拾起当年"传道、授业、解惑"的重担。

　　在我与国内家长们的沟通中，我一再强调，孩子留学前，家长要准备的不仅是充足的学费和生活费，还有很多要做的"功课"。加拿大中学与国内的大不相同，家长应从各种渠道去了解：加拿大中学的学业规划、课程设置、选课技巧、成绩考核、与老师沟通途径，等等。只有家长不讲"外行话"，才能给孩子建设性的参考意见；只有家长对加拿大高中教育的规律了解多一些，才能与孩子有效交流；只有家长多认识学校运作，才能结合自己孩子真实情况做出相应的调整。孩子是父母送出来的，家长自然更加渴求了解加拿大中学里所发生的一切，他们希望可以助孩子一臂之力。

我理解中国父母们的心情。我可以把这一年发生在我儿子以及我们身边那些来读中学的留学生们的故事写出来，把我所理解的加拿大教育从家长的角度分享出来。这些对于那些打算把孩子送来加拿大读中学的父母，应该是有帮助的，对于那些孩子已经在这里念中学的家长，也会有所启发吧。

出国留学，第一年是关键。我们的孩子能否把父母所寄托的成功留学的目标转换成若干年后留学成功的结果，这一年365天的经历十分重要。"万丈高楼平地起。"

好吧，说干就干，事情就这样成了。于是，经过半年的努力，就有了现在你手上这本书《带你走进加拿大高中》。

当然，时间匆忙，这本新作当中肯定会有错漏的地方，我恳请大家不吝赐教和指正。同时，我更期待你分享读后感，邮件可发送到：zhufanfrank@126.com

朱 凡

2016 年初，加拿大多伦多

# 目　录

后　记

# 第一章

## 新生怎样去报到？

留学生抵达加拿大之后，由监护人带着去教育局报到，预约到测试中心做英语和数学水平测试，然后，孩子到学校注册，跟负责学生学习的顾问或辅导员见面，制定学习课程表。测试、注册、选课，新生报到三部曲，看似简单，当中留学生已经体验到与中国有所不同的加拿大高中教育。

## 一、入读只考英语和数学？

8 月，我接到教育局的通知，小儿子 Donald 要进行入学前的水平测试。他在中国念完初一相当于这里 7 年级，我帮他申请继续升学读 8 年级。我带着 Donald 去了市区内一个新生接待中心。新生入学前水平测试科目主要测验英语和数学两个科目内容。"为什么入读加拿大高中的新生教育局只是测试他们的英语和数学？" 在新生水平测试中心，我遇见一帮"陪考"家长，来自山西的丁妈妈先抛出这个疑问？

在多伦多教育局的新生接待中心家长休息室，我遇到一帮同样送孩子来做测试的华人家长，他们有的是打算来陪读的，也有的是专程送孩子过来的。

二十多个孩子进了考室，我们这群中国家长围在一块，聊了起来。

"为什么入读加拿大高中的新生教育局只是测试他们的英语和数学？"来自山西的丁妈妈先抛出这个疑问。

湖南刘妈妈有同感，"在中国，初中升高中只有'中考'，要考三天啦。"

北京朱妈妈似乎见识广些，她分析道，测试英语应该是根据考生的水平进行分班。"我们的孩子不是本土生的加拿大人，英语也不是他们的母语。"

我同意朱妈妈的说法。"我的儿子是加拿大人，但他不是一直在这上学，回到加拿大也算是'新来的人'（new comer），他也要进行英语水平摸底测试。"

上海王爸爸加入我们的讨论，"听说多伦多教育局属下的上百所高中只有 20 多所接收国际留学生，他们被称为（International student）或者（Visa student），他们入读的学校有专门的英语辅助课程叫 ESL（English as a second langue），这个特别的英语课程帮助我们的留学孩子逐步适应学校的英语教学并最终能够同本地以英语为母语的同学一起学习"。

贵州来的罗妈妈问："你说的 ESL 是不是就等于我们小时候学古文《三国演义》，因为我们看不懂，所以就有简化的小学版和高中版的。"

"对，你很聪明的，能够明白 ESL。"北京家长接着说："孩子读公立学校是最幸运的，只要提供在校成绩单就可以。如果报读私立学校，还要面试。贵族名校还要有英语水平的门槛，要提供雅思和托福成绩。"

山西的家长继续问道："我明白孩子来这边念书必须是要先过语言关才能学其他的课程，今天就是为 ESL 课程分班做测试的。但是，教育局为什么还要测试数学呢，是不是想看看我们的中国的孩子数学有多厉害？"

北京妈妈被问倒了，"这个我就不懂了"。她开始猜测，"可能也是为了分班吧？"

"测试数学除了根据水平进行分班以外，很重要的原因是加拿大高中毕业必须要有英语和数学的成绩。不过，我们的孩子应该不怕数学。"我插上一句，然后转身问："大家请举手，都学过奥数吧？"结果全都举手。现在来加拿大读高中的孩子已经不再是以往那样在国内读不下去才送出来的，都是能读书的孩子。而且从这帮家长的口里知道，他们的孩子在国内都是读名校，孩子的学习成绩很好。

"看来今天的测试结果可能是两个极端：英语可能是我们孩子最差，但数学是我们中国学生最强的。"我开玩笑地说。

大家也笑了。英语是沟通的工具，数学是学习的基础，这一个道理，这些陪读家长们还是明白的。

说好要测试一个上午，但这些中国小留学生们不到一个小时纷纷交卷。

孩子一出来见到家长，马上汇报。

第一个出来的是来自北京的孩子，我听到她跟她妈妈说："太简单了，妈妈，你知道他们怎么给我们测试吗？老师先问我过来读几年级，我跟他说我准备读 10 年级，他就给我一份数学卷子，我一看那是 8 年级数学题，我很快做完。然后，老师给我第二份，9 年级数学题，我也没有问题。接着是 10 年级的，一直往上做题，到了 11 年级的题目我有些卡住了。老师告诉我，可以了，数学题测试结束。另外，英语测试分成口语和写作文两大部分，写作部分我觉得好像有点难，不过老师说我做得很好，既然他说很好我就交卷了。"

北京妈妈说："你看其他的孩子都还没出来，你那么快出来干嘛呢？这么骄傲，要检查几次，因为学校是根据你成绩进行分班的。"

"妈，没关系，老师说我做得很好。出来之前我听别人说，在加拿大老师说你很好就是非常好的，哪像我们班上老师整天说我这不好那不好，其实我心里明白，我们那的老师不喜欢表扬学生。"

山西家长说："是的，你孩子行。我估计我孩子就在里面憋来憋去，也不会憋出一个好成绩的。"

北京妈妈安慰他："测试只是摸底，孩子申请来读 10 年级，应该还是安排读 10 年级的。""是吗？他们不会为了挣我们多点钱用分数卡孩子，有意把我们的孩子往低年级放？"

不知那位家长有疑虑。

"不会吧，在我们那，有些学校可能会这样做，我有个朋友的孩子，明明成绩可以进精英班的，他们还是说不行要补习，结果老师推荐孩子去补习中心里面，补这个补那个，好不容易才进了重点班。"

我提醒家长们："加拿大不像中国那样到处都有补习机构，尤其是公立学校，他们很不提倡补习。"

孩子们全都出来了。

数学测试以做试卷为主，内容从低到高由浅至深，测试学生相应知识和学术水平。因为之前中心已经有 Donald 的出生年月、在中国学校成绩报告的公证，所以，他们相应地给他 8 年级的试题。据他后来回忆说道，负责测试的职员检查发现 Donald 都做会 8 年级的试卷，然后给他另一份 9 年级的，Donald 做完后，他们又给他更高年级的测试内容。不过，越往上做卷子 Donald 感觉英语理解上越来越困难。用他的话来形容，公式、概念表面上好像明白，但不知道怎样用英语来表述答案。

我问我的小儿子："你的英语测试题难吗？你做得怎么样？"

英语水平测试除了单独做卷子外，还加入考官学生一对一、考官与学生小组面试内容。Donald 觉得自己听说能力比起写作能力更强些。儿子描述道："一开始有两个老师跟我聊，问些基本问题，可能是看看我口语，我有些紧张，不过他们一直微笑看着我。开始时，他们问我什么我就用最简单最省略的 Yes 或者 No 做回答，结果其中一个老师说，你可以尝试用完整的句子来回答。他们说，我要学会用长一点的句子来说，这样几个句子就变成一个段落了，几个段落再长一点，就变成一篇文章了。接着还真的要写文章，没有字数的限制。说实话，我真不知道自己写得好不好。测试最后一部分，是四个同学为一组，回答一个老师的提问，然后再换另外一个老师提问。有些同学很厉害，老师只讲一次她都能回答，有些同学他好像根本听不懂，一问三不知……"

"你说根本听不懂的是不是这个孩子？"山西家长把孩子推过来。原来，她一直在旁边听我们的对话。

"嗯。"我儿子不好意思点点头。

她说："你看，这回惨了。"

"走吧，别说了，一起去吃午饭吧！"湖南妈妈邀请道。

家长们各自带着孩子往外走。

下午，公布测试成绩，家长和孩子按次序逐一分别地被叫到办公室里面。

果然不出所料，所有中国留学生都要进 ESL 班。公立学校 ESL 英语由低到高分成 ABCDE 五个等级，我们这帮刚认识朋友的孩子当中要数来自北京的小红成绩最好，读 E 级，下学期可以直升入普通英语班，同当地人一起上英语课，而从山西来的小罗只能简单会一两句对话，他要从 A 开始读起。孩子数学成绩都没有问题，达到他们报读的年级数学要求。

我和小儿子是最后一个被叫进去的。中心的老师叫上我和孩子们一起看 Donald 做过的所有试卷和考官们的评语。Donald 通过了 8 年级和 9 年级水平测试。不过最出乎我意料之外的是，我家 14 岁的小儿子竟然是"跳级"升班了。原来，加拿大教育是按年龄分级的。我儿子虽然在中国完成了相当于加拿大 7 年级的初一，我们以为他会升读 8 年级的，这里按年龄来分年级，2000 年前出生不管是 1 月 1 日还是 12 月 31 号出生的孩子按理都会是九年级学生。新生水平测试中心的负责人跟我们解释道，多伦多的孩子从 5 岁（12 月 31 日之前）入读幼儿园大班（Senior Kindergarten），然后升读 1 ～ 8 年级的 Elementary School，最后入读中学 (High School)。通常理解，幼儿园大班至 12 年级讲的就是 5—18 岁接受义务教育的年龄段。按照这样计算，千禧年出生的 Donald 直接入读 9 年级。

之前我们已经在口碑不错的森林山 (Forest Hill) 高中安顿下来，打算让孩子在附近初中读一年的 8 年级，9 年级才入读这所高中。加拿大读中学是按住址分配的，我们预早选择了"学区房"。但是，中心递给我们入学档案袋封面上，不是附近一所初中学校，而是我们打算一年后才申请入读的森林山高中。我担心孩子的学业是否跟得上。教育局的职员把孩子的成绩表给我看，解释道，你儿子学习能力没问题，他做数学 9 年级的试卷全都通过，他的英语属于中等水平，建议学校安排在 ESL 的 C 班级。

那帮的家长围了上来，恭喜你，这是好消息，你的孩子可以跳级，比我们的孩子少读一年，看来做加拿大人还是划算些！

其实最开心的还是我的孩子。我们还没离开多伦多教育局的新生接待中心，他就迫不及待给妈妈打电话，大声地说："妈妈，你知道吗？我跳级了，他们说我不用读 8 年级，我可以直接读 9 年级！"

　　测试结束。我心里还是有些不踏实,回到家里,我登上多伦多教育局网站,在关于孩子上学年龄级别问题上,我也找到了答案。

　　划分年级的标准是根据年级水平测试的。加拿大公立教育局网页上的英文解释如下:

　　Q:"How is grade placement determined?

　　A: Grade placement is generally determined by your age and academic background. The TDSB reserves the right to determine final grade placement.

　　It is understood that the grade level of your course selections in our school system depends on the results of the assessment tests that you are going to write after you arrive. It may take you two or more years to graduate with an Ontario Secondary School Diploma and to meet the requirements for admissions to university or college in Canada."

　　教育局会根据孩子的年龄、受教育的背景、新生入学水平测试等诸因素考虑,然后由教育局老师与学校沟通做出决定的。难怪在此之前,我带着 Donald 到多伦多教育局申请入读当地 8 年级,新生接待中心老师告诉我们,如果测试合格,Donald 可以跳级升读 9 年级。教育局的三项要求 Donald 都满足了。

　　身为加国纳税人,我们的孩子是享受免费教育的,所以,孩子跳级一年,无形中他帮加拿大政府节省了一年的学习资源。当然,我家孩子这种情况同中国来念中学的自费留学生是不一样的。

　　后来,我有机会陪同新生去多伦多几个教育局和私立学校报到。我发现,对于新生入学报到的程序和手续,留学生和新移民学生,大致是一样的。只是每个教育局、私立学校具体做法上略有不同。例如,多伦多天主教公立教育局的新生测试,他们的做法比多伦多教育局简单些,测试时间短,学生只做测试卷,测试成绩由监考老师直接电邮给入读学校,学生不能立刻知道测试成绩。私立学校的做法也各有差异,但透明度更高些,学校会同家长、学生一起讨论测试结果的。

新生入读只考英语和数学，因为这是加拿大高中二门最基本的课程。孩子入读学校会根据测试的英语水平安排孩子选修相应的课程。

## 二、跳级、升级和平级，关键看孩子的能力水平

从中国来到加拿大读中学，有三种年级衔接途径：跳级、平级和降读。我三个孩子，小儿子被迫跳了一级；两个女儿正常升级，继续升学；我认识的学生，老师却建议重读一年，平级衔接。跳级、升级还是平级，家长无须纠结，关键看孩子的英语水平和学习能力。

陪儿子做新生入学前水平测试的经历，让我想到孩子在学业上如何平稳过渡的问题，因为中加两地教育制度有很大的不同。关于加拿大中学教育与中国的差异这一点，我在后面延伸阅读里有较详细的介绍。加拿大中学划分年级的原则是根据孩子的年龄、受教育的背景、新生入学水平测试等因素，考虑孩子入读年级的升降。目前，大部分来加拿大留学的中国中学生都是自然对接，升级入读的。我家三个孩子，其中老大 Christie 念完高一（10 年级），老二 Garbo 念完初二（8 年级），前后分别回到加拿大，衔接升读 11 年级和 9 年级的。

后来跟其他孩子去做新生报到时，我留意到中加教育制度的不同，留学生来加国念中学的年级对接并非全都是无条件的"无缝"衔接，也存在有条件的"有缝"衔接。第一，除了年龄以外，你在国内中学所完成的学历部分需要获得加拿大教育机构的认可。孩子的学分置换，公立学校教育局和私立学校都有不同标准，大致而言，你念完初三（9 年级），被承认最多学分 8 个学分，距离安省高中毕业要求的 30 个学分你还需要再修 22 个学分。加拿大高中实行学分制，如果你一年修 8 个学分课程，你至少要读三年的高中。也有学生是在国内念完高二上学期，来到加拿大念 11 年级下学期，教育局评估给了 20 个学分。孩子再读一年半就毕业。三个学期只需修 10 个学分，相对轻松。按照一学期上四门课，这个学生毕业时会多选修了二门，选择的余地多一些。中国学历成绩如何套换成加拿大学分，

新生报到时，学生可以直接向老师查询。

第二个"有缝"衔接的决定因素是孩子的英语水平。我的一个学生 Mable 在国内念完高二（11 年级），原计划来读一年 12 年级的，但在新生入学测试，她的英语只得 B 级水平，相当于初级的程度，这样，Mable 无法按原计划上正常的 12 年级课程。学校先安排她重读 11 年级，希望她通过上暑假班或者夜校，先提高英语再做安排。英语不是我们的母语，我们的孩子即使在国内学习成绩很好，但因受语言的限制，还是要接受加拿大教育局的决定。加拿大学校要根据你的英语水平，将你编进合适的年级。

中国孩子来加拿大读中学，第一年主要是用来学习英语和适应当地学习生活。后来，我有机会接触到更多留学生，我开始注意到许多低龄的孩子英语水平差强人意，尤其新生上课听不明白老师所讲内容，一段时间内，孩子家长压力都很大。所以，我觉得有必要提醒家长和学生，要有心理准备，念高中的时间长短要有一个预留的空间。

年级衔接不是小问题。如何解决年级衔接，我专门向加拿大的教育专家讨教。他们告诉我，年级衔接变化要因人而异。如果你的孩子英语不是特别优秀，新生测试英语水平从 ESL 的初级 A 或 B 级别开始，他们建议孩子的年级平级衔接，也就是说，孩子在加拿大复读一年，打好英语基础之后，才继续升级。当然，也有例外继续升级而成功的。

一年后，我有机会就年级衔接这个问题同一些陪读父母交流。有些家长后悔当初急于替孩子升级，以致后来孩子学习跟不上，失去自信，花更长的时间去适应。也有些家长分享道，即便孩子的英语水平在新生测试时被评定在 ESL 的较高级别，例如 D 或 E 级别，并不代表孩子真的没有语言障碍，如果留级多读一年，可能孩子在学业、交友等方面更有自信。还有一个家长说得更直接，加拿大没有高考，高中 4 年就是为了考取大学而准备的，我的孩子从初三（相当于 9 年级）过来，如果升读 10 年级，将来申请大学因在加拿大英语成绩不足 4 年，他还要考雅思，她听了我们的意见，帮孩子调整一下，重读一年，从 9 年级开始。后来证明这种调整，对她的孩子英语真有帮助，孩子在 11 年级时各科成绩优异，还有机会参加课外许多活动。俗话说得好，磨刀不误砍柴功。

退一步，海阔天空，这种想法固然好，但因父母帮孩子报读中学年级，在国内申请学校时已经完成年级衔接程序。新生水平测试后，父母主动提出调整的只属少数。不过，我在后来辅导中学留学生的实践中，也感受到年级衔接的重要性。所以，如果学生时间许可，家里经济条件成熟，我还是建议，新来的学生不要急于继续升学，而是多预留一年的时间。

跳级、升读还是重读，年级过渡衔接的选择，关键还是看孩子的语言学习能力的高低。我非常赞同教育专家的意见。家长如果有什么疑惑，最直接的方法是向学校学业顾问或学生顾问查询。

## 三、加拿大中学不是按成绩分班级的

在中国上学，学生是按年级分班的，同一个年级还会细分班级。分班标准通常根据学生的成绩，精英班和普通班，当中差别可大了。每一个家长都希望孩子可以进精英班，不要输在起跑线上。我以为加拿大中学也是按成绩分班级的，到学校报到的那一天，差一点在校长面前出了洋相。

从教育局新生测试中心回来的那个晚上，我发现小儿子特别的紧张。他知道自己跳级读 9 年级，又很想早点知道自己会被编排到哪个班级。明天就要去学校报到，他一再追问我，明天会不会还有分班的测试。说实话，我心里没有底。在中国，我先后送三个孩子入读中学，去学校报到之前都会有个摸底测试，根据成绩他们被编排进入精英班或称快班。有经验的家长从孩子是读一班还是七班，大概估计到自己孩子在年级中的排名。我以为加拿大的中学也是这样操作。我对儿子说，为防万一，你还是准备一下。孩子问，怎么准备？准备什么？我反而被问倒，但条件反射式地引导他，看看英语，把国内带来的课本看一遍。我把在国内买的英语碟子翻了出来，对孩子说，没有复习材料不妨看看这些英语碟子。

**[插曲]为分到好的班级，陪读家长的危险之举**

拿着教育局录取通知书回到家中不久，我接到一位家长的电话。他跟我说：

"Frank，"他现在也学会用英文叫我名字了："我问你一个问题，你知不知道我们从新生接待处那边回来拿了一个大信封，里面装着我们孩子在那里测试的试卷、成绩、评语，等等。教育局的人叫我们把这个大文件袋带到孩子报道的学校交给校长。这个文件袋我发现封口很简单，我可以开封打开看看里面的成绩吗，你觉得怎么样？"

我说："你想看什么，好像当时他也问你有什么意见，然后把你孩子的试卷放进去，有些评语，因为他们是经过几个老师考核，认为你的孩子是这样的成绩。"

他答道："我才不管，我小心点打开看看。"

我问："你是不是想改成绩，把分数改高一点点？"

他没有吱声。

电话挂了。

过一会，电话铃响，还是这位老兄。"太可惜，都是英文的，我看不懂。"

"我跟你说了，这份文件就是当时我跟你一起都看了的文件，其实就是测试的那份卷子，卷子都一样，只是老师的评语不一样。"

他说："糟糕了，我打开过这个信封，明天到学校报到会不会被校长发现？他会不会怀疑我改过成绩？"

我无言以答。"加拿大信任是很重要的，学校既然把文件交给你，让你拿到学校里面其实就是对我们的信任。"

他说，"老哥，真对不起，我都不知道这边的游戏规则，我担心把孩子分到不好的班里面老师会没那么重视。我们在老家老师只看两头，要不就是最好的，一个班60名学生，老师会特别重视前10名或者前5名的，要不就看最差的，就叫他们不要调皮捣蛋，只要他们不影响到班里面，他们尽量抓住两头保住中间。我是希望自己的孩子进到前面，我想他们进入精英班，一个学校里面那么多年级，一个年级里面只有两个精英班，其他都是普通班，说的好听点是叫奋斗班，其实就是最差的那个班。你不进到尖子班，学校的配置也不行，最强的老师也都是放在最好的班级。所以，我不知道我的孩子明天去报道之后会不会进到最强的班里面，毕竟，我们好不容易把孩子送出来，都希望他能够读好的大学、好的中学和好的班级。"

我理解他的心情。我安慰了他几句，问他："孩子在干嘛？"

"在玩游戏。"他说。

"不妨叫他复习预备一下，明天说不定有面试。"我提醒道。我不但对这位家长这样讲，也是这样吩咐自己的孩子。哎，我这个做家长的是不是太紧张了点？

第二天一早，我们步行到街的另一头的学校报到。

在校长办公室，我递上教育局新生测试中心那个大文件袋，连同孩子证件、免疫注射证明和在读公证书。然后，我的个人资料：公民证、驾驶证、住所租约合同。房租合约很重要，它证明孩子是该学校的地段生。

趁着校长进出复印材料，我悄悄地对儿子说，估计今天不会再测试了，你看校长手里也没有试卷，否则，我们一进来他会递上试卷让你去做。孩子也观察到，在我们前面来报到的孩子都是交完材料就离开的。

可能他们根据你昨天的测试成绩编班吧。

校长进来看见我们俩在咬耳朵讲悄悄话，对我们笑了一下。他核对完所有资料后，递给我几份父母／监护人须知守则，叫我仔细阅读后签名。孩子未满 18 岁，父母／监护人要承担督促孩子每天上学的责任。

我逐一签上字，与此同时，校长同儿子在闲聊。

我听到儿子问，今天有测试吗？

校长说，你已经测试过了，剩下就是选课了。

我把签好父母责任书、孩子个人肖像权使用许可、外出活动同意书等教育局规定文件递上。

校长站起身握着我儿子的手说，欢迎你成为我们学校 1 年级新生（多伦多高中读四年，有人习惯把 9 年级叫做高中的 1 年级）。

轮到同我握手，他说，感谢你选择我们学校。

我看机会来了，问校长，那我的孩子是分在第几班？

他似乎没有明白我想问什么，我又重复地问了一下。

我不知道，要问学生中心的指导老师。不过，你很快会知道的！你的孩子他选什么课程，现在我带你们要见选课指导老师，她会回答你的孩子分到什么班的。不过，根据我的经验，9 年级可以选择课程的余地不多，大多数是必修的基本课程，例如，体育、英语、地理和美术……校长边说边往外推门。

我们俩跟着校长往外走。

儿子在我身旁说，爸爸，我知道自己分到什么班了，校长说了，你选什么课，你就在什么班的。这里分班不是跟中国那样的！

我还在思考中，校长把我们带到另一个大办公室：学生指导中心。原来加拿大中学不是按成绩分班级的，差一点在校长面前出洋相。

## 四、选好课，进课堂，只是没有固定班级的"走班上课"

校长把我和儿子带到学生指导中心。接待我们的是负责学生选课的指导老师 Cindy， 她知道我们是第一次在多伦多上学，非常耐心花了近大半个时解释多伦多的教育体系。听完她的介绍，我给出的结论：了解加拿大高中须从学分制入手并由选课程开始。

Cindy 笑着对我们说："你们对多伦多教育了解多少？"

看着我一个劲地摇头，她对我说，你的孩子 4 年后才会从本校毕业，趁这个机会你作为家长很有必要了解一下我们的学校。我们是安省多伦多教育局属下的公立学校。安省的高中，有些学校是学年制，学生全年共修八门课，全年可拿到 8 个学分。另外有些学校是学期制，把一年分成两个学期，每学期修读四门课，全年共完成 8 门课，一样拿到 8 个学分。我们学校实行的是学期制，一年分成两个学期，第一个学期是从 9 月份到第二年 1 月底，第二个学期是从第二年 2 月到 6 月。学生上课每一个星期按第一天、第二天课程表交替地上课。上课时间从上午 9：00 至下午 3：00，中午有一个小时午餐时间。

Cindy 一边讲解一边递给我一本教育局印制的关于学分制和课程说明的介绍。她接着说道，学生在安省多伦多要高中毕业，必须完成 30 个学分，包括 18 门必修课，12 门选修课，还要完成 40 小时志愿工作，通过 10 年级英语程度的读写测验。

我专心听 Cindy 的介绍。

至于如何选课，她停顿一下，我要和你儿子 Donald 对话。

她打开桌面上的电脑，叫 Donald 坐在她旁边。因为你和你爸爸对多伦多中学还不太熟悉，这次我帮你来选，下次你要在家里跟你父母一起来做。

Cindy 侧着身体对我说，下一学年的课程是在明年 2 月前选定的，到时候你们家长要和孩子讨论他的选择。如何选课，如何为高中后出路打算，是父母和子女共同沟通的重要话题。不过，我们学校的学生大多数都是要进大学继续学习的，目标明确，相对而言选课也容易些。

Cindy 一边敲打电脑，一边同我儿子交流。

她说，很坦率地讲，9 年级尤其是第一个年级可供学生选择的课程并不多，我通常建议学生在 9-10 年级之前先修必修课再考虑选修课的。所以，我推荐英语、地理和体育，都是必修的。选修课你可以考虑选美术或音乐课。

看着 Donald 犹豫不决的神情，Cindy 放慢了语速。如果不选美术，你可以选音乐，参加乐队怎么样？你喜欢唱歌吗？老师问道。

Donald 一听说唱歌赶紧摇头，他说，我还是选上美术吧。从小在少年宫学唱独歌，在老师家学了快 8 年钢琴的他，似乎对音乐有些抵触。

好的，这就是你下一学期的上课时间表了。Cindy 递给 Donald 打印出来了课程表。

你要记住，这个课程表要用上一个学期，开学后头一个月上课都要带在身上，到了课室里面，老师会看看你有没有这个表，因为这上面有你的学生号码、所选的课程，最重要的是有你的名字。

完了，Cindy 还补充一句，第一次选课我帮你做，以后你在家里面跟你父母一起去做下一个学年的。因为孩子未满 18 岁，我还要当着 Cindy 面在 Donald 选课表上签名，这也意味着我们家长要为孩子承担监督的责任。

后来陪其他孩子报到，我也发现，有些学校可能为减轻留学生的负担，预先把留学生的必修课程选择好，并且打印出来。当然，如果你对学校的安排有疑问也可以提出来，如果合理，学校也会做出调整的。

新生注册报到完毕。

我们手里拿着课程表、学生手册和一把储物柜密码锁离开学校。抬头仰望学校前面旗杆上飘扬的加拿大国旗，红彤彤的枫叶图案在蔚蓝色的天空衬托下，格外醒目。将要开始的加拿大高中生活将会是怎么一个样子的呢？我和孩子一样的期待着。

## 五、新生报到以后，还有什么需要注意的安置事项？

从事多年独立监护人工作的 Forest 告诉我，对于第一次离开父母独自来到加拿大念中学的小留学生，除了去学校报到以外，我们要做好 6 项新生安置工作：

1. 办理一种少通话时间多流量的电话套餐。加拿大电话服务公司比国内还多，我们建议选择大的品牌公司，网络有保障，通话少故障。考试新生初来乍到，本地通话量相对少，但出门在外上网查询相关交通服务信息较多，建议选择少通话时间大网络流量的电话服务套餐。

2. 找一家较多分行的本地银行办理一张银行卡。考虑到孩子许多都是第一次在加拿大银行开设个人账户，我们建议大家尽量找精通中文的银行职员来帮孩子办理此事。支票账户和存款账户的区别、自动柜员机提款限额和消费支付限额、每月交易次数限额和相关费用，要详细解释给孩子，避免日后因孩子使用不当造成额外的费用。

3. 购买一张一日有效的车票，教会孩子乘搭公共交通工具，尝试地铁、公交车和有轨电车之间的转换。我们会教孩子用手机下载谷歌地图。这个工具很实用，不但可以搜索公交路线，还可以把目的地设置好，你无论怎么走都走不丢的。

4. 带孩子去住家附近的超市里转一圈，让孩子知道如何购买食物、零食和必需的个人生活用品。

5. 申请一张图书馆借书证，让孩子学会自己借阅图书。

6. 打印一份联系电话号码叫孩子贴在房间书架上，911 报警电话、416-808-2222（多伦多警察局，拨 0 直接转接线员要求普通话或者粤语服务）还有中国领事馆电话。多伦多总领事馆 24 小时紧急电话：416-616-0807 或 416-529-0068，这些和其他紧急时中文电话号码，叫孩子折叠好，放在钱包里，以备有需要时方便拿出来。

## 延伸阅读
## 加拿大中学教育制度与中国有什么不一样？

教育是为社会服务的，教育深受文化影响，教育更离不开语言环境。曾经是英国殖民地的加拿大，在教育方面既秉承英伦教育严谨传统，又受近邻美利坚精神影响而崇尚自由办学，科学教育理念超前。如中国教育大师孔子所言，"平和适中，事事恰到好处"，加拿大教育确实如此，独具特色。

和中国不同的地方，加拿大没有全国统一的教育制度，没有各级教育部门或者类似集权的管理机构。加拿大是一个联邦国家，根据宪法规定，加拿大各省有权制定本省的教育制度。全国教育规划由联邦政府国务秘书负责，十个省和三个区的教育厅长组成"加拿大教育厅长理事会"，促进和协调各省之间教育合作。虽然全国十个省三个区教育的体制、管理各有不同，例如大部分省是 12 年义务教育制度，魁北克和纽芬兰区却是 11 年的；同样是高中一年级，卑斯省从 8 年级开始，安省从 9 年级开始，但除此之外，其余的基本上都是大同小异的。我三个孩子都是在加拿大念高中的，其中大女儿、二女儿是在阜斯省，小儿子则在安省，两地中学的差异并不是很大。

加拿大全国大学大约有一百多所，社区学院近 175 所，中学几千所。加拿大全国大学大约有一百多所，社区学院近 175 所，中学几千所。加拿大东部安省是全国教育大省和强省，我们可以透过安省看全国的教育状况。

安省全省共有 4900 所学校，其中，4000 所小学 900 所中学。安省政府从 2003 年开始投入 120 亿加元在教育方面，2014—2015 年，这一届政府教育厅在资源上的投入更大，各项预算开支在政府网站和公共图书馆随时可以查验。在安省教育厅网站上，你还可以找到近 1106 家的私立学校，安省是加国拥有大学最多的省份，名校林立，也是名副其实的教育强省。所以，我个人认为，了解加拿大中学从安省入手。这也是为什么 2014 年我从中国"回流"加拿大，没有"折回"离别 20 年的阜斯省而是定居在安省多伦多的原因之一。

目前，安省对孩子教育主要分为五个阶段：

1. 学前 (Child Care)：家长如果不是在家自己照顾，可以把幼儿送到有持牌的幼儿看护中心或家庭托儿所。

2. 幼儿园 (Kindergarten)：4 岁的 12 月 31 日前可在 9 月份报读小班，而 5 岁则报读大班。

3. 小学 (Elementary)：读 6 年 (1—6 年级 )，全省约有 140 万小学生，他们在小学阶段主要学习阅读、写作和数学；教师约有 7 万人，行政管理人员约 5000 人。

4. 中学 (Middle)：又分为初中 (Junior)2 年 (7—8 年级 )、高中 (Secondary、High、Collegiate Institute)4 年 (9—12 年级 )，全省中学生约 70 万，教师 4 万多，行政管理人员 2 万。

5. 专上教育 (Postsecondary)：包括职业学校、学院和大学，安省公立学院有 24 家，公立大学 22 所，私立大学 16 家；大学生约 38 万，每年毕业 10 万人，其中 4 万多为国际留学生。

从中可见，4 年的高中阶段是处于承上启下的教育环节。

正如我前面讲过，加拿大的基础教育管理是由各省负责的，以我所居住的安省为例，管理全省几千所中学，主要有三大部门：

1. 省教育厅 (Ministry of Education)

省政府设有教育厅，下辖各地区教育局，负责各级学校教育。教育厅对中学的职能包括：行政管理、财政拨款、教师资格签订、教学大纲制订、课程更新和教材审批，以及对学校教师活动监督，等等。如果你对于政府教育职能部门和架构运作感兴趣，可以登录其网站 http://www.edu.gov.on.ca 做进一步的了解。我鼓励大家自己尝试多方面认识加拿大教育，例如不久前引起争议的省教育厅在全省小学实施性教育课程，到底是怎么一回事？如果你的孩子在安省上中学，跟你孩子切身利益有关的安省中学课程指引文件，还是值得你去了解一下的。在中国，我们对于国家教育部、本省教育厅、本地教育局这些政府部门的管理架构、职能、日常运作等的了解兴趣不大一样，但是，对于这些部门制定的规划、颁布的政策，例如每一年的"中考"、"高考"政策和规定，因为与我们在读的孩子息息相关，我们一定也会打听清楚、研究透彻的。加拿大没有中考、高考，但教育厅制定的中学课程与孩子中学选择课程有关，与中学毕业后能否被相应的加拿大的大学录取更有着密切关系。我们值得留意。关于这一点我会在书的后面内容里展开同大家分享，在此，先提醒大家留意以下几份重要的资料：

《安省高中 9—12 年级课程介绍》(The Ontario Curriculum Grades 9 to 12)：中学所有课程分别按年级和学科分类，加以解释说明；

《高中课程大纲和要求》(Course Descriptions and Prerequisites)：所有课程的构思和要求都有解释说明；

《高中课程编号代码对照》(Courses Codes)：每个课程代码方便你日后辅导孩子选课；

《英语》(English As a Second Language and English Literacy Development)：留学生学习最大的困难是语言障碍，这个文件告诉你教育专家是如何设计英语辅助性教学，帮助你循序渐进掌握好英语；

《引向成功：安省学校测试、评估和报告》(Growing Success: Asse-ssment, Evaluation and Reporting in Ontario Schools)：公立和私立学校的考核报告都是根据这个重要文件的。

2. 省教育素质与问责办公室 (Education Quality and Accountability Office, EQAO)

在安省读中学获取安省高中毕业文凭 (Ontario Secondary School Diploma, 简称 OSSD)，你需要满足以下三大要求：取得 30 个学分，完成社区服务 40 小时，通过"省考"。所谓"省考"就是该部门主持的读写测试 (Ontario Secondary School Literacy Test，OSSLT)。

1996 年由安省政府成立的"教育素质与问责办公室"每年会接受省教育厅委托，对安省中小学生分别在 3、6、9 和 10 年级四个关键阶段进行水平评估，其中在中学阶段要进行 9 年级数学评估和 10 年级英语读写测试，10 年级的读写测试是中学毕业要求之一。

各位留学生家长注意啦，这个"省考"与你的孩子是有关系的！如果你的孩子来加拿大读 9 年级，你须留意 9 年级数学考试时间是每年 1 月和 6 月，10 年级英语 OSSLT 考试时间为每年 3 月底。即便你的孩子过来念 11 年级，他 / 她也要参加 10 年级的英语测试，因为，每一位安省中学生必须通过 10 年级英语语法写作能力测试，才能拿到毕业文凭 (Ontario Secondary School Diploma) 的。

不过，大家不必过分紧张，因为考试并不是针对学生，而是考核学校的。该机构每年他们都会将评估报告《EQAO's Technical Report》公之于众，以便大家督促各所学校改善教育质量。所以，学校和老师比学生还要紧张和认真。当然，作为学生也要通过测试才能毕业。

此外，不少国内朋友热传的所谓中学"排名榜"，源自这份省考报告。加拿大智库菲沙学会 (Fraser Institute) 会根据 EQAO 每年测试成绩，对全省学校再次进行排名，于是也就有了所谓的加拿大学校的"排名榜"了。

3. 省教师学会 (Ontario College of Teachers，OCT)

这是一个教师专业操守监管组织，负责对教师的工作许可、管理和规范，例如，对老师的认证、专业发展的规划、教学的培训，以及对违规老师的处罚。简言之，教师学会是一个管理教师机构。

各位家长要是有兴趣，不妨登录一下教师学会网站：www.oct.ca. 了解在加拿大做教师的资格，如果你的孩子已经在安省上学，下次你去开家长、老师见面会（相当于中国的"一对一家长会"），不妨把教你孩子的老师们的名字输入该网站上的老师查询网页，你自己孩子的任教老师的背景材料，全都在那里面。我尝试这样做过，还蛮有意思的。

谈到教师的组织，不能不提及教师工会。在中国，教师工会只是个为老师们操心福利的机构。在加拿大，教师工会完全不同，他有很高的权威性，工会号召和组织教师罢工或"按章工作"，说不定对你的孩子学习有直接的影响。2013年为期2个半月卑斯省教师的罢工，给当地教育造成极大不便，也让中国留学生和家长们感到唏嘘和困惑。2016年，我儿子学校因为教师工会要求下属的多伦多教育局老师"按章工作"，没有将学生成绩输进教育局的中央计算机系统内，以致我们延迟拿到学生成绩报告单。由此可见教师工会的影响力。在西方国家因为劳资关系等事项的纠纷，教师罢工却时有发生。因为各自的立场不同，所以在安省，就有小学、中学、天主教和法语等四大教师联合工会。

需要补充一点，在加拿大，学校分为公立学校和私立学校两大属性，公立学校对本国公民和永久居民实行免费教育，私立学校实行收费教育。但无论公立还是私立，都受省教育厅监管。

省教育厅对公立学校管理权下放到各个区域学校教育局，区域教育局的最高权力机关是经选举组成的教育局 (District School Broad)，District School Broad 也有译作学校局或理事会的，负责执行由省教育厅颁布的教学大纲、审批预算、执行公平教育政策，并和社区及家长/监护人沟通，等等。与中国省教育厅管大学市教育局管中学的做法，有所不同。

加拿大公立学校与学校之间的差别不似中国的重点中学和普通中学那样大，

除了学校规模大小略有不同，其他软件如师资，硬件如校舍设施、图书馆、实验室等都是差不多的。我这一年走访过很多公立学校，同许多校长、老师们打过交道，发现当中的差异很少的。倒是学校所属的社区，值得大家留意。各个区域教育局会将下属的学校划分不同学区，学生就近上学。这跟我们国内学校划分"学区"概念一样。只是加拿大人更加看重的是学校所在的社区。有些社区如是犹太人或知识分子聚集的，有些社区如是财富精英分子聚居的，这些社区家庭对孩子期待会比较高，希望孩子将来能上大学、名校。属于这些社区里的学校的生源会有所不同。另外有些社区蓝领阶层、基层家庭、外劳移民等，父母希望孩子早些毕业出来找份工作帮补家庭收入，在那些社区里的学校，学生会选择将来容易就业的应用型、职业型课程，学校的学术性学习气氛不会那么浓厚。中国的家长送孩子过来念中学，大都希望孩子在这里念完大学，所以，在选择学校时要多留意这类问题。

私立学校情况则有所不同，私立学校属于私人企业或私有化机构，由独立的学校董事会直接经营与管理，但在教育领域内接受省教育部门的监管。私立学校中学和公立学校中学生一样，都要满足所属省教育厅的教学大纲统一要求，修满足够的学分，领取同一样的中学毕业证书。绝大部分私立学校没有联邦、省、市三级政府的拨款和管理，它是靠学生学费、各种捐赠的收入来运营的，当然，在某些省份例如BC省，省政府也会向某些达到政府要求的私立学校提供部分经费。所以，在BC省，私立学校也分为四类：第一类，得到当地教育局50%补助的学校，教育局对该类学校的要求就是老师须持有BC省教师资格证、学校课程须符合政府规定的课程、学校设施项目也要与教育厅规定要求相符。目前BC省大约有近250所这一类私立学校。第二类，当地教育局资助35%辅助经费，这类学校有三四十所。第三类，学校不接受政府的任何经费补贴，学校也不一定要求老师有BC教师资格证，开设课程也与教育局规定不同，但学校仍维持达到当地教育局对学区教学设施的规定。第四类，不接受政府经费，而且主要招收非BC省学生，如果该校老师全部拥有BC省教师资格证，学生达到毕业要求，他们同样可以获得 BC 高中毕业文凭。不管怎样，大多数私立学校都有各自隶属的独立学校协会。一旦成为该行业协会的认证会员，就要接受行业的监督。目前在加拿大较为重要的私立学校的行业组织包括：加拿大认证独立学校组织（Canadian Accredited Independent Schools）辖下有 95 个认证会员学校，全加独立学校联盟（Federation of Independent Associations），全国各省分会，例如在安省机构（Ontario Federation of Independent School）下属有 1044 会员，在 BC 省该分会（Federation of Independent Schools Associations）辖下有 288 个学校。另外，安省独立学校协会（Conference of Independent Schools of Ontario）也有 47 家成员，BC 省也有独立学校协会（Independent Schools Association of British Columbia）。你可能留意到这些行业组织名称里少用"私立学校"（private school），多用"独立学校"（independent school）。因为同公立学校相比，他们在财政、管理、师资甚至学生的培养目标等都是与之不同。不过，在中文的翻译中，独立学校习惯上被称为私立学校。私立学校分类一般有以下方法：按办校的历史可分为百年贵族学校和新兴精英学校；按学生的性别又划分为男女混校、男校和女校；按食宿管理分寄宿制和走读制；根据学生来源又分为全日制本地生学校和国际学校。

最后，与中国学校不同的是，在加拿大即使是同一城市的市级教育局也有好几个，因为加拿大是一个多元文化的国家，多元文化这种特色在安省教育体制上体现为四大特色的教育系统：英语公立教育系统（English Public Systems）、法语公立教育系统、英语天主教教育系统（English Catholic Systems）和法语天主教教育系统。安省教育厅下属 72 个区域性教育局，其中 31 个是英语公立教育局，29 个是英语天主教教育局，4 个法语公立教育局和 8 个法语天主教教育局。

多伦多公立教育局（Toronto District School Broad）是全省最大的教育局。它将多伦多所有高中学校按不同区域进行划分，例如，西北区有 25 所高中，西南区有 25 所高中，东南区有 19 所高中，东北区有 24 所高中。多伦多教育局并非所有高中可以接收留学生的。2016 年，多伦多教育局开放下属 26 所高中招收以中国为主的国际留学生。这种做法对于教育局统一管理和学校英语 ESL 教学十分有利，但因来加拿大读中学人数逐年增多，间接上这种集中做法也造成中国学生"扎堆"现象。

各位家长可能对多伦多教育局内的国际留学生管理办公室 (TDSB International Programs and Admissions Office) 不会陌生了，但不知大家有没有留意到，近期为满足国际留学市场的需求，该教育局的网站网页也换身成为一个多元文化的页面，有72种语言版本，其中的中文就使用简体中文和繁体中文来展示。

## 第二章

# 孩子来了以后
# 如何选课？

在加拿大念高中，我们的孩子要学会选课。走进加拿大中学如同走进自助餐厅，学生不但要自己找好位子，还要会挑食，当然你要懂得均衡搭配，不偏食，更加健康。学分制下的选课，这是中国和加拿大中学教育最大的差异之一。如何在加拿大高中选课，我们一起来学习吧。

## 一、儿子数学规划和四大选课技巧

后来，我有机会同孩子一起选课。我帮孩子选课的两大原则：(1) 选课循序渐进，一环紧扣一环。(2) 低年级抓好必修课，中年级提前做规划，高年级只能配合毕业要求策略性选课。一位家长听了之后发来感想："家长与孩子保持沟通，敞开心扉客观地了解孩子，准确的或有可行性发展的大学定位可以让孩子目标明确早作准备，定心就是定力，就是有的放矢，事半功倍。"

我家小儿子喜欢数学，将来有可能在大学读与数字有关的专业。他在 9 年级先选了数学原理 (Principles of Mathematics)，这是一门可转换课程，9 年级两门数学课程作为 10 年级数学课程的基础。10 年级他仍修数学原理，因为要与高年级数学课程对接。11 年级如果选学大学或大学 / 大专准备类型课程，他 10 年级必须选学数学原理。否则，如果他在 10 年级选学数学基础 (Foundations of Mathematics)，11 年级他只能选学大专或就业准备类型课程。

等到他进入高年级，孩子就要考虑多一些，11 年级函数 (Functions) 是 12 年级高等函数 (Advanced Functions) 和数据管理数学 (Mathematics of Data Management) 的基础，因此，他打算选修这一门。相反，11 年级函数及其应用 (Functions and Applications) 是 12 年级数据管理数学和大专数学基础

(Foundations for College Mathematics) 的基础，孩子不会考虑选修的。因为，11 年级选学大学专科数学基础、日常生活与工作数学 (Mathematics for Work and Everyday Life ) 的学生，12 年级只能继续选学对应的两门课程。此外，要选学 12 年级矢量与微积分 (Calculus and Vectors) 的学生，必须在 11 年级选函数 (Functions)，或先学习高等函数 (Advanced Functions)。其他，学习了专科技术数学 (Mathematics for College Technology) 的学生，也可以继续选学高等函数 (Advanced Functions)。

听起来很复杂，而且还要留意每所学校可以开设的课程都是不同的，同一学校同一科目的编排也会有变化。我建议，家长最好去所属的教育局或入读的学校了解最新的或下一个学年的所有课程编排的时间表。

如果是安省的学生，凭着个人账号，可以登录"我的蓝图"(My Blueprint):www.myBlueprint.ca，学习如何规划在加拿大的学业。

学业规划是一个范围很大的话题，选课是其中一个重要部分。所以，我除了分享我孩子的经历以外，还会分享我在帮助其他同学选课时的四大选课技巧：

第一，认真读明白学校发给你的那些可提供必修课、选修课的课程指导、说明，课程选择具有很强的连贯性，低年级课程选择不当，会导致高年级课程选择非常被动。

第二，约见学生顾问或 ESL 老师，听听他们对你规划课程的意见、想法；向高年级师兄师姐们讨教，看看人家是怎么做的；请教学业规划专家，制订一套适合自己的长、中、短期学习计划。

第三，了解未来就读大学的相关专业对 12 年级课程的具体要术，提前 2 年做好选课准备。

第四，当年本学期或下学选课，还须特别留意以下三个选择条件：

1. 须循环渐进选课。某些课程有选课条件要求。你须完成指定课程才可以选修的，不能够跳跃性地选修。（简称"先决课程"）

2. 须同时选择两门课程。某些课程要求你在选修的同时还要选修另一门相关课程。（简称"并修课程"）

3. 须做好预习的课程。某些课程虽然没有"先决课程要求"，但在课程表上仍会注明"建议做足预备"。因为这类课程是某些入门基础课程。（简称"建议预习课程"）

限于篇幅，有关选课的条件，欢迎发邮件给我，我们一起做具体的分析研究。

## 二、享受选课自由，发掘个人兴趣

每个新生来报到，学习顾问或辅导员都会发一本学校选课指引手册给你，然后他们会教你如何进入学校网站登记，用自己的学生身份号码登录，为自己在新学期里选择要上的课程。所有课程都是用代码的，每门课程都会有 5 个编号来显示课程的名称、年级和种类，例如 9 年级的基础数学课 MFN1P，MFN 是课程的名称，1 代表年级，P 表示应用类。你只要花点时间明白这些代码编号，下次选课你一定会得心应手的。

Andy 来读 9 年级，他打算用一年时间去适应加拿大中学生活。在选课方面，他除了选必修课之外，还选了手工制作课，学习木工一些基本的技术。在加拿大，书架衣柜买回家都是自己安装的，不像国内都是现成的。后来，他又选了烹饪课，周末在寄宿家庭，他喜欢自己弄点新奇东西尝试。Andy 享受了加拿大高中选课自由的"福利"，学了些实用的生活知识。然后，在 11 年级，他集中精神，选择专门去敲大学校门的学术型课程。

加拿大无论哪个省份的中学都会同时提供两套中学课程给他们的学生在中学时期去选择，这个选择是从 9、10 年级开始，我们把这两套课程分为 Applied（应用类型）和 Academic（学术类型）。应用类型课程是给那些学生为了满足中学毕业或者进入社区学院（大专）而用，学术类型课程是为了给那些学生想到大学就读本科而用。教育部门在学校课程代码上会把这些课程分为 U 课程（申请大学，大专通用），C 课程（只可以申请大专），M 课程（介乎学术和应用课程之间）。其中 M 课程在申请大学时限定不能够多于 3 门。而大学申请时录取办公室只会看学生在中学时期的 U 课程，大专录取办公室的人会同时看 U 课程和 C 课程。大多数来加拿大读高中的中国留学生都是为了继续在加拿大读大学，所以对于他们来说，高中课程中学术类型的课程，对于中国的留学生来说特别重视。从 9、10 年级开始，他们选修学术类基础课程，到 11、12 年级选修与大学有关的预科类课程。

一位陪读妈妈对加拿大高中课程上"两条腿走路"设计，赞不绝口。她写邮件给我，分享她的感受，文章是这样写的："在中学除了英文、法文、数学、科学、历史、体育以外，其他科目真叫中国家长瞪大眼睛，烹饪、铸造、木工、缝纫、珠宝设计、话剧、艺术、商业，由此可看出，一个中学毕业生如果没有上大学，他完全具备社会需要的能力！另外在上大学前能找到自己的兴趣，在大学中把兴趣变精变专！"

不过，在此，我也提醒各位，加拿大各省的中学课程要求各有不同，公立学校和私立学校课程设置也不一样。即使是同一所学校里，当地学生和留学生取向也不一样，同样是留学生，ESL 学生和完成了 ESL 普通留学生选课的条件要求都有出入。各位家长、同学，申请入读学校之前，做些功课，了解清楚，以避免被动情况的出现。

## 三、没选好课，结果要多读一年才被大学录取

选课功夫没做好，最直接的影响是耽搁时间，少则半年，多则一年。因为学校每年开什么课，每门课开几个班，基本上以学生的选课来决定。例如，选课时间截至时有 50 名学生选修生物课，每班以 30 人为限，那么下一个学期学校会开设 2 个生化班，但如果你没有选好，到了开学后才想修读这门课，只有 10 名学生能如愿，因为人数增加到 60 以后就不能再加了。

这一年，我留意到，新来的中国留学生在选课事情上大多没有事前做足功课，

了解自己入读学校有什么课程可供参考。他们可能年龄小怕麻烦指导老师，又不好意思请教同学，随便选择，开学后才发现不合适或跟不上，要求换课，但往往因为人数或班数限制未能如愿以偿，或因为不适合其他先决条件，例如英语水平要求或者有些基础课没通过以至于高级课不能选，选课越级而被拒绝。低龄留学生在选择课程方面有必要多下些功夫，多问、多思、多比较。选错课，可以调整，班上人数满了，如果只是一门兴趣课你还可以等下一年再选，但是如果是重要关键课，属于大学专业录取中一门必修课，你选错课程，后果严重。

以下故事就是一个例子。Paul 是国内高材生，来加拿大读 12 年级。他听说加拿大高中可以自由选课，去学校报到后自己上网选了梦寐已久的烹饪、木工和汽车修理等应用学科。学校老师告诉他："你这样选课，一年后毕业没有问题。"Paul 一听可以按时毕业，一高兴，没有耐着性子听老师说的下半句话，"这种选课有可能读不上你心仪大学的会计专业。"他早已匆匆忙忙离开了。后来，他家长发现了，要他马上找老师改过来。Paul 拖拉了好几天也没去办公室找老师。开学第一周学生调课特别多，轮到他见到老师要求调课时，老师告诉他，换课已经晚了。他应该选的 11 年级两门数学、会计、经济已经满额，老师只能安排他下学期再上。这样一来，他要多读一年。家长叫他星期一再去找老师，看看有什么补救措施，实在不行也先排在轮候名单上，有可能别的同学再调课他可以补上空缺。结果，还是没法子安排。跨校和夜校的补救措施，也因他住的太偏僻而没法实施。最后因为没选好课，Paul 结果要多读一年才被大学录取。为此事，Paul 被父母狠狠地训了一顿。他父母知道我写新书，一定要我把这个例子写进去，让其他家长学生引以为戒，重视加拿大高中的学业规划。

## 四、9—12 年级如何选课？听听专家的建议

各位打算把孩子送来加拿大读高中的家长，在你的孩子动身出发之前，你和孩子一定要花些时间了解加拿大高中的学分制和选课。因为这是中国和加拿大中

学教育最大的差异之一。想象一下，你的孩子来到陌生的语言环境，去学校报到，忽然面对选课，如果没有专人指导，孩子马上会感到困惑而无所适从。如果孩子来读 9、10 年级，还有时间做些探索性的选课、调整；如果孩子是来读 11、12 年级，选课压力很大，因为选择课程同升读大学专业要求有关，学分跟读大学直接挂钩，学分制代替高考成绩！

在中国，我们的孩子上高中上课基本都是规定的，例如数学、语文、地理、历史、科学，等等。只是到高一分成文理两组，文科生加修读历史地理等，理科生则主修读数学和其他理科课程。孩子上了大学，才开始接触学分制。但是，在加拿大，高中同大学已经对接，在安省，高中是读四年，综合类大学本科也是读四年，高中已经开始实施学分制。不但如此，选择课程同升读大学专业要求有关，学分是跟读大学直接挂钩，学分制代替高考成绩！

在中国，我们的孩子不必为选课发愁，家长也无须为孩子仍欠多少个学分才能毕业而盘算，学生只要安坐教室里好似进了饭店享受服务一样，饭菜有人端上来。只不过所有菜式都统一定制，规定好了的，千人一个样。在加拿大念高中，我们的孩子要学会选课。走进加拿大中学如同走进自助餐厅，学生不但要自己找好位子，还要会挑食，当然你要懂得均衡搭配，不偏食，更加健康。

学分制下的选课，给了学生更大的自由和选择空间，让他们有更多的思考和探索。在安省高中 9 和 10 年级课程主要分为学术 (D=academic)、应用 (P=apply)、公开 (O=open) 和自编 (L=locally develop) 四类。11 和 12 年级的课程主要分为大学预备 (U=University preparation)、大学 / 大专 (M=University/college)、大专 (C=college) 和就业 (E=workplace) 四类。不少中国留学生对这四大类课程缺乏了解。通常我们说的学术课程比较注重思考，学生要有探究、分析能力；应用课程多为实际运用的具体知识，老师带领学习比较多；公开课程主要是些兴趣类的；自编课程多为特殊教育而设。

针对中国留学生在加拿大读高中的 9—12 年级，如何选课，我走访了不少加拿大的教育专家，归纳他们的三大建议：

### 1. 专注"升大式"

既然我们的留学生来加拿大读高中最终的目标都是冲着这里的大学，那么在选择课程时尽量考虑学术类的大学 / 大专课程了。升读大学，除了要有满足高中毕业要求的 30 个学分外，学分课程里要有 6 门 12 年级 U 或 M 的课，其中一定要包括 1 门英语，另外 5 门按不同本科要求而定。我们通俗的叫法是："1 ＋ 5"。例如工程科，一般要有 12 年级 U 类的英语、数学，以及一或两门科学 ( 物理、化学、生物 )。有些大学课程，要求学生在 6 门课中，一定要有 4 门是 U 的课，2 门 M 类的课。有关大学不同专业对高中课程和分数线的具体要求，你可以上网查询。在安省读高中的留学生，不妨上这个网站，了解安省大学对高中毕业生的最新指引：www. electronicinfo.ca。

### 2. 留意"条件式"

如同正宗西餐讲究严格的前菜主菜甜点配酒一样，加拿大选课也有配套程序，不能随意式的"点菜"。有个学生想修读 11、12 年级一门的大学预备 (U) 课，问我的意见，我叫他要在 9、10 年级时选修该科的学术 (D) 课。另一个学生想读 11 年级大学预备 (U) 的化学，我告诉他要先读 10 年级学术课程 (D) 的科学。那个学生不服，去学校指导老师那申请，老师一句话把他打回头，等你修完 10 年级科学课再来找我，不得越级。另外，留意"条件式"中的英语水平总是唯一条件。很多社会科学、历史等课，需要有 11 年级英语水平，才可以选课时的。这也是为什么 11、12 年级才来念书，如果英语水平较低，无法按原来计划毕业的另一个原因。对留学生而言，搞好英语是选课的最重要先决条件。

### 3. 做好"倒选式"

专家们忠告那些送孩子来读 11、12 年级的家长，如果你想孩子高中顺利毕业，用倒过来方法计算一下，你的孩子还缺多少学分，赶紧补足；如果你要满足大学本科专业录取要求，也倒过来看看，你的孩子仍缺什么课目，尽快选修。因为高年级尤其 11 年级的一定要清楚 12 年级的课，那些是 11 年级必须选的，12 年级的课一般都有选修课要求 (pre-requisite)。我有个学生打算读会计专业，他先在暑假修了 11 年级会计，合格了，老师同意他新学年修读 12 年级会计。

最后，专家提醒家长，孩子之前在中国的学习成绩到底可以转换成多少加拿大学分和对应年级科目，你一定要同学校指导老师沟通。还有，即使你帮孩子报读暑期班或私校修补学分课程，孩子也须得到学校批准。关于这一点，家长和孩子要先了解清楚有关申请程序，有所准备。

### 延伸阅读
### 选课和学分制是怎样设计出来的？

1. 课程设计

翻开安省教育厅公布的《安省高中 9—12 年级课程介绍》，你会发现近 300 门课程适合 9—12 年级学生选修。如何充分利用这一丰富教师资源，对于加拿大本地学生和家长是一种挑战。

从安省教育厅公布的《安省高中 9—12 年级课程介绍》(The Ontario Curriculum Grades 9 to 12) 之《高中课程大纲和要求》(Course Descriptions and Prerequisites) 可以看出，加拿大中学教育目标是"两条腿走路"的：中学毕业生或者继续升读大学、大专，或者就业工作。高中课程设计是按这种双轨制教育思路构思的。近 300 门课程将加拿大的本地学生在高中阶段进行分流：升学还是就业。

当然，指导学生选择适合自己未来的出路，高中毕业后入读大学、大专还是直接就业的课程学习，是一个循序渐进的过程，大致分为两个阶段：9—10 年级和 11—12 年级。于是，你会看到，在高中低年级 9、10 年级的课程被划分成三种类型：学术类型课程 (Academic)、应用类型课程 (Applied) 和开放类型课程 (Open)。学术类课程适合打算毕业后读大学、大专的学生，他们在 9—10 年级就要选择学术类课程，为 11—12 年级选修大学准备课程 (课程代码字母是 U)、大学 / 大专准备课程 (课程代码字母是 M) 做准备。应用类课程对象为打算毕业后读大专、读学徒课程或直接就业的学生，在 9—10 年级选学应用类课程。到 11—12

年级就只能选读部分大学／大专准备课程(M)，以及所有的大专准备课程(课程代码字母是C)和就业准备课程(课程代码字母是E)。利用课程将学生分流在9—10年级的课程上还不特别明显，因为学生所选择的课程都是文凭课程中的必修课为主，但到了高年级11—12年级，选修课增多。

11—12年级的课程被划分成四类型：大学预备课程(U课程符合大学录取条件，也可以用来申请大专院校、学徒课程、就业课程)、大学／大专预备课程(M课程符合某些大学和大部分大专的录取条件)、大专预备课程(C课程符合大部分大专的录取条件，大部分也可以用来申请学徒课程)、就业准备课程(E课程是用来直接就业，也可以申请某些学徒课程、其他培训课程)。提醒你留意一点，学术类型的课程可以向工作就业应用类型移动，但应用工作就业类型课程不可向学术类型移动。课程分类，学生分流，学生难免被标签化。

搞清楚加拿大中学课程的分类，有助于我们留学生制订学习规划，准确地选择不同阶段选课策略。如果你的孩子是来读9年级的，我鼓励你的孩子不妨多种尝试，不过，鉴于目前我们留学生来加拿大读完中学直接攻读大学的现实，我觉得，我们的家长和孩子专注在学术类的课程就可以了。因为加拿大大学各种专业录取高中毕业生的标准就是参照学生在高中选修的学科成绩。换言之，学生在高中选修课程同孩子所向往的大学的专业是带有预科学习的特点，孩子为此准备多少直接影响对应大学专业的录取机会。

2. 学分制

高中实行学分制，由必修学分和选修学分两部分组成。必修科目包括英语、数学、自然科学、历史、地理、体育和艺术。选修学分由商科系列、自然科系系列、艺术系列、技术系列和社会科学系列等五大课程构成。不同学校在选修课目上会有所不同，但核心内容大致相同。

加拿大高中实现的学分制就是用"两条腿走路"来办教育的。学分制的优越性在于学生可根据自己的爱好和未来发展来选课，假如将来你要读理科类大学，在选学分选修课的时候你就要考选学术类的；假如你只是中学毕业后就出来工作，可能就会选择一些实用型技术的系列。为此加拿大很多高中还专门设立了开车驾驶课程，因为在加拿大 16 岁以上的学生就可以领取驾驶证了，学生可以通过学习驾驶的课程得到学分，其他还包括一些烹调的学分，男孩子做工艺、修理的学分，等等。

学分制下"两条腿走路"：一条是升学，另一条是就业。学校教会同学做出两种选择所具有的知识，让孩子们能够更好地为自己的未来职业和继续深造的学业做一些规划和设计，让孩子们在高中阶段里有一种灵活性的选择。因为并非每一个加拿大学生都去读大学，他们可能根据自己不同的兴趣和爱好选择读职业大专或直接就业。学分制"两条腿走路"无形中把学生未来去向做了一个分流。这与中国通过中考把学生分流的做法，略有相似的地方。

在中国，我们的孩子在高中上课基本都是规定的，例如数学、语文、地理、历史、科学，等等。只是到高一分成文理两组，文科生修读历史地理等，理科生则修读数学和各门科学。孩子上大学，开始接触学分制。但是，在加拿大，高中与大学已经对接，在安省，高中是读四年，综合类大学本科也是读四年，高中还开始实施学分制。不但如此，学分是跟读大学直接挂钩，学分制代替高考制。

关于学分制，安省教育厅资料是这样描述的：30 个学分中除了公民教育和职业生涯这两科每科 0.5 个学分之外，其余各科都是一个学科一个学分的。

18 个必修课课程包括：

1. 4 个学分英语 (9、10、11 和 12 年级 )

2. 3 个学分数学 (9、10、11 或 12 年级 )

3. 2 个学分科学 (9、10 年级 )

4. 1 个学分的法语 (9 年级 )

5. 加拿大历史 (9 年级 )

6. 加拿大地理 (9 年级 )

7. 健康与体育 (9 年级 )

8. 艺术 (9 和 10 年级 )

9. 0.5 个学分的公民教育 (10 年级 )

10. 0.5 个学分的职业规划 (10 年级 )

11. 1 个学分英语 (ESL)、第三语言、社会科学和人文学或加拿大及世界史

12. 1 个学分的体育、艺术或商科

13. 1 个学分科学或科技 (11 或 12 年级 )。

选修课程有五个系列的课程，具体课程各学校会有不同。

1. 商科系列：一般包括商业、金融、会计、统计、经济、国际商务、商业法律、消费学等课程；

2. 自然科学系列：包括物理、化学、生物、高数及分支、电脑语言、计算机、生物等；

3. 艺术类系列：包括戏剧、绘画、视觉艺术、摄影、设计、各类美术等；

4. 社会科学系列：包括社会学、人类学、人文学、各历史学科等分支；

5. 其他技术系列：包括汽车修理、美容美发、园艺、电器修理、木工、金属材料、房屋修缮等。

另外还有 3 组课程，每组各选修一个。

第一组：英语、第三语言、社会科学、世界地理与历史、辅导及职业教育、职训课程；

第二组：体育、商业、艺术（音乐、视觉艺术、戏剧文学或舞蹈）、职训课程；

第三组：科学（11 年级或 12 年级）、电脑、工业科技（9—12 年级均可）、职训课程。

第三章

# 开学给孩子
# "打包午餐"
# 要低调！

你要知道，小孩子最需要的是
认同感，没有认同感，变成特
别另类，孩子会有同辈压力的。

## 一、爸爸：开学第一天送孩子上学

"开学了，快起来吧，今天要上学了！"孩子的妈妈非常紧张，八点还没到就把儿子给叫起来了。

"不用喊了，我早起来了！"我儿子推开门睡眼惺忪地走出来："我昨天晚上一个晚上都没睡，一直都在想着今天要上学。"

我接着他的话题说："真是好孩子，那么早起来想着上学的事。"

"才不是，我是担心。"

妈妈问："担心什么？是不是担心英语不好？是不是担心你跳了一级，本来你应该上 8 年级的，现在上 9 年级了，是不是担心今天中午我叫你带的午餐不好吃？"

"不是，不是，都不是。"孩子没有说完，进去卫生间。

我跟太太在厨房里面忙碌着，"你知道孩子担心什么吗？"

"他那个紧张大师，肯定担心会不会有人欺负他。这几天，你不是叫他看看英语的 DVD 吗？我们从店里面买了一盒关于美国中学生活的电视剧，他昨天晚上一边看一边说，原来中学生是那么可怕的。那里面讲校园暴力的事情，我估计他看了之后有点怕被人欺负。他觉得自己英语不灵光，在全新的环境没有同学

······"

"听说在教会里面认识两个中学生，也是在这个学校的，高年级 12 年级的？"

"我不知道他有没有跟人家约好今天见面。我相信儿子害怕被学校高年级欺凌。"

吃早餐的时候儿子一声不吭，我就说："儿子，我今天去送你上学，怎么样？开学第一天，你知道，爸爸以前在中国习惯了开学第一天送你们上学。"

我以为他会提出反对，因为在中国，自从他上五年级之后，他再也不用我去接送了。没想到他冲口而出，说："好，但是有一个条件，你只送我到校门口，不准进到学校里面！"

我说："我不会进去，再说，学校老师也不会让我进去的。"

他说："这里的学校没有把守的保安，大门大开，你想进去就进去，谁知道你是老师还是家长。"

"行啦，你爸爸只会送到校门口。"妈妈插话道。

熟悉我的太太知道我的习惯，这么多年来，在孩子上学的第一天，我都会去送他们上学的。（开学前一天，我在自己创立"爸爸帮"微信公众号发了一个帖，征集到不少爸爸送孩子上学第一天的照片，制成专辑发表了。因为时差的原因，中国上学的第一天比我们早一天。今天，我送孩子上学前，我打开手机，看到公众号里很多妈妈对于我这个倡议表示赞赏。我知道自己跟孩子在一起的时间就比较少，但送孩子上学，尤其是第一天这是很好的亲子功课。这个习惯我坚持多年。即使两个女儿离开中国，但有一年我恰好在温哥华，专门去维多利亚岛上送大女儿和二女儿上第一天学，其实也没有送，她们本来就是住校的，我只是那天早上走过去，跟她们打个招呼，打完招呼之后我就坐船回到温哥华。今天，我家男孩第一次在加拿大上高中，我也要送孩子上学。）

"时间到了"，孩子妈妈叫我们两个动身。

我手搭着儿子的肩膀："走吧。"

在走廊，我停下来喊了一下，"帮我们俩照一张照片，儿子在加拿大上学第一天拍张有意义的纪念照片吧！"

儿子抗议，"不要拍了吧！"

我坚持。

"不能照正面。"他退让一步。

"行，那就拍我们背面。"青春期的孩子你还要迁就些。

我估计儿子知道我肯定会把这张照片发到网上去，其实你们三个人上高中之后，我都不会再把你们的照片晒在网上，因为你们都有自己的隐私了。尤其是姐姐曾经在 15 岁的时候向我抗议过，因为我们那年去西安玩，我把跟孩子照的一些照片放到网上的时候，结果姐姐提出抗议，逼我当场把这些照片拿下来，所以我就知趣了，以后再也不敢把跟孩子的照片晒在网上。一个是安全的原因，第二个是孩子隐私，孩子大了，应该尊重他们的决定。

我跟儿子说，你看我穿的运动服别人看不出我是送你上学，以为我是跟你顺道去运动。

我们走出家门，陆续也看到有些同学背着书包去上学，都向学校的方向走，我们没有一个认识，看得出有些可能是高年级的。他们有的走正门，有的抄近道从侧门进入学校。儿子坚持要走正门的，因为之前报到是走正门的。昨天晚上看美剧，讲到高中欺凌的故事，他担心走侧门不知道会不会有些高年级的同学躲在门后，新生推门进去，那些小霸王会不会故意不让你过不去，欺负你、取笑你、搜你的身，问你要钱。儿子宁愿多走几步，从大门进入学校。我明白，因为我们小的时候低年级经常被高年级欺负，高年级一帮人堵着一个门，低年级的人进去一个就欺负一个，然后等我们大了之后，我们也干过这样的坏事。

我说好，我也采纳他的意见，我们走正门口。

还没走到大门口，门口那里就一堆女孩子聚在一起聊天，儿子给我做了一个手势："撤兵！"

"明白。你走你的，我走我的，我就去运动了。"

他怕别人看到我送他上学，好像电视剧里面都会说这是一个 Baby，而不是一个 Boy，或者说一个 Man 那样，那就觉得很没面子了。

运动完毕我到家里，打开电脑，看到儿子 Facebook 里面有一句话，这可能是他昨天晚上写的：明天，我就要上学了，希望我能完整的一个人回来。我看了之后，哑然一笑。可能他真的怕被欺凌，可怜的这个孩子，全新环境造成他无形的紧张和压力。

......

下午三点钟，儿子就推门进来。我跟他妈妈在门口迎接，我取笑他说："孩子，你完整无缺地回来了吗？"妈妈一边帮他把书包脱下来，一边附和道："让我看看你缺胳膊缺腿没有？"儿子笑了一下，没说什么。他急忙地溜到自己房间，打开电脑，玩他的游戏去了。

孩子毕竟是孩子，虽然那么紧张的开学第一天，但是一回来之后他马上找到自己的乐趣，他也顾不上向大人汇报学校的事情。到了晚饭的时候我们还是逮住他，今天上课干了些什么，有什么新鲜事，有什么收获。他好不容易才挤了两句话出来："还不一样，每个学校开学都一样。"

我就问，有开学典礼吗？

他说，有，很简单。校长说几句，但没有老师代表鼓励一番，没有学生代表上台表决心……不像在中国那样，新学年第一天全校师生会集中在一起，举行一个隆重的开学典礼。

儿子补充了一句，在上课之前奏国歌，每个人必须站在自己的位置上，国歌奏完之后才开始上课的。后来，我也从别的同学那打听到，每个公立学校都会播放国歌的，只是各所学校播放的时间略有不同。

最后，儿子拿一本学生手册出来。

妈妈试探性地问道，今天学校有布置什么作业吗？在中国，开学上课了总会有些家庭作业。

儿子摊开双手，耸耸双肩，说，没有作业，老师只是叫我们看一下学生手册，一个学年的学校活动安排及时间表都印在那。然后，他到一边玩去了。

## 二、儿子："走堂上课"找不到教室，差一点迟到

在中国，我们是坐在同一个教室等着来上不同学科的老师；在加拿大，同一个老师坐在教室等来上同一学科但不同年级选修的同学们。孩子根据选修的课程分班别上学，每天都会"走堂"，穿梭在不同学科的教室。每节课75分钟，课间休息5至10分钟，新生时间掌握不好很容易出现迟到现象。

中国学校教室很清楚的，一栋栋的，然后一边是走廊一边是教室，即使是走廊在中间，然后两边是教室，窗户都能一目了然看到教室的桌子和黑板。但是加拿大这个学校是全封闭的，夏天有冷气进来，冬天有暖气。教室不像中国那样是按年级分，而是按学科分的，每个教室根据不同的需要进行布置编排，比如说音乐课的教室可能有琴、有一个小小的舞台。化学课教室还分了一个专门做化学实验的教室。学生上课就是从这个教室走到另外一个教室的，你选了不同的课程你就在不同的教室上课，"走堂式上课"，在不同的教室里穿梭。新生注册当天，有些学校会安排义工学生，带着新生，专门去看上课的教室。

开学第一天儿子先找到第一节课的教室，然后，留意第二节课教室位置，没想到午餐回来，他迷失了方向，楼上楼下弯弯曲曲的，每个区域差不多，没有外面景物作参照，难分东西左右。他在学校"迷宫"里乱窜，差一点找不着教室而迟到。

另外，学校给孩子分配一个储物柜，儿子打不开储物柜，因为紧张忘记密码。学校给的密码不是钥匙这么简单。听儿子说，密码锁的使用方法，他看了半天，全是英文，连猜带测：先顺时针转两转到13然后逆时针转两转到49，再左转到10。他以为学会，满心高兴离开去上课，放学去拿东西，我儿子忘记原来的密码是多少。那怎么办？估计要破锁了。此事惊动了校长。他安慰孩子，不要紧，我来试试变魔术。校长三五下把储物柜门打开了。儿子后来说，校长有一套原始密码。

在中国，书包一直是放在桌箱里，在加拿大是放在 locker 里。这也算是一种

差别吧。孩子说，他看电视剧有些孩子储物柜放些杂七杂八的东西，因为放在家里面容易被老爸老妈发现。他说以后他有什么不想让我们知道的东西也要藏在学校储物柜里。

## 三、邻居：给孩子"打包午餐"(pack lunch) 要低调!

加拿大高中有一个小时的午餐时间，孩子们都习惯从家里带上午饭，在学校食堂里同同学一起享用。我太太向邻居讨教：孩子午饭是带饭，带什么饭呢？邻居一家是从国内来的移民，她有三个孩子，分别念高中和小学。

邻居分享道，孩子第一天带饭不要太特别，一定要大众化，一定不要引起其他人的好奇，因为我们中国的孩子有时候家里喜欢做米饭的，说不定还给他做米饭加点汤加点菜，分成几层，搞得太复杂。一方面孩子可能会笨手笨脚把菜把汤洒了，搞得他很尴尬容易出丑。另外一个方面他做的东西太特别，可能很多同学没见过好奇地问他这个东西怎么做，甚至可能会惊讶你们也吃鸡爪，等等，把你的孩子归类成一个很怪的人。你要知道，小孩子最需要的是认同感，没有认同感，变成特别另类，孩子会有同辈压力的，英文叫 peer pressure。第一天最好是带最简单的，什么东西呢？那就是三明治，另外再加一个苹果或者一个香蕉，这里的孩子都是这样。

结果，开学第一天，我太太一早起来专门给孩子做了一个西式的三明治：面包加点生菜、番茄、青瓜，抹上一点吞拿鱼，然后用保鲜纸包起来，放入新买的午餐盒里。三明治，那就是我家儿子在加拿大学校里的第一顿自带午餐了! 简单，普通，低调。

在我看来，邻居与其说是分享不如说是善意忠告，她告诉我们要入乡随俗。入乡随俗，容易得到人家的认同，太另类或者不愿意做些改变，在新环境里会难以适应。你改变去适应别人，别人也会有改变来适应你的。试想一下，如果孩子的午餐是咱们中国人喜欢吃的韭菜饺子，一打开饭盒，那种特殊的味道对于没有吃过韭菜的本地学生是什么一种反应，我保证他们马上离你的孩子远远的。

## 延伸阅读
### 因为一份免疫记录，学生差点被暂停上学

一天放学后，儿子递给我一封信，说是校长转交的关于补打免疫针的事。我心有疑惑，马上打开那信封。这是多伦多卫生局发来的信函。原文是这样写的：Student immunization record is incomplete: Your child's immunization record needs to be updated with Toronto Public Health to avoid suspension from school. For more information， please call us at ……( 你孩子的免疫记录不完整：你孩子的免疫记录需要到多伦多公共卫生局更新，以免你的孩子被迫暂停学 ) 信件内容分别用了 21 种语言文字，光是中文都分成简体和繁体字两种。

按着信上指引，我打电话查询。对方告诉我，他们没有孩子免疫最新的记录。我必须要带孩子去找家庭医生补打他这个年龄段的免疫预防针，否则，他们会通知学校暂停孩子上学。

放下电话，我有些不爽，不过，哎，这就奇怪了，我记得那天去报到，我把儿子在中国开过来的免疫记录让校长看了，他连同儿子其他个人资料：加拿大公民卡、护照、在中国学业成绩，和父母关系公证书等，一起拿去复印的。没听他说什么，难道加拿大的免疫预防系统比中国还严格，我们的孩子需要更新免疫系统。不管怎样，第二天一早，我开车去到卫生局指定的防疫办公室。我重新递上国内卫生防疫部门开出来的中英文防疫证明。办事人员说他们没有这份记录，所以才去信我们。我说孩子学校有这份证明文件的，是不是没有注意到。衙门还是很官僚。等了大半个小时，他微笑着对我说，谢谢你的更新材料，你孩子的预防接种记录齐全，他不需要去补打免疫预防针。但我还是多问了一句，如果我真的把这个责任推回学校，因为我已经交了这份文件给学校，我不上来回应，你们真的要下令暂停我儿子上学？他瞪了我一眼，没有直接回答，只是说，一切都按

程序办事。不过,他还是友善地从资料架上拿了宣传资料给我。

回到家中,我看了这些资料,才知道政府高度重视儿童的免疫记录。我不懂医学但知道加拿大的儿童免疫记录,其中接种的项目都是国家计划免疫项目,包括水痘、甲肝、乙肝、腮腺炎等疫苗的注射,加拿大政府免疫接种体系很完善,从婴孩出生开始,当地卫生部门建立孩子个人健康档案,所以孩子从入学第一天开始,学校需要知道学生的历史免疫记录,父母须携带学生从小到大的疫苗注射记录去学校报到。为防止你孩子的免疫记录被遗漏,政府也鼓励父母可以通过上网、传真或邮寄有关记录报告给当地卫生免疫机构。因为,如果找不到之前的记录,学校又要求填写,政府有权要求再重新注射。

看完这些资料,我感觉心情好了些。

不管怎样,我们也算是回流"新移民",儿子之前没有任何从小到大预防接种记录,起码现在有了从中国的转出证明,针对新移居者的儿童健康保障,政府还是负责任的。

忽然想到,这个《儿童预防接种证明》很重要,而有些申请来加拿大读中学的家长和学生对此不了解。我觉得有义务提醒大家。

有不少学生是自己申请的学校,在体检方面很多问题没搞清,或者个别留学机构也不是很了解,对体检、接种疫苗等的要求便会出现遗漏。我后来问过不少学生及家长,他们很多在拿到国外院校录取通知书后,会觉得除了签证就没有别的问题了,实际上,离境前的身体检查和免疫接种,也就是我们常说的体检也是需要注意的一项。否则,可能因为没有《国际预防接种证书》而被拒绝入境,或者因为缺少免疫证明而耽误入学。大家一定提前搞清所申请学校对体检和预防接种的要求,最好提前一个月办理出入境健康体检,留出足够的时间完成疫苗接种,以便获取一套完整有效的检疫证书。

我的担心并非多余。后来,我接到一个妈妈的电话,"朱爸爸,我的孩子告诉我,学校说的免疫证明不齐全,要补打几种预防针。他着急,他说学生辅导老师要他立即去找家庭医生,补齐记录,否则要暂停上学!"

我很快见了这个学生。次日，我带齐他的资料来到上次到过的政府儿童免疫办公室。核对该学生他在国内卫生院开出的《儿童预防接种证明》，办事处人员告诉我，这个学生还须补打4种免疫针苗。

把该学生事情处理好，我开玩笑对太太说，看来，上次我去免疫中心没有白跑，这回帮这个孩子办事，我驾轻就熟。

读到这，家长朋友，你不妨提醒你的孩子，把国内带来的免疫证明复印一份，保管妥当，以防万一因学校漏报错报，当地卫生防疫部门找你麻烦。

第四章

# 开学第一天
# 上课听不懂
# 怎么办?

上课，听不懂，那是单纯的语言问题；上课听不明白，那是文化背景问题。不管怎样，都不是一时半刻可以解决的问题。

## 一、第一天上课听不懂怎么办？

下午3点学校放学后不久，收到一位11年级新生求救电话。她说，开学第一天上4门课，除了英语课因为是ESL，她勉强能听懂些，其他三门课她基本上听不懂。电话里她说，听不懂，只能傻傻地坐在那里，眼睛死盯着老师的嘴巴，希望那里面能蹦出几个她能明白的单词出来。"哎，我的耳朵只听到的是一连串的调子，不知老师所云也。好不容易下课铃响，我解脱了。不过，朱叔叔，明天可怎么办？"她问道。

孩子叫Vivian，在国内念完高二，原来打算在加拿大读高中12年级，然后去大学深造的。开学前一周，带她去天主教教育局做新生水平测试，她的英语水平只有D(ESL一共五个级别，从A至E)，数学水平还可以。负责评估的老师告诉我，根据Vivian年龄和她在中国已经接受了11年的正规教育的经历，她可以接着上12年级的。老师只是担心她的英语水平和能力。以我的经验判定，Vivian的英语实际水平应再低些，可能是B级左右。后来我和负责评估的老师商量，一致认为：Vivian直接上12年级是不现实的。Vivian本人也同意降低一级，从11年级读起，而不是按教育局发出的录取通知书上所写的入读12年级。事后，我向她父母做了解释工作，她父母也同意让孩子多读一年的高中，为念大学打好基础。第二天，我们去学校报到。学生指导老师和我们一起讨论 Vivian 新学年的选修科目。坐在一旁的 Vivian 一直没吭声，她一点儿不明白我们讨论什么，我只好做翻译。看到此情形，指导老师开玩笑地说，如果你的英语水平是 D 级，你应该听懂我们讨论的内容，否则怎么样去上课。她还问 Vivian 愿不愿英语再降低一个台阶从 C 级开始，然后利用暑假班再补补课，追上进度。但我发现如果真的再降一级，恐怕时间又拖长，她要从 10 年级读起。因为她的 11 年级课程难于迁就更低一档的英语水平。毕业时间也要更改，变化太大了，孩子和父母未必能接受。我于是对 Vivian 说，我们不再降级，你先上课试试看。哎，没想到，开学第一天，Vivian 在加拿大高中上课就遇到英语这只"拦路虎"了。

电话里，我安慰孩子，她第一天能顶住，没有缺课当"逃兵"，表现不错。再说，她选的其他 11 年级的课都是大学课程：11 年级数学、市场学、科技资讯，没有 ESL 做辅助的，加拿大高中正常的课程，不容易应付的。对于当地加拿大高中学生，他们搞懂这些课都有一定难度，更何况是你一个只来二周的外国留学生呢！

Vivian 情绪开始有变化，语调开始放慢。"老师我同意你的说法。说实在话，今天上的 11 年级数学，我感觉到不少内容我早在初中就学过的，因为那些公式、线条，我很熟悉。"Vivian 在国内念完高二，国内中学的数学比加拿大同年级的水平相比一般都是超前些的。电话里的她接着诉说："我吃亏就在听不明白老师讲什么。还有，其他两门课：市场和资讯，我除了听懂几个单词，其他一概两眼一抹黑，I don't know……"

我还是鼓励为主，我接着说："你能听懂一点儿英语课已经不错，我见过不少来读中学的新同学，头一天上学就蒙了，一点儿都听不懂，好些同学从 A 级别开始，他们自嘲自己没出国前是'数学学霸'和'英语学渣'混合物，想不到现在连数学也搞不明白。不过，一年之后，他们大都能大踏步地追了上来。"我脑海里马上出现一连串孩子的名字……

我靠近话筒，提高声调，继续引导她。"还记得你刚来时我给你的一个任务吗？"我仿佛看到电话另一头的她在点头。我当时对 Vivian 说："来加拿大念书是几年的时间，一口吃不成大胖子，心急吃不了热豆腐，一天做一件有意义的事就足够了。你在刚到的一周内倒好时差，第二周我带你做新生测试。结果你很配合，不到一周你就跟这里的人同步，倒时差的任务完成不错。现在，我布置你第二个任务：给自己一个星期的时间，上好所选的 4 门课，怎么样？会有老师指导你，我会天天关注你。一星期后我和你一起见指导老师，告诉学校老师哪一门你觉得真的一点听不懂，我们换下来，尝试补上其他课。这个星期其他能听懂但做作业可能有困难的，让老师帮你在学校找高年级学生或同年级学习好些的同学辅导帮助你。你尽量在学校做完作业才回家，回去就是看英语：课本的复习、预习，背英语单词，看英语卡通节目或英语电视剧，去图书馆挑选一本简单的英语小说或图文并茂的图书来阅读。"

她愉快地答应了。

告别 Vivian，随后，我拿起电话拨打给那些今年才来的中学留学生，逐一询问他们第一天上课的情况。当然，各个孩子情况不一样，有乐观的，只是要习惯不同老师的口音；也有不乐观的，一点都听不懂的，需要进一步观察跟进。不过，大多数的新生仍然是在适应中，这一点是属于正常现象。我放下心来。

吃晚饭时，我把 Vivian 电话求救的这件事同家里的人分享出来。

正好老二 Garbo 和老三 Donald 在家。

Garbo 告诉我，当年她出来读 9 年级，因为有两周的新生培训，她同老师、同学熟悉了，正式上课第一天不会太陌生，也能听明白。但她明白 Vivian 的情况，如果真的听不懂，去上课是很难受的，会很焦急的，心也烦躁不安，甚至会哭的。Donald 回想 2015 年他刚从中国回到加拿大上高中，第一天上课很紧张，因为很多都是听不明白的，那学校中国人少，他想找个同胞讨教一下都没机会。他也很坦白，虽然听不太懂上课所讲的，但不想让家长操心，放学回来，他装着没事似的，其实内心很慌乱，因为知道第二天也会遇上同样的问题。

原来，每一个来加拿大念书的学生，心里都有难忘的故事，开学第一天听不懂上课讲什么，只是挑战的第一章。

　　我顺着话题问他们姐弟俩人，有什么"秘诀"可以分享出来，帮助那些新生们跨越第一天上课的难关。

　　姐姐的体会是：先搞清楚，听不懂是什么问题，是英语问题，基本不明白老师所说所讲，还是知识问题，缘于第一次接触国外的课本内容。她当时的情况属于后一种。例如，她发现加拿大科学课她不明白是词汇，她将该课本里的生词抄下来，默读熟记，发觉第二天上课，能听懂老师在讲什么。如果是前一种情况，她的意见，不妨买支录音笔，把课堂上内容录下来回家后反复听，不懂的地方查字典，多花些时间，肯定会有改善的。当然，英语问题不是一时半刻可以解决的，她强调道。

　　弟弟的分享是：他现在回来上学已经有一年了，但 2016 年开学的第一天，上公民教育课 Civics，他还是觉得有困难。老师问到加拿大有多少政党，本年级学生一口气说出了好几个。他听懂老师在课堂上所讲的但他不明白老师所讲的内容。他用回老方法，从学校图书馆借了本课本，先温习再预习，积累词汇，再去上课。他这样做之后，发现上课时多了一些听懂听明白的地方了。

　　………

　　我一边听，一边归纳：上课，听不懂，那是单纯的语言问题；上课听不明白，那是文化背景问题。不管怎样，都不是一时半刻可以解决的难题。

　　开学第一天已经过去，似乎我们不要再纠结下去。上课你能听懂，恭喜你！你听不懂，也属正常的。别的不说，光说英语，用我太太的话来描述，本地学生从小学到初中上了 8 年，讲了 15 年的英语，英语人家是母语，我们是外语，我们才来几天呢？即使你一天掰成两天去追赶，也要几年的时间才追赶上来。孩子，不必过分责备自己。

　　各位，留学真正的挑战开始了。我们先打掉英语"拦路虎"，再用中国多年训练出来的：温习、预习、默背、抄写等方法，配合老师帮助、同学辅导，各方资源，制订一个目标方案，规划好时间表。

　　方法总比困难多。

实在不行，再多读一年也是很平常的事。当然，有困难一定要讲出来，对家长报喜不报忧，会失去别人帮助你的好时机。

## 二、加拿大老师给新生的三个建议

宋老师在中国读完师范大学，是加拿大教育学硕士，她在加拿大中学教英语20多年。如何帮助低龄留学生尽快走出学习上的困境，她提出三个建议：

1. 留意课程大纲：一般在正式上课之前，老师都会给学生发放课程大纲 (course outline)，你可以借助字典查清楚对于课程的要求和安排。这份课程大纲包括该课程内容、讲课进度表、参考资料、作业要求、考试范围、考试方式和分数比例，等等。

2. 做好课前预习：对于老师的讲课内容有一个大概了解后就要做好课前的预习，这样上课时才能跟上老师的思路，在思考和表达方面都会有一定的准备，语言能力自然会有所提高。许多老师都会有阅读作业 (reading assignment)，目的是帮助学生预习，上课时尽量跟着老师的思路进行。此外，对于该学科的专门术语、词汇抄下来，反复熟悉。

3. 课后一定要复习：在课堂上会遇到一些困难，有听不懂的问题，可在老师允许的情况下，用小型录音机、录音笔或手机把老师的授课内容录下来，下课后慢慢复习。也可以参考同学笔记，对照一下，重点留意自己不明白地方。坚持课后复习，弄清楚搞明白老师、同学在课堂上运用频繁的词汇术语，这些"高频率"出现的语句、词汇你一个学期将它积累起来，对你在语言的运用上一定会有所提高。课后复习内容还包括整理课堂上的笔记。

## 三、开学以后，家长需要注意四个方面

周末，我从东部大都会多伦多飞到西部宁静小岛的维多利亚，应邀参加两

个女儿曾经就读和毕业的圣玛格丽特女子学校(St.Margaret's School)2015年新生家长培训活动(students/parents orientation)。几年前，我分别送两个女儿入读该校，学校只有新生培训活动，2015年增加针对家长的父母培训，皆因学校近年来从中国慕名而来念书的孩子增多了，而国内父母对孩子教育的高度重视和参与，学校也意识到对留学生父母培训的必要。校长立即想到我，她认为我是最佳人选：两个毕业生家长、该校中国家长联谊会召集人、我的《中学就去加拿大》和《轻松留学加拿大》都有大量素材取于这所加拿大百年名校。

回想起当年，经过一年多的择校、填表、订机票、打包行李，我把女儿送入圣玛格丽特学校，满以为可以松一口气，却不知道真正困扰我们的，不是申请入学的过程而是入了学之后，孩子在新环境面对一系列的挑战，我们却帮不上忙；真正折磨父母的是孩子每周跟我们视频，从开始她们觉得新鲜好奇到三个月后的种种埋怨和理由充分的投诉，让你有一种说不出的难受。我答应校长的请求，因为我明白，新生家长们比起我们的孩子更加的焦虑和担忧。

在三天时间里，我有机会同来自中国的家长们见面交流，我给新生家长们的培训就是通过这种个别的交谈和小组分享讨论进行的。

我对新生家长们说，如果你进入加拿大私立学校，你仿佛身处在国内"麻雀学校"，那就对了。前天我陪一个广州来的朋友和孩子去一家著名的私立学校报到，孩子在学校门口转了三圈不想进去，他投诉父母，什么名校，只有一座楼房，一个操场，不如他国内母校一个年级大楼豪华漂亮有气势。这次有个家长陪孩子去报到，夫妇俩人拉着老师的手说："老师，我们是冲着学校的名气来的，现在我把孩子交给你了，你该打该骂我们没有意见，他都会听你的。"老师一听这话，连忙摆手说："我们不允许打孩子。"在加拿大，教师只是一种职业，并没有一日为师终身为父那么崇高的地位。管教孩子是父母的责任。短短的时间里，我们的家长已经经历了不少全新的体验。高投入高期待，出国留学是一项花费不菲的投资，家长们自然会有更高的期望值。家长的问题比起学生还要多，这也是正常不过的事。

　　我解释了中国和加拿大高中有什么不同的方方面面，介绍了加拿大中学的学分制、选课与大学的关系；中学生的留学安全、交友和理财知识；私立学校学生如何购置校服、二手课本……

　　最后，我对新生家长提出，开学之后，家长须在以下四个方面留意：

　　1. 成长需要时间和空间。用一年的时间去适应，让孩子们学会在全新的环境里生存。百年树木，十年树人，时间是孩子成长的见证。现在，我们要做的是和孩子有个"一年的约定"：一年后，她会有什么收获：英语？专业学科？新的兴趣爱好？交上不同的朋友？

　　2. 来加拿大留学，学什么？先学好英语再说。你的孩子与众不同，不必因为孩子英语级别被分到的低班，觉得没面子，从而想提早退出 ESL。英语基础没有打好，其他各科成绩也不会理想的。加拿大没有高考，绝大多数中国孩子在这所名校里努力学习，读大学是没有太大的悬念的，但读什么专业、大学，看你孩子的平均成绩。

　　3. 青春期遇上留学期，重新调整亲子沟通角度。留学的主角是孩子而不是家长，即使家长搜集各种学校资讯，对加拿大深入研究，只是为了让家长和孩子有共同关心的话题和沟通的内容。如果孩子不乐意接受你的提议，只是说明孩子长大了，有自己的主见。家长要小心有包办成长的任何做法。

　　4. 严肃告诉孩子，读书，在哪都是吃苦的。因为几个星期的好奇新鲜感没有了，我们的孩子会有诸多情绪、负面的投诉，家长要做个聪明的聆听者，让孩子有个宣泄机会，也要有合宜引导，不要担心孩子受苦、吃亏而出面找校长、老师。困难、挫折是孩子成长的必经之路。

## 延伸阅读
### 加拿大高中最难和最易的一门课是什么？

我问在多伦多中心高中学校 (Central Toronto Academy) 的学生辅导员

Patrick，在他多年的教学和指引留学生工作中，他认为加拿大高中最难的一门课是什么？他在百忙之中给我写了封邮件。他认为，中国留学生会觉得较为困难的大概是：9 年级加拿大地理、9 至 12 年级体育和健康教育、9 年级法语、10 年级公民和职业规划。我把他的邮件内容摘录如下：

1.Grade 9 Canadian Geography (if they need to take it) :Learning all the different provinces and cities in Canada definitely poses a challenge for international students as some of the names are based on Aboriginal languages. ESL students find the physical geography unit very hard to comprehend simply due to all the technical terms in understanding the formation of our planet Earth. Geological eras and the rock cycle (different types of rocks) are examples of difficult topics covered in this course.

2.Grade 9 - 12 Physical Education and Health: International students sometimes are not used to having Phys. Ed. class on a daily basis so they sometimes would simply sit out and not participate. The vocabulary used in health units are also very technical (drug abuse, sex education, mental wellness) so students can often get demotivated by skipping these classes. Physical Education classes are often being viewed as not so important courses.

3.Grade 9 French:Learning English is hard enough already and adding on French certainly doesn't help. Not knowing the pronunciation makes it almost impossible for international students to have success in this course.

4.Grade 10 Civics and Careers:

In career studies, international students often have a very narrow view of occupations in the working field so they usually don't put too much effort in exploring the potential jobs that are out there. International students are also locked in to attend university in their postsecondary education so they spend very little time looking for a suitable institute to further pursue their schooling. In Civics, the Canadian government system can be hard for international students to comprehend and this is again another course that students don't pay much attention to.

　　我有机会在中国留学生中做调查。其中，一位 11 年级学生分享：最难的是英语课。他告诉我，他的英文课是分 6 个单元完成：

　　1. Independent Study Unit 自学单元：4、5 个学生一组，在老师指定的几本书里选一本，大家边读边在学校的网站上讨论。还要写论文。最后看同一部电影，分析电影和小说的差异，等等。

　　2. Documentary 看纪录片：分析它的拍摄、取材、技巧、手法，等等。学生再用相关知识设计一部纪录片。

　　3. Method of Develop 写作：学习 6 种主流写作手法。分 6 组，每组举行一个 Seminar（研讨会）来介绍这种手法，再找相关的文章作为实例。

　　4. Shakespeare Macbeth – 莎士比亚的《麦克白》：读原著，老师边读边讲解，再举行几次研讨会，讨论书里谈论的社会问题、人物思想，等等。最后要写文章，并在全班演讲。

　　5. Novel Study – 小说：每人要读两本小说，分析人物思想。

　　6. Poetry – 诗歌：学习分析诗歌，要求学生写各种类型的诗歌。

　　最后，还要进行期末考试。

　　那么，对于留学生来说，加拿大高中是哪一门课他们觉得最轻松的呢？

　　来读 9 年级的同学分享：最容易的一门课是数学。他说，加拿大高中 9 年级的数学题他在国内初一（7 年级）就学过了。不仅如此，在中国他们学会一套"刷题"模式，能够在题海战术快速完成。他洋洋得意地描述这里上数学课的情况，他们留学生很快完成交卷，本地学生还未做一半，不停举手问老师问题。本地学生人手一部计算器，不停地按。他们用心算就算出来，优越感从心底里涌出来。

　　我认识的学生大都认为，加拿大高中数学相对于中国的高中数学简单些。

　　不过，我还是提醒留学生们，不要掉以轻心，加国高中数学确实在同龄比国内的简单，但是并不是那么好学，除非你英语没有问题，不然数学的那些专业词汇在日常生活中少见，上课老师讲的你会听不懂，考试和练习时也会看不懂。此外，高中 9-12 年级数学课程共计 14 门，课程比重大。不过，中国留学生都会选修的大学／大专学术类型的数学，在 9 年级、10 年级各有 2 门，11 年级有 2 门，到了 12 年级有 6 门数学课程，3 门大学准备类型课程、2 门大专准备类型课程，1 门就业准备类型课程，我们的孩子大都选 3 门大学准备类型数学课程。学术类型和大学准备类型数学还是有一定难度，上 12 年级数学要拿高分，并非容易的。

重视高中数学，因为你将来填报大学专业，不管是理科，还是文科、商科、工科，都有一科必修课——数学的成绩。

我小儿子告诉我，体育课最容易上。高中体育在 9 年级为必修课，占 1 学分，学生既可以选择在第一学期上，也可以选择在第二学期上，但只要一旦选择，则一学期内每天都要上体育课，每周 5 节课，每节 75 分钟，其中 4 节是实践课，1 节是运动生命课，从 10—12 年级体育课为选修课程，小儿子也选了。据 2006 年 8 月 15 日《生命时报》报道：一份加拿大安大略省的调查结果显示，一旦进入 10 年级，参加体育课的学生就只剩 50% 了，而在 11 和 12 年级的学生中，出勤率则更低，仅占 43% 和 36%，我鼓励小儿子坚持。

加拿大体育课内容很丰富，包括篮球、足球、排球、羽毛球、曲棍球、橄榄球、游泳、器械练习、体能练习等，大都在室内上课。必修课是每个项目学习 2 周，然后再学其他项目。每个学校在教学楼内走道两侧都配有独立的衣柜，方便学生储藏物品，学生换好运动服和运动鞋后，方可上体育课。每班学生在 20～30 人之间，男女生分开上课，学生到体育馆先帮助老师准备器材，然后围着老师坐在地板上或相对集中站好即开始上课。

从香港来上体育课，毕业后有多伦多公校任教的崔老师告诉我，加拿大高中体育课很重视课堂上的安全，例如曲棍球练习时学生必须戴保护眼镜、篮板后面墙壁放置海绵垫、滑雪时学生要戴上头盔等，比他在香港读中学时上的体育课措施更加周全、细致。我儿子同我打羽毛球也按照学校上课规定戴上保护眼镜，他说体育老师说过，这样可以防止对方将羽毛球打中你的眼睛。

# 第五章

## 来加拿大上学先学好英语再说！

来加拿大上学，先学好英语再说！英语，是我们的孩子出国留学一道大门槛。英语不过关，听课、记笔记、写作业、交朋友，每一步都会遇到麻烦。英语不行，学生也有可能被劝留级。跨越语言障碍，需要花时间找方法，即去教会，听牧师用英文讲道，认识讲英语的同学。

## 一、曾经在 ESL 班从 ABC 学起，今天她已是加拿大名校毕业生

多年前，梦萍随父母移民加拿大入读多伦多学校时，她是从 ABC 开始的，现在她已是多伦多大学应届毕业生。看到越来越多的低龄留学生出现在多伦多公立学校，但仍有相当一部分同学被英语阻挡他们享受加拿大的乐趣，梦萍看在眼里急在心中，应我的邀请，她无保留地分享自己学习英语的经历。

学习英文是不少留学生和新移民来北美后所要面对的一大难关。谨以此文分享一些我学习英文时的一些经历与体验，希望我的经历能鼓励大家不要放弃学习英文的脚步和决心。

2016 年是我来到加拿大的第 10 年，时光飞逝，犹记得刚来加拿大时，我的英文基础基本为零。曾经也曾惴惴不安担心学不好英文，无法在这片土地与人沟通。现在回看过去，在学习英文的过程中，对我帮助最大的就是学校。

我很幸运的是，在学校里碰到了一位教英文的好老师。她是一位 ESL 老师，专门教英文不是母语的学生们。刚遇见她时，我是很羞怯的，不擅于与人交流。但是这位老师却十分的友善，每天都用她的微笑与关怀来向我表达她的友好。她

的教学方式也是十分的有趣与有效：

1. 天天学习默写生词 —— 每周她都会教一些生词给我们。这些生词都会有一些共同点，比如一周她会教 15 个生词都是以"ail"结尾的或者都是以"ate"结尾的。在解释这些生词的时候，她会充分地利用她丰富的肢体语言来向我们传达这些单词的意思。我们每周在周五时都要有一个听写测试，老师会随机念这周所教的单词出来，学生们随后要默写出这个单词。这是一个挺有效的方法，因为这些生词都有一种共同性（比如都是以 ail 结尾），所以记忆量不需要很大，又可以理解每个单词虽然相似却又有各自不同的意思。

2. 每周看英文电影 —— 除了每周学习单词外，每周五老师还会给我们安排看一场英文电影，休闲之余，渐渐地让我们学会发音，也透过电影让我们更深地了解北美的文化。我最期待的就是看电影，因为就算不懂说什么，还可以看字幕，也可以透过电影人物的演绎和情节去明白意思。

3. 大量阅读小说——老师每个月都会安排我们读一本小说，然后写一篇读后感报告。小说的选择十分广泛，同学们可以从她的收藏里选一本自己爱看的，然后老师会过目一下这本书是否符合学生们的英文程度。我记得我看过的都是十分有趣的科幻题材的小说，比如发明时光机穿越到过去，等等。里面的词汇也是简单易懂的，偶尔会出现一些不懂的词，但根据上下文也很容易猜出整个句子的意思。

除了上述学校老师教的学习方法以外，我自己个人也摸索一种适合自己学习英语的方法，这是我在偶然看一个中文电视节目中发现的。

上学时，因为家离学校近，我每天中午回家吃午饭，有一档电视节目叫"Let's talk in English"，中文翻译是"大家说英语"，正好在午饭时间播出。因为当时我正为学好英语发愁，我不放过一切学英语的机会。我边吃边看。这个电视节目十分有趣，主持人会用英文去介绍和解释当天所学的单词、句子。他会用中文去解释单词的意思，然后会播出日常生活时运用到这个单词的小短片。十多分钟，节目大部分英文主导，中文只在一个环节中出现，英语单词被反复地用不同的方法去演绎，去传达意思，让人印象深刻，同时不觉得枯燥。我看得津津有味，每次都有收获。想不到，我在这个中文节目里学到许多学校里没有学到的实用英语。

看来，学英文并不一定要局限于某些方法，学英文可以以各种形式存在，不论是在日常生活中还是学校里还是工作场合里，都可以增进英文知识，关键是你要坚持，学习一门语言是一个日积月累的过程，坚持不懈很重要。我希望留学生可以找到属于自己的那一份学英文的方法，享受在加拿大中学的学习乐趣！

## 二、不要着急跳出 ESL 班

刚抵加拿大，孩子都能够用中文听说读写，但英语的程度有限。英语作为第二语言 (English as a Second Language，ESL) 的课程，可以帮助留学生学习英语，让他们能够同讲英语的同学一起学习全部课程和参与学校生活。加拿大中学对所有新生都会进行英语水平测试，然后根据孩子测试结果进行分班，确保学生在课堂上听得明白，可以参与课堂活动，完成课堂作业。去加拿大读中学的中国学生除非通过测试合格，否则你必须从 ESL 开始读起。ESL 班，留学生学英语的最佳途径。

关于 ESL 教育，历史悠久，可以追溯到英语的祖家英国。随着十七、十八世纪大不列颠帝国在全球的殖民贸易扩张，英语作为大英帝国的殖民地和贸易据点沟通工具，在不改变原殖民地的语言或方言情况下，英语教育作为官方语或第二语言也逐步形成。但 ESL 教育的黄金时代却是出现 20 世纪的美国，从 1950 年至 1980 年，现今全球流行的 ESL 教育方法就是在那个阶段最终形成的。

加拿大中学的 ESL 标准一般分为 1～5 或 A～E 五个水平等级（可参阅拙作《轻松留学加拿大》，第 51 页，华文出版社 2015 年版）。中国来的学生会依据他／她的新生入学英语水平测验的结果而决定他／她的 ESL 水平级别的。"在一个学年内，如果学生能掌握并完成课程，可转到更高级别的 ESL 班。在未完成课程之前，学生有可能不被允许去读正常年级水平的课程，但家长也不要太心急,更不要催促孩子尽快完成课程的学习,因为学习班的目的是为了让学生打好英语基础,确保他们能在同年级水平的班级内正常学习"(引自拙作《中学就去加拿大》,第 63 页,电子工业出版社 2013 年版)。

关于 ESL 教学大纲、授课内容、对学生的要求,可以参考安省教育厅的指导文件《安省高中 9—12 年级课程介绍》(The Ontario Curriculum Grades 9 to 12) 之《英语作为第二语言和英语能力发展》( English as a Second Language and English Literacy Development)。教育主管部门在制定英语辅助课程时,将非母语是英语的新移民、留学生和其他英语学习能力有困难的学生综合一起来考虑。不过,并非所有学校都会开设所有级别的 ESL 课程的。Alex 被一所口碑不错的学校录取了,那家学校的 ESL 课程是从 C 级别开始的。在教育局语言水平测试中 Alex 被评估属于 ESL A 级别,他被迫转到另一家中学,读了一年,申请转回到最先录取的中学。Tommy 申请的私立学校有开设 ESL 课程,但不知什么缘故,开学后,所有 ESL 级别的新生都安排在同一个教室,由同一个老师授课。虽然老师有方法甄别教学和布置作业,但对于已经是 ESL D 级别的 Tommy,觉得这一年英语进步不大。

所以,各位家长在帮孩子申请学校时一定要留意,你申请的学校是否设置 ESL 课程,是否提供所有级别的 ESL 课程,避免影响孩子学业规划,以及可能发生孩子转校、转接寄宿家庭等麻烦。

### [ 常识 ] 安省 ESL 级别内容及课程代码

*A 级: ESLAO*

*该级别的学生具备非常初步的英语沟通能力,例如可以说出自己的名字、年龄等,基本上不能作日常交流,也能读和写一些简单字词,但未能掌握语法规则。*

*B 级: ESLBO*

*该级别学生应能参与简单的对话,对熟悉的问题能用简单句子表达意见,能阅读浅易的英文书籍、短文等,也能写作语法较正确的短文。*

*C 级：ESLCO*

*该级别的学生可以应付各个科目上的英语水平要求，流畅地用英语演讲，读和写不同类型的文章，阅读不同类型的英文书。这个级别是一个转折点，这个阶段学生开始准备投入主流英语的环境。*

*D 级：ESLDO*

*该级别学生应具备一定流利、流畅程度的英语能力，完成各种口述报告，例如讨论、演讲、报告等。学生也能阅读并进行评论，表达自己的感想等。写作方面除了语法正确外，学生能写作不同体裁的文章，例如论说、记叙等。在这个等级，学生要研读文学，例如莎士比亚的作品。*

*E 级：ESLEO*

*达到这个级别，学生相当于普通正常的 10 年级英语水平，能流利地与人沟通，能独立进行研究探索、搜集资料等，也能流利地用英语进行辩论、研讨。在读写方面，能研读文学、媒体资料，并做评论、分析等。*

*备注：所有 ESL 课程的类别都是开放类型（OPEN）。*

有家长问及，学习 ESL 课程能不能跳级？完成了 E 级课程，学生应该有等同 10 年级英语的水平，能不能不上 10 年级英语？直接上 11 年级英语？也有学生家长投诉给他们压力，要求孩子尽快脱离课程。家长希望加快速度，这是人之常情。揠苗助长，反而害了孩子。饭要一口口地吃，才会消化掉，路要一步步走，才能到达目标。所以，不要着急跳出 ESL 班。

学生心里很清楚，在 ESL 课堂上老师知道英语不是你的母语，在用词、语速都会对你有所迁就，例如用较简易或重复的字词，说话速度较慢等。可是你进入了正规的普通英语课堂，老师只会按教学大纲的要求，使用教导母语的方法，进行正常的教学的，对你没有之前那份的"特殊"照顾。很多同学在进入正规英语课程后，需要相当一段时间才能跟上全班进度。我的一个女学生 Pam 就是一个例子。她从 D 进入 10 年级，一段时间内叫苦连天，提出要求换课。后来，我们一起去见她们的英语老师，老师了解 Pam 的实际英语水平，建议她调低一级，先读 C 级，打好基础。

再说另一个例子。Wendy 在国内念完初三，被录取到加拿大公立学校读 10 年级。开学第一节 ESL 英语课，她发现听不懂老师所讲的，虽然在国内学了 9 年英语，新生水平测试成绩是 D，她还是有自知之明，主动找老师调低一级，从 C 级水平开始。上了几天课英语还是听不明白，Wendy 再次向老师诉苦，又被调换课程从 B 级开始，终于，她可以安心坐在课室里。Wendy 心里很清楚，英语不行听不懂老师所讲的，上课也是白搭的。第一周结束前，指导老师给了她最新一份课程表，英语降低了级别，其他的课程也相应做了调整，难度降低了。这本来是件开心的事，Wendy 却不知从哪里道听途说，开始担心自己会不会被迫降低一个年级，变成是 8 年级的学生。我向她解释道，ESL 的本身课程以及有 ESL 辅助的课程，不是取决于年级而是根据英语整体水平和阅读开发程度而设置的。我指给她看的其他课程编码仍然是 10 年级的课程：视觉艺术、戏剧和数学。我还开玩笑地说，你要感谢老师把你的英语难度一再调低，一方面让你有自信地上课，否则你坐在课室里只会是聋子和哑巴的，你提不起劲头去学习了；另一方面也让你可以轻松地学英语的同时把精力投入到你不熟悉的其他学科中，4 科当中有易有难，齐头并进。Wendy 开心了几天，她又接着追问：什么时候我才不用上 ESL 英语，上正常英语课。这一回，我没有直接回答，而是先让她看了我之前写的关于 ESL 的文章摘要。

"刚抵加拿大，孩子都能够用中文听说读写，但英语的程度有限。英语作为第二语言 (English as a Second Language，ESL) 的课程，可以帮助留学生学习英语，让他们能够同讲英语的同学一起学习全部课程和参与学校生活。

中学生有哪些 ESL 辅助课程？特别改编的课程有：历史、科学、职业研究、公民，以及其他的必修科目。要留意的地方：(1) 中学 ESL 辅助课程不是取决于年级而是根据英语熟练水平和阅读开发程度所设置。(2) 学生可以将多达 3 科的 ESL 课程用来代替他 / 她毕业文凭所需的必修英语学分。

如何选课每个学校都不一样，学校有一个课程表，列出每个年级可选的课程，你要特别留意。详细情况你可以问你的辅导员或者英语老师。"（引自拙作《中学就去加拿大》，第 51 页）

ESL 要上几年？取决于你的学习能力，通常三个月后你会发现自己的英语能力有所提高，一年之后，学习上用英语沟通已经畅通。当然，要完成 ESL 英语课程和辅助性课程，我估计也要三年时间。掌握好英语，所花的时间恐怕要更长些。

加拿大教育专家普通认为："Research has shown that it takes five to seven years for most of English language learners to catch up to their English-speaking peers in their ability to use English for academic purposes" ——The Ontario Curriculum Gredes9-10 Technological Education， page 34，2009. 留学生一般花 5～7 年的时间，英语水平才能完全应付日后大学的学习和生活的需要。

最后，引用一位老师给我的分享："来加拿大留学，学什么？学英语！""加拿大的小朋友，从幼儿园就有写日记的作业，并且年龄增长会不断展开，从一句话变成短文然后文章。一年级就有演讲，并且要有逻辑性和描述能力。到高中就能很清晰地表达论文，包括如何引用说明。非常符合他们做事情讲求程序和规范的习惯。您的孩子如果要进入大学学习，没有 15 000 个词汇，坐在课堂里听课、课后做课业及参与集体的项目，难度是可想而知的。您要知道，别的孩子在加拿大一直接受教育，他们发展英语听说读写、在英文文化里耳濡目染已经很多年，而您的孩子来加拿大短短几年，您就让孩子去和其他人去平等竞争，这恐怕不科学，也不客观。这样对孩子也不公平，对其心理健康发展也不利。"

## 三、英语不行，不要介意留级重读

我认识一些家长冲着加拿大大大部分公立学校和部分私立学校对孩子申请没有

语言成绩硬性要求的优势，直接把孩子送过来。进了学校才知道孩子的英语未准备好，从 ESL 初级开始。孩子不仅面对过语言关的挑战，还要应付其他课程。如果他/她是来读 9 年级，还有时间通过 ESL 其他级别，达到正常英语水平，11、12 年级集中全力以赴应对英语以外的其他科目。如果来到加拿大申请入读高年级，但英语水平未能配合，那孩子学起来十分吃力。英语是根拐杖，正在攀登学习高峰的孩子缺乏英语的帮助，不会走得稳健的。

Alex 透过国内留学中介选择一所不错的高中，但因新生测试水平英语须从 ESL 的 A 级别开始，他被迫转到另一所学校。一年后，他找到我，要我帮忙转回之前申请的学校，因为原先申请的那所学校升学率高。

征得两所学校同意，我代 Alex 提出转校申请，理由是 Alex 的英语水平达到要求了。

这一天，我带着 Alex 去见新学校的学生顾问 Jenny。Jenny 同意接收 Alex。但当她看了 Alex10 年级的成绩单后说："按正常进度 Alex 应该升读 11 年级，但他的英语却从 ESL 的 C 级开始，如果硬要升级，我担心许多 11 年级的课他会听不懂。他的 10 年级成绩已经不太理想，因为英语的障碍。11 年级许多课程已经很少是 ESL 的辅助课程，都是正常用英语授课的。英语是必修课，但即便是学校开的 10 年级正常英语 (Regular English10)，Alex 也不够资格选修，我们要求是过了 ESL 的 E 级，才可选修 10 年级英语。然后，他从 10 级英语开始，循序渐进，11、12 年级英语，一年一年地读。加拿大的大学录取本地学校高中毕业生主要看 11—12 年级这两年的英语成绩。这样算下来，Alex 他起码要花三年多的时间，他的英语水平才能满足读大学的要求。"

Alex 的目标是读 Waterloo 大学的金融专业。

老师很坦诚地建议 Alex 重读 10 年级：打好英语基础，通过 ESL 余下的 D 级和 E 级的课程，与此同时，针对他感兴趣的大学专业进行选修 10 年级相关的基础必修课程。

我同意 Jenny 的意见。

　　我告诉她，之前我刚接手照顾 Alex 的时候也跟他的父母讲过我的想法，他的英语起步慢了，加上头一年的各科成绩差强人意，放慢进度，重读一年，更为现实些。他的父母早有心理准备。

　　Alxe 是个聪明的孩子，虽然有些不开心，但他也接受老师的建议。

　　我们三个人坐下来，花了一个多小时，重新把下一学年的课程进行了调整编排。

　　送 Alex 回寄宿家庭的路上，我安慰他。"你要往好的方面去想，多读一年，你的英语水平会更好，将来，你被心仪的大学录取的机会更高；将来，你读大学不会被英语拖了后腿；将来，你的英语里不会夹杂着河北口音；将来，你还可以不用考雅思……一句话，重读不是坏事情。"

## 四、学好中学英语的三个途径

　　如何学英语，网络上有许多分享，你只要搜索一下就可以看到不少好的文章。这里，有家长同我讨论，他的孩子在中国从小学英语，也学了十多年了，为什么来到加拿大，孩子英语水平仍不尽如人意？我认为，孩子在国内学英语多年，但真正在实践却强差人意，原因很多，其中之一，可能与我们的观念和方法有关系。我们是怎样学英语的？英语课本，但是学好英语并非仅指学好英语课本，你将所有英语课本背得滚瓜烂熟，也只是纸上谈兵，你还需要真刀真枪的实操。

### 1. 提前过来，读一些新生适应的英语课程

　　我强烈建议家长们在加拿大学校开学前，提早把孩子送过来，进行英文补习和预先了解同年级的中学课程。

　　有家长误以为国内缺乏语言环境，不如让孩子过来再说，因为一些孩子入学后过不了多久，孩子的英文就能追上班里其他同学。我同意，有的孩子确实不需要补习，5 ~ 6 个月后，英文听力、会话就能赶上甚至超过班里其他同学。但我了解在这群孩子里，不少家庭在出国前，在孩子身上，特别是在英语方面都已经有了巨大的投入。我照顾的学生中有不少是幼儿园开始学英语，除了小学、初中

正规的训练外，还会在周末去少年宫、各类英语培训机构补习英语，留学前参加过出国游学团、夏令营，甚至聘请外教一对一的操练英语。我也接触过一些天资聪颖的孩子尤其是女孩子，她们语言感受能力超强，能快速掌握英语。相反，我看到某些在国内成绩一般的学生，来加拿大后，环境的差异、英语能力的不足，学习上充满挣扎。因为英语水平拖了后腿，这些孩子的自信心也大大受到打击，充满挫折感。

多伦多有教育机构专门针对来加拿大读高中学生的国际生，在暑假推出不同年级、不同英语程度的特别课程，让孩子早点适应英语课程，了解其他相应年级的选修课，从而增强孩子的自信心和在课堂上的参与能力。

### 2. 第一年，一对一的辅导，尽快解决英语困难

我提议你去找两类英语辅导老师：退休的 ESL 教师和大学留学生。前者有丰富的教学经验，针对性强，见效快，但收费较贵；后者能传授一些个人学英语经验，对你会有所借鉴，而且收费优惠。

### 3. 来教会练习英语吧，保证你进步神速

我特别推荐在多伦多大学辅导许多留学生的 Stanley 提议的方法：去教会认识正能量的年轻学生。

他遇见过不少英语有困难的留学生，在学校不想往中国同学里扎堆，在寄宿家庭又无法同人交流，这个时候他会鼓励学生，不妨去教会尤其是华人教会尝试一下，在那里练习英语听说能力。我们中国人的听力和口语比较薄弱，在教会从这两方面入手。在教会听牧师的讲道。通常牧师发音非常地道圆满，语速也不快，对你的听力提高会增加一份信心。另外是口语的改善。学生在中国学过英语，有一定的词汇量和语法基础，只是缺乏一份讲英语的自信。在教会你有机会认识人，他们会主动同你打招呼，他们不会介意你的英语是否流利。你会发现教会里的人特别有耐心听你讲的，因为他们有爱心。你轻松些，讲英语也自然流畅些。另外，你可以在教会认识来自世界各地的年轻人、一些留学生，教会为年轻人举办各类活动，例如，周末查经班、暑假露营、感恩营会等，在活动中多跟人交流，可训

练自己英语表达能力。

这些年，Stanley 见证许多来自中国的大中学生通过教会，互相认识，不但英语水平大大改进，而且在学业方面互相帮助，最后大家成为志同道合的好朋友。

## 延伸阅读
## 我在教会学英语，收获颇丰

作者：Langer

我是一名正在读大学四年级的多伦多大学学生。从大一开始，我通过室友认识并参加了我现在这个教会及其组织的活动。一开始我看室友每周五都有参加一个固定活动，很好奇。她一说是基督教的社团，我就拒绝了。后来想想，去体验一下也不错。这个教会属于多伦多大学的众多学生社团之一，大多参加的成员都是多伦多大学的在校学生，我想应该是没什么危险的吧。自从第一次参加这个教会每周五的查经活动后，我就一直参加并坚持了将近 4 年了。

参加这个教会活动对我的英语水平提高有明显的帮助。首先，讲解圣经的讲员是用英文的，我每周增加机会锻炼英语的听说能力。平常除了在大学上课以外，课余时间我较少用英语的，尤其是口语方面。大一的时候，我的英语不是很好，不敢参加学校外国人的社团，参加了一个中国学生的社团（我后来发现这对我的语言并没有什么提高）。在中国读书时，我认为我是一个很外向的人，并且在初中高中都是任班长。我从来不会想到，一到这个陌生的环境，没有认识的人，没有熟悉的氛围之后，我变得非常内向。特别是语言不好，很多东西表达不出来，就不太愿意讲。但是，在这个教会查经小组，讲员只说英文，讲解圣经有时候也要用到日常生活的例子，不知不觉中，我的词汇量在渐渐增长。我每周会和讲员聊天，教会里讲员的中文不是很好，他（她）们和我们聊天的时候都是讲英文，自然而然地我也会被带着讲。开始时我讲得不好，他们也听得很吃力，但他们却从来没有打断我并且很耐心地听。我每周英语讲得最多的地方就是在每周五的查经活动了。

你可能觉得奇怪，我不是在上学吗？说实话，正常的大学上课只能锻炼听力，却很少锻炼我的口语。大学课本知识比较专业，也适合日常的口语交流。和我一起出国的几个高中同学，他们很多人由于都住在一起，相同专业的同学还会故意把课排在一起，结伴同行。他们感觉在外国快四年了，并没有想象中那么多机会锻炼口语。他们感受到，我和他们之间的英语口语水平已经拉开了相当一段的距离。

其次，丰富了我对西方文化的了解。英语是一种文化的载体，加拿大文化是以圣经为本的文化。我通过教会学英语，间接中明白加拿大文化精神，明白为什么很多本地人会有这样或者那样的观念了，有助于我融入本地文化。

再次，参加每周的活动让我有机会认识更多不同专业讲英语的学生，扩大我的朋友圈。加拿大大学是"走课"形式，没有在中国的那种同班同学之说。每个人可以选择自己的专业，排自己的课表，即使专业一样，上课时间和课程也不一样。刚开始的时候，每门课第一堂课我刻意坐在本地人旁边，有意识地同他们互相认识。后来，发现我和很多通过这种方式认识的学生，都是这学期我上了这一门课，我们坐一起。但是下一个学期，我们没修一样的课，基本上我们相互找不到踪影。不同专业的同学就更少认识了，停留在打个招呼问个名字，再也不会见面的状态。但是在教会的同学，虽然大家在不同专业，每周基本上都会见到。这种很固定的见面让我对这个教会的学生都渐渐熟悉起来。这样，我才真正和这些来自不同国家的学生熟悉起来。坦白地说，一般参加教会的学生，都是我们所说比较听话的学生。我感觉大家都很正能量，而且都会很友善。甚至毕了业的师兄师姐还会给在校生许多有用的建议，我们在读的学生之间也会相互督促，互相帮助，共同进步。现在回想起来，我感觉自己很庆幸，因为找到的一个非常正能量朋友的圈子！

# 第六章

## 加拿大高中课堂是怎么样的?

课堂是传授知识、训练学习能力、培养良好习惯的教育平台。加拿大高中课堂最大特色是师生互动式强、学生参与性高，学生要回答老师提问，参与堂上讨论、小组项目的演讲……

# 一、课堂纪律松散，自由自在？看完"校规"和"班规"，你就知道自己错了！

## 1. 迟到被罚站还要通知家长

上学期，Donald 从学校领回校长亲自颁给的"全勤奖"。下学期，他却迟到了二次。一次是睡过头了，第一节课迟到三分钟。另一次是课间去洗手间，进入下一节教室时老师已经点名完毕。结果，他被罚站在老师办公室外三分钟。家长当天也收到学校电话通知 Donald 那一节课迟到。

没出国前，在 Donald 的脑海里加拿大课堂样子就是从美剧、国外电影里看到的画面：学生自由进出，没有固定的座位，你跟谁都可以聊上几句，无须规规矩矩举手发言，遇上不喜欢的课，戴上耳机听自己喜欢的音乐或者睡觉或者干脆找个借口溜出去待在洗手间里。哦，对了，饿了，吃块薯片，渴了，开一瓶可乐，不吃不喝，嘴里嚼着口香糖。下课了，男生把废纸搓成纸团，比赛谁可以投中角落废纸筒；女生互相取笑谁穿的衣服最出位……我的地盘我做主，喜欢干啥就干啥，所以他特别向往那自由自在的课堂。

开学前，他从学校领回一本《学生手册》。学校要求每天上学都要带着这本手册。记得开学后半个月新生家长茶话会上，校长挥舞着《学生手册》说，这里面有许多学校规矩，其中最重要一条：每天准时上课。开学后，Donald 进入课堂，每一科老师上课前都向学生派发"班规"。看完各老师课堂纪律的要求，他知道自己错了。加拿大中学的课堂并非他误以为的那种闹剧式的自由。

**2. 晒晒 Donald 从学校带回来的几份"班规"**

这是 Donald 学校发给每一个学生的课堂纪律要求 (classroom rules & expectations) 一共有 7 条：

(1) 发言先要举手；

(2) 老师讲课学生不可随便讲话；

(3) 电子音乐播放器、电话等不得堂上使用；

(4) 维护好课堂学习环境；

(5) 做好上课准备，只可带笔记本、稿纸、文具、电脑移动储存卡等入教室，不准带食物进教室；

(6) 不迟到、不早退、不缺席；

(7) 请在上课前或下课后去洗手间。

听说，有同学因为上课讲话被老师"请"到教室外的走廊，也有的同学忘记将手机锁在储物柜里 (locker)，刚好有来电，电话铃响，结果电话被老师收缴，同学下课后检讨一番才能取回电话。

没过几天，Donald 拿回第二份课堂规则 (classroom agreement)。

与前一份干巴巴的"班规"不同，这是科学老师发的"课堂协议书"，比较人性化。学生要"消化"完老师要求后，家长还要跟学生一样，背书签上各自的大名。在该 12 项的规则中，老师先提出他的要求，然后紧接着的空白处由同学填写上自己的具体行动内容。例如第一点，他要求"进入课室前做好一切准备"，Donald 补充具体行动是："带文具、课本，及时缴交作业。"

英语老师制定的班规 (the rules) 令人大开眼界，因为他足足写了十多条，满满的两页纸。主要规矩一一罗列如下：教室限制使用电子产品；饮品食品不允许，嚼过的口香糖绝不能粘贴在桌椅下面，课室保持清洁；上课期间不得擅自离开教室，迟到者须经老师批准才准进入教室，无故缺席承担无学分受惩罚等后果；交作业有要求，除了准时还要用文件夹存放妥善放在老师案头；参与课堂互动，不要认为乖乖地安静坐在一角就平安无事；尊敬老师、尊重同学，不得无事生非，影响他人正常学习……一边阅读，一边感慨，不得不佩服这个英语老师的细心，例如，学生迟到，进入课室必须要先敲门，待老师看见你并示意后，你才能静悄悄地进入教室。最后，这个老师强调制定这份"班规"的原则：尊重。正如他解释，尊重除了尊敬老师外，还要尊重同学，不要做出取乐别人、嘲笑别人、取笑别人失误。"师者父母也"，这位老师苦口婆心管教孩子，例如递东西给同学而不是扔过去作罢，不是自己的东西不要拿，碰别人的东西要先得到认可。

不久前，有一个学生做好作业忘记交，后来补交，老师收了，但没有打分，这位学生发现学习进度表上少了一次成绩，马上找老师。老师微笑道，你忘记了我们的"班规"吗，每迟交一天扣除这次作业分数5%，最多迟交3天，扣除15%。当该课程单元已经完成转向另一个单元，或者堂上即时交的，任何迟交作业我不能接受。我现在，作业退还给你，这次作业你是没有成绩的。那个学生有些不服气，跟我诉苦。我看了他那老师课堂规定，提醒他，除了准时交作业以外，这里还说，交作业要直接交到老师手里，放在老师信箱或讲坛上，老师不会接受的。

### 3. 不以规矩不能成方圆

地球是圆的，地球村里的中外学校规章制度只会因循文化制度、国情不一而变得多姿多彩，没有例外，也不会因为你的自由损害到别人的利益，民主的存在要有契约、协议的合理土壤。无论是强制性的规定还是人性化的规定都是要尊重和遵守的。因为道理是一样的。当然，中国学校是"家长式"的统一管理，加拿大学校是"契约式"的平衡管理。经家长和学生签名的契约式班规，是加拿大高中课堂特色之一。

看来，我有必要提醒身边的中国的留学生们：你了解你入读学校的"校规"和所选课目"班规"吗？

## 二、留学生想做沉默的"羔羊"，老师偏要提问、逼我参与 讨论、参加演讲……

### 1. Peter 老师是课堂上的导演，指挥大家进行课堂上的讨论

这是一位同学在描述他们 12 年级英语的课堂情形："莎士比亚的作品是我们中学高年级英语教材之一，Peter 老师分别安排 4 个人一组，去读莎士比亚的不同作品。一周时间里，我们每天在小组里讨论。过了一周，老师要求全班一齐来读《罗密欧与朱丽叶》，先是分成不同的章节，全班一起来讨论，每个人都有规定的发言时间的。堂上讨论十分有意思。我们的 Peter 老师有点像导演那样，把问题发给大家，大家都要扮演不同角色，回答问题，你可以发挥自己的想象力，把你认为书里所写的，或者你所理解的角色，讲述演绎出来。每个人都要参与。讨论总会有不同见解的，有冲突的时候，老师会做协调。讨论的时候，老师会提问。他在观察记录每一个人发言表演，进行打分。"

对于莎士比亚的作品，在加拿大高中除了课堂讨论形式之外，老师还会组织学生们外出观赏专业剧团的表演，然后回来安排学生排练话剧。我两个女儿的那个学校，每个年级选读莎士比亚作品的时候，学校都会让学生参加排演这种戏剧，分配给每个学生扮演不同的角色。

加拿大中学教育一个理念就是培养学生创造性思维能力。加拿大中学的教育模式是开放式的而非封闭性的。老师与学生交流是"双轨道"互动，而非老师灌输为主的"单轨道"。与此同时，老师要求学生要有一个动手能力，不仅是动脑子的能力，它重视课堂上团队的合作 (team work) 的课题 (project)，不是个人的埋头苦干。关于这点，在中国封闭式教育模式下的学生出去，有时候会比较僵化，跟不上节奏，课堂上有时候跟不上就会有自卑。

### 2. 我不需要听众和观众，我需要演员，课堂主角不是老师而是学生

Peter 老师当着我的面对来自石家庄的 Susan 说："这个孩子是我班里唯

一沉默的'羔羊'。每次上课躲到远远的角落，静静地望着我，从不主动举手发言。我知道她怕讲错，我喜欢学生提意见，踊跃发言，不管对与错，我都需要你们参与。否则，我不知道你是否听明白课堂内容。"他补充道，留学生们一定要知道，学生上课积极发言才能得到老师更多的关注，这是获取好成绩的公开秘密呀!

加拿大中学教育中有一个特别的理念，上帝造就每一个人都是他的精心杰作，每一个学生都是与众不同的，所以在教育的模式上不能千人一面一种模式，而是因人而异，在课堂上的教学也要针对每个学生情况采取不同的方法。于是，老师不会让学生只是静悄悄地坐在座位中抄写笔记，老师要同学生有沟通、互动和回应。老师也会鼓励同学之间参与课堂上讨论，积极发言，大胆表达自己的意见。这些意见即使是错的，与老师不同的，老师都会接纳。他就是通过这种堂上发言和讨论，评估学生对该门知识的了解和掌握程度，然后，他做出调整或加以引导。

有同学曾经与我讨论，他不明白加拿大老师常常鼓励班里某些本地同学很天真幼稚的想法，老师总是用夸张的口吻赞赏，说"很好""我为你感到骄傲""你真棒"。让那些学生飘飘然的。我明白这个同学的不习惯。我只能告诉这个同学，加拿大老师不会挫伤任何一个学生的学习热情的。对学习的热情是求知欲的动力之一，求知会催生创新。当然，我鼓励这个留学生，你可以认真想，觉得最终答案很完美或者很有把握才回答，但并不等于不参与发言。你不说，会失去分数的。

**3. 学校要求老师在课堂中采用以学生为中心的教学法**

加拿大的教育是要培养出具有创造力的学生。在课堂里，老师是学习活动的组织者、引导者，而学生是中心，老师则围绕着学生的需求来进行教学。如果老师"说"得太多、"做"得太多，那都是不受欢迎的。学生期望做各式各样的课堂活动，如小组活动、课堂讨论、角色扮演、两人活动等，他们可以尽情地"说话"，尽情地"动手"。学生会直截了当地提出自己的见解，大胆质疑。这意味着老师肚子里要有满满一桶水，才不至于处于尴尬的境地。以学生为中心的课堂教学中，老师要极具责任心，一定要全过程参与，从课文的选定、备课、资料的提供、方法指导、小组活动的具体要求及其评估方式，都要一一过问，并给予全面指导。

这一年，我同不少加拿大中学老师打过交道，我最深刻的印象是这里的老师不会称学生"同学们"而是称为"伙计"或"朋友"，更多情况下直呼其名。师生在课堂上是平等的关系。老师不是课堂上的"主人"或"主角"，维持课堂纪律之余，还要求学生"听我讲""不要讲话""留意背熟这些重点"等在国内我们常听到老师向学生大声强调的声音。

有人说，中国在课堂上使用的是传统学习方法，以老师传授知识为中心，以学生是否掌握课本内容为重点，老师传播信息，学生接收信息，单向单行的学习模式。加拿大中学教育在过去的 20 多年来，完善形成了一种探索性教育模式。探索性的教育模式将课堂上学习内容视为培养学生处理信息、解决问题能力的工具。这样，学生变为中心，老师只是学生学习过程中的一个服务者。

## 三、花钱来"自学"，怎么一回事？

加拿大的课堂上还有一种现象，老师讲课不一定"一言堂"，把一整门课全部讲完，他 / 她会"偷懒"，安排学生自学部分单元，或者派发一些提纲、讲义（hangouts），让学生自己看。然后，让学生当"小老师"，在全班同学中演讲出来某中某个重点，又或者用书写方式提交自学报告。有中国留学生家长不解，投诉说交了学费来自学。其实，中国家长不明白，这是加拿大老师不同教学手法和风格。

我访问过一位在中学教授健康和体育的华人老师。他告诉我，加拿大老师的风格不尽相同，但都会围绕教学大纲要求尽情发挥的。所以，当他了解到有些留学生对他任教的课程因为英语水平而有困难，无法参与课外活动或课堂上讨论，他将自己的教程译成中文，把一些健康和体育专用术语中英对照打印出来，在课余时间辅导留学生。他说，如果因为英语障碍让学生无法明白加拿大健康教育内容和参与体育活动，实在太可惜了，也不利于留学生的身体健康。真正掌握一门课的知识是要实践和运用出来。我觉得他说得很有道理。

当然，中外教育各有千秋，各有利弊。我个人观察，在基础知识、应试能力、记忆和数学方面，中国学生较有优势；在动手能力、实践能力、创新思维和独立思考方面，加拿大学生较为强势。在课堂上，两国学生是可以互补的。作为家长把孩子送到加拿大念书，我们一定要引导孩子明白加拿大教育观念，尽快适应加拿大中学课堂要求。

2015 年 8 月英国广播公司 BBC 拍摄一部"中国式教学"记录片，记录 5 位中国老师在英国一所中学执教一个月的故事。在课堂上不少英国学生的举动让中国老师抓狂，中国老师高强度的教学也让英国学生忍受不了。

加拿大与英国差不多，中学课堂纪律松散不像中国那么严格，上课时有的聊天，有的看手机。我认识一位中国学生以为加拿大课堂真的可以懒散无纪律，上 10 年级的数学课他觉得都懂了，躲在角落里看手机，老师提醒他，他理直气壮地说查单词，结果有一次他用手机看笑话看到精彩之处禁不住笑出声来，老师口头警告。这学生还不以为然。期末，他递交下一学年续读申请，学校驳回只批准他续读一个学期，因为数学老师警告记录在案，学校要求该学生在下一学年上学期有改过行动才会签发续读下一学年下学期的同意书。

最后，引述拙作《轻松留学加拿大》一段话做结束："什么叫做教育呢？用英文来说 Education，就是说学会怎样去学习，因为未来不明朗，你现在所学的东西可能过几年不一定用得上，所以学习就是学会怎么样去学，但中国有这样的限制，中国是应试教育，即学习是学会怎么样去考试，可能真的再过一段时间你就会发现，这些学生们有很大的区别了。"

## 四、上课前，先看明白课程说明表，一个被容易忽略的细节

加拿大高中每一门课都会有一份课程说明的。通常这份课程说明会在上课的第一周发给选课学生。

课程说明会告诉学生该课程的内容、上课要求、考核比例、评分标准，等等。如同你参加一项游戏，游戏规则先给你罗列说明，不明白的地方可以问。所以，课程说明也列有任课老师的姓名，教室号码，学校电话和老师的分机号，电邮地址等联系方式。

学校不仅要求学生仔细阅读，签上大名，还要求家长／监护人签名，共同监督。不过，许多家长／监护人只是草草了事，匆匆地签名却不会认真地阅读一下。

**1. 我签阅了数学课程说明**

9年级下学期，儿子选了四门课：数学原理、英语、科学和科技资讯。上数学课的第一天，放学后，他带回家一张该课程说明。数学是加拿大高中必修课中的重点课程，我不敢怠慢，接过来后认真阅读起来。

**2. 这份数学课程说明主要内容有：**

(1) 学习用具预备：计算器一个，当然，如果学生没有自己购买计算器考试时学校可以提供；

(2) 考勤与成绩挂钩：按时上课，迟到旷课须事后父母／监护人向学校报告及解释理由，即使请假缺课也不能不做作业；

(3) 交作业要求：在规定时间前直接交到老师手里，迟交作业会按5%至15%的比例扣成绩；

(4) 成绩考核按四大内容划分：知识／理想、思考／探索、沟通和运用，分别的比例为30%、20%、20%和30%；

(5) 学习成绩计算方法：平常上课表现，占一学期成绩的70%，期末考试，占学期成绩的30%。

我看完了，签上名，然后对孩子说，你知道这份东西说什么吗？

他点了点头。

我待他签完了名字，对他说，这可是你和数学老师的一份合约，我只是监督者。你知道了学习的要求，好好准备，希望学期结束时会有好成绩。

### 3. 课程说明里面的一个细节

加拿大中学教育由各省负责的，作为加拿大最大教育部门之一的安省教育厅有专门文件，《安省高中9—12年级课程内容要求和考核标准》(Ministry of Education: The Ontario Curriculum: Grades 9 to 12 Program Planning and Assessment 2000)，帮助大家了解高中课程设计的大纲，如何对学生成绩考核测试的。例如其中专门章节"测试、评估和报告"(Assessment, Evaluation and Reporting) 告诉我们，安省教育厅规定每科目的成绩考核内容要包括四个部分：

(1) Knowledge & Understanding 知识和理解；

(2) Thinking & Inquiry 思考探索；

(3) Communication 沟通交流；

(4) Application/Making Connections 联系运用。

为便于大家了解加拿大高中课程设计专家的理念，特摘录一段英语原文：

The Achievement Chart The achievement chart for each discipline is included in the curriculum policy document for that discipline. The chart provides a reference point for all assessment practice and a framework within which to assess and evaluate student achievement.

Each chart is organized into four broad categories of knowledge and skills: Knowledge/Understanding, Thinking/Inquiry, Communication, and Application/Making Connections.(The names of the categories differ slightly from one discipline to another, reflecting differences in the nature of the disciplines.) The achievement chart also describes the levels of achievement of the curriculum expectations within each category. The descriptions associated with each level serve as a guide for gathering assessment information and enable teachers to make consistent judgments about the quality of student work and to provide clear and specific feedback to students and parents.

这四部分的内容比重按年级和科目而不同。

从我儿子带回来的课程说明，我看到他选修课 9 年级的数学原理，成绩内容考核是：知识和理解占 30%，思考探索占 20%，沟通交流占 20%，联系运用占 30%；另一门商业科技资讯，四部分内容分比例却是：知识占 20%，思考探索占 20%，沟通占 30%，运用占 30%。

我儿子的数学老师每个月都会发一份学生报告 (STUDENT REPORT) 给学生，当中的学习分类 (Category) 列明，Donald 一个月里数学学习成绩主要在这四个方面。

明白每门课程权重比例有什么意义呢？

第一，由于一门课中的四部分内容考核比重不同，当我们在指导孩子时就有所侧重了。例如，我知道自己的孩子第一年的高中数学学习中因受制于英语水平，他在沟通方面比较吃亏，所以，我要他多花点时间在英语方面，与此同时，要他在发挥自己在中国打好的数学基础，多运用，积极参与提问题及回答问道，并乐于帮助同学，这样，他给老师留下深刻印象。我从数学老师发来的学生报告中，清楚地看到我儿子在 9 年级数学原理这门课中有哪些是强项哪些是弱项。他在课程的沟通内容部分老师曾经给过他很低分，这个分数甚至低于全班的平均分，但他在知识和运用方面却是较强。数学四部分内容总成绩加起来也有 92 分。

第二，扬长避短制定目标。我知道，随着他英语水平提高，他有自信，在同老师、同学沟通方面更顺畅，而他发挥自己在其他方面，例如知识基础和运用等的专长和优势，尽量得分，这样，他的学习全面进步的，成绩也较理想。

第三，对指导其他留学生也有帮助。从安省教育厅规定每科目的成绩考核四个部分，我明白，为什么去年我有两个新来的学生，英语水平都差不多，同样选修 10 年级数学，但因为其中一个学生在知识和运用方面的成绩比较好，另一个在思考和沟通方面分数较高，同样选修 10 年级数学，结果，前者的得分会比后者高了。家长们要留意到这一个细节，它对自己孩子的帮助更加到位。

## 五、留学生如何做堂上笔记，Peter 老师有 10 点建议

1. 多预习，有助于你明白堂上老师讲的内容和你预先阅读的内容有什么不同，记下自己未能理解的东西；

2. 运用缩写、简写，甚至只有自己明白的符号、代码，例如，用 + 代替 plus、-- 代替 minus、w/ 代替 with、w/o 代替 without、re 代表 regarding、> 代表 greater than、< 代替 less than；

3. 记下日期、科目，每天笔记之间留足够的行距以示区别；

4. 每页纸两边折起或预留空口处，便于补充或复习时做些笔记；

5. 学习摘记重点及重要术语速写要领，不要指望笔录所有老师所讲内容，笔记是一种重点的摘录，不是录音机式机械化的笔录，留心老师的开始提要和结尾小结，留意重复的字句词汇，记下老师不断复述强调内容，留心老师转换音调、表情的地方有什么内容上变化；

6. 老师写在黑板上的图表、公式，通常老师板书都是他 / 她认为重点东西；

7. 不需要强迫自己记英文，很多时候中英夹杂的笔记对刚到就学的你更有实际的帮助；

8. 向同学借笔记，或者向学长借旧笔记参考；

9. 尝试将自己理解老师所讲的用几个字词小结；

10. 课后整理笔记，归纳重点、要点。

### 延伸阅读
## 逃学旷课，等着去教育局接受处分吧

"你明天和学生一起来一趟我的办公室，我们给他中国的家长打个长途，告

诉他孩子在这里的情况。"我接到教育局留学生主管老师的电话。我立即通知学生。

"老师，你估计他们会对我怎么样的处分？"读10年级的Younger害怕了。"不就是迟到、早退吗，学校老师早已警告我，还要去教育局干嘛？"他焦急地问。"因为你屡教不改，问题严重，要通告家长了。"我回答。学校管不了你，估计更高一级政府机构出面足可吓唬一下你，我心里暗暗祈求。

记得我刚接手管Younger，是他妈妈通过中介找到我的。之前的监护人举手投降，因为学校频繁投诉Younger老是旷课，在家睡懒觉。可怜天下父母心，我经不住央求，同Younger见过面，我答应下来。

我到Younger就读学校拜见校长，校长引见负责的学生顾问Sam。Sam一见我，立即打开电脑，把Younger的资料打印出来。他说，我挺喜欢这个学生，有礼貌，喜欢笑，但他经常迟到。Sam递给我Younger每次的迟到、早退，甚至旷课记录，足有3页纸。Younger去年来的，上一学期算是白读了，四科没有一科及格，这个学期他的情况更不妙，老是不见人。Sam找他谈，好不了几天老毛病又犯。再这样下去，我看也够呛，Sam老师十分担心。Younger的英语是不好，从零开始，现在，他也可以跟我沟通。我知道他喜欢玩，还特别让他参加单车俱乐部，我们这个俱乐部在学校很有名，每到周末我会组织学生尤其是留学生，满城去探险。希望你能帮助他，毕竟他只有15岁，才来半年多。

听完Sam介绍，我又找到Younger，在Tim Horton's听他解释近一个小时。第一个学期，英语不好，听不明白，在课堂上睡觉、玩手机，圣诞节放假回来，没倒好时差，干脆玩通宵电脑，第二天起不来了。2月份开始的第二学期，开始自己也想发奋读书，可是下课后没有作业，太多的时间，手贱，又玩疯了。后来为了玩得更痛快些，甚至试过六点吃过晚饭立即去睡，半夜爬起来再战斗。二三点才睡，第二天很难起床，通常九点钟第一节课都会迟到或者缺席。Younger如实道出，我看得出他是内心空虚和无奈。

我不动声色，开始每天的叫醒服务。八点多打电话给他，叫他起来，再过半小时，催他出门。我请寄宿家庭帮忙，晚上十点多催他关灯休息。尝试了一段日子，情况似乎好转。学校投诉电话也少了。

加拿大中学对学生出勤管理十分严格，学生进入教室哪怕迟到五分钟，老师都有记录，然后，家长或者监护人当天放学后都会收到学校的电话。如果事先没有请假，旷课了，家长收到学校电话后要做出解释，或者次日上交书面报告。

如果说 Younger 是因为贪玩晚睡第二天起不来，他的早退有点莫名其妙。有一次，我接到学校电话说他下午最后一节没上课，他说下午上一节课，看见窗外天变黑暗，担心放学时会下大雨无法回寄宿家庭，提早溜走了。谁听了这个相信都会哭笑不得。哎，他还是个孩子！

我和他有个协议。可惜好景不多，学校打来的电话又开始频繁。

我向 Younger 妈妈投诉，她也束手无策。没出国前孩子读寄宿学校，家里不用操什么心的。生活老师负责叫起床和督促晚上关灯睡觉。从早上八点开始的早自习到晚上九点结束晚自修，都有老师盯着的。孩子妈妈告诉我，如果不是户口问题，在京城出生的孩子要回老家小城参加中考，而中考成绩一般，孩子没有指望在京念好一点的学校，只好送他出来了。

我正打算向家长提议，把每个月 800 多元的零花钱改成有条件发放，实施一下经济制裁；同时，我也要和 Younger 制订一份书面协议书，奖罚分明。但是，我还来不及跟家长孩子讨论细节，教育局电话就打来了。


5050 Yonge Street 是多伦多公立教育局总部，国际留学生中心在大楼的首层。

"你知道我今天找你来是干什么的吗？"负责人问。

Younger 紧张地点点头。

"你告诉我们，我们怎样帮你，你才可以做到每天准时到达学校，每一堂课都能不迟到也不早退？"

Younger 茫茫地摇了摇头。

"准时，你是可以做得到的。你看今天叫你八点半到我这里，比平常九点上课还早，你都可以做到准时。你是个守信用，有责任心的人！"

她给我们倒了两杯水。

"你刚来时英语虽然不是很好,有些科目表现还是不错,虽然最后成绩都不及格,没有拿到学分,但你起码能去上课。"她接着说,"我去学校了解过,你的四位任课老师都很喜欢你,觉得这个孩子很听话,也能够服从,还能够参与,虽然英语不好。你知道,很难得老师在学校里面都觉得他是一个好孩子,他们一致认为,只要你出勤,他就能学到东西。老师喜欢你,你喜欢老师吗?"

看到学生点头,负责人面向我说:"你看跟老师的关系是没有问题的,也喜欢老师,老师也喜欢他。"

我插了一句:"关键是他不是准时到学校,有时候老师找不到他,也没办法教他。"

她扳着手指头说:"现在这个学期只剩下三个星期了,你怎么办呢?期末考试,占总成绩30%。我叫你上来加上朱先生,是想在我办公室打个电话给你妈妈,让你的父母都知道你现在的情况,大家一起来帮帮你吧。"

电话拨通了,中国应该是吃完晚饭的时间。

我当充翻译角色,告诉电话另一头,我们在教育局正接受关于孩子迟到早退的处分。

电话那头的紧张不得了,声音很急促:"朱老师,孩子怎么啦,又闯什么祸?"

负责人打开电话的免提功能,要学生自己跟家长说明情况。

Younger 一五一十地如实招来。

完了,双方沉默了。过了好一会儿,电话那头先打破,"朱老师,你帮助求求情,给孩子个机会。"

"放心,负责老师说了,我们要一起来帮助孩子。"与此同时,我把这句中文翻译给主管。她听了,点头赞同。

随后,她对孩子说,"你有什么要跟你妈妈讲的?"

孩子小声地对着电话说,"妈,我保证今后再也不会迟到旷课!"

我大声地补充一句,"如果他再这样下去,恐怕他没法待下去要回中国了。"

电话挂了。

"好吧，现在我们来看看怎么办才让你能够早上起床。"主管她用缓慢的速度对着Younger说，"你不能早起是因为晚睡，我们先解决晚睡问道……"

Younger有些委屈，"我试过十一点上床，但睡不着，难受呀！"

她微笑一下，继续慢速地说："你有可能现在躺在床上睡不着，没办法，你也要躺着。就算睡不着，你也不能继续玩。哪怕你真的睡不着了，也要躺在床上并且强迫自己第二天要准时起来。当然，你可能早上起来时仍很困，很辛苦，但是你也要去学校。一天下来，你困倦了晚上自然想早点睡，如此慢慢这样调节，用这样方法坚持一周，你一定有效果的。"

苦口婆心，不愧为教育官员，有这样好的教育素质和超强的爱心与责任心，我心里充满感激。

不过，很快她的态度由软到硬。

她问："你下一学年的学习许可申请递交了吗？"

我替孩子回答："他已经申请了。"

她说："你知道申请材料中学生成绩报告有什么作用吗，那是给政府移民部看的，他们负责批准留学生学习许可签证和入境签证的。"

这个官员解释："移民部有关人士除了看学习成绩之外，更多的他要看你是不是有这种意愿、意向、兴趣来这边学习，他要是看到你的出勤栏目里都是迟到、旷课、缺席，他们感觉你不是在这边学习的，有点想过来玩或者像游客那样，或者他觉得你不是全时间学习的学生，是一个兼职的学生，他有权拒绝学生的学习许可申请的。"

听到这里，我看得出这个学生很紧张，眼泪真的快要流出来了，他想争辩，他想讲，但是又知道自己理亏，因为自己真的错了。

"不过有一句话，"这个官员说，"你知道错了，就是要去改，因为用英语来说，Lear from the mistakes，从错误当中学会去改正，你现在只有一条路，而且是唯一的一条路，那就是你不要迟到，准时来上课。作为教育局，我们能够做的是希望你能留下来。"

我说："其实他应该明白，他只有这样才可以留下来读书，否则的话，他只能遣派回中国了。"

她说："是的，从去年开始，加拿大对留学生开始很严格的处理，你可能在报纸、媒体上看到，他们现在先从大学入手，几千个因为迟到，因为缺课的人已经被遣返中国了，下一步有可能针对这些中学生了，所以你现在还算幸运，也许他们不看你的学习成绩报告里的缺席、旷课这一栏，否则，你可能连申请都不用去申请了。"

最后，教育局的官员微笑地对孩子说："其实我是希望你能够参加教育局暑期的课程，不过你已经准备安排回去了，我们也不勉强，只是希望你回去之后，能够去补习一下英语，因为你的英语水平提高了，你也不会觉得学习沉闷，听不懂课，你也会有动力每天上学听课。"

……

握手告别，女主管除了感谢Younger愿意配合，还感谢我代孩子父母管教孩子，那不是一件容易的事！

我听后，心里充满一份的满足。

Younger是我们负责照顾的中学留学生中问题较突出的一个。从中国中学"圈养"到加拿大中学的"放养"，没有节制、失去目标、缺乏自律，加上不熟悉的语言和文化，他走偏了方向也是正常的，他拒绝不了诱惑也可是可以理解的。他仍需要有效的管教。这一年他是交了"白卷"，不及格，但是我对他有信心，经过近两个月的接触，我们建立了一份信任和友谊。等他下回来，下一学年，我们重新规划目标，长中短时间表，对症下药。新一期的特训营优先让他开始参加。

[附录]针对学生考勤问道，教育局的有关指引摘要如下：

Regular attendance at school is critical for students' learning and achievement of course expectations. Students are required to attend school until they are reaching the age of 18 or graduate. Where, in the Principal's judgment, a student's frequent absences from the school are Jeopardizing his or her successful completion of a course, staff will communicate with the student and parents/guardians to explain the potential consequences of the absences, and to discuss steps that could be taken to improve student attendance.

多伦多教育局 (TDSB) 编：《Choices, Planning Guide 2015-2016》

第七章

# 加拿大高中是如何做作业的？

作业是检验和评估一个学生是否掌握并应用他在课堂上所学知识的一种有效手段。每一个留学生对中国式作业，应该不会陌生的。加拿大高中的作业鲜见题海战术，但作业种类繁多，"大作业"还有一定的难度。

## 一、搞懂评分标准和要求，才动手做作业

三点学校放学，儿子回到家。他玩了大概一个小时的网上游戏，然后，从书包里掏出两张纸，开始做作业。我恰好经过，发现在作业旁边还有一份评分表。我留意到儿子不是立即动手写作业，而是很认真地阅读那份评分表。遇上不会的单词他还翻查字典。

儿子看见我的好奇，告诉我，学校老师要求我们必须先看明白评分标准和要求，才开始做这一份作业。儿子还补充道，每一份的作业，老师都会附上一份评分表。老师会向我们解释的，直到每一个同学都清楚。儿子说完，转身对着电脑，噼里啪啦地敲打键盘，开始做作业了。

我曾经在国内陪伴三个孩子成长，经历过无数次陪伴孩子们做家庭作业的日子。在我的印象中，他们在家里做作业，都是根据课本里面的作业题或者辅导材料上的练习题，他们审题后直接做。即便他们后来升上中学，三个孩子都是寄宿学校，除了听到他们不时投诉作业量太多，但没听到有什么作业评分表。他们不会关心老师是怎么样打分的，因为能按时完成就大功告成。等到作业批改回来，才知道与标准答案的相差多少。看来，关于如何做作业，加拿大中学也与中国的学校有所不一样。

　　大家都知道，家庭作业是检验和评估一个学生是否掌握并用他在课堂上所学的一种有效手段。作为老师除了解释他对所布置作业的要求之外，还要让学生了解他是怎样考核学生作业的。通俗点的说法，老师是如何打分的，每一次学生成绩如何考核出来的。所以，在加拿大，老师给学生安排作业时都会因应作业的要求同时发放一份评分表的。老师会在学生做作业前介绍说明他／她对这份作业的要求、评分标准的。有些学生往往忽略这一点，不搞清楚老师的要求就匆匆忙忙动手，往往成绩不一定理想。望文生义、随便应付，即使你准时完成，甚至洋洋万字，也会是事倍功半的。所以，家长们要留意，有经验的学生大都会在做作业前仔细阅读老师因应作业所发的评分表，即使被老师扣分也知道自己的问题出在哪里，下次就不会重犯，并且知道自己努力的方向。

　　记得儿子有次英语作业是练习写一封书信，老师先发一份写信作业要求细则，儿子按照要求去做，交上去一周后，老师在评分表上用红色笔，按该课程的四个要求：知识理解、思考探索、沟通交流、联系运用，在每一项上老师按四个级别打分。这四个级别分别是：第一级 (0～49%)、第二级 (50%～59%)、第三级 (60%～79%) 和第四级 (80%～100%)。四项要求中成绩加起来就是此次写信作业的成绩。这份评分表称作 Letter Rubric。老师除了圈定成绩外，还会在评分表空白处写几行改进意见。该作业满分是 46 分，比例分配按知识理解占10%、思考探索占20%、沟通交流占10% 和联系运用占6%，小儿子得分分别是 7.5、11.5、7.5 和 4.5，合计 31 分。追求完美的儿子小结这次写信作业成绩未如理想的原因是，在做作业过程中，他忘记了老师的要求，写着写着，忘记老师评分表上具体要求。在接下来的科学课的作业上他吸取这个教训，70 分里拿了67.9 分。评分表设计精细到一个拼写错误，也会扣 0.1 分。另一份的地理作业儿子得了满分。事后他小结说，在开始做作业时要仔细阅读评分表，做作业的过程中也要反复阅读，对照检查一下自己的作业，有没有符合老师要求去写作、延伸和发展，有没有要点被遗漏的。

　　加拿大教育部门是从四个方面内容：知识理解、思考探索、沟通交流、联系运用，考核高中学科成绩。每一个方面的成绩采用百分比来表示不同的层次级别。

大家做家长的当然希望孩子学习成绩优异，各科成绩在 85 ～ 100 的最高级别。但不知大家留意到没有，安省教育厅《课程设计与测试评估》关于成绩考核告诉家长们，如果你的孩子的学习成绩是 70% ～ 79%，属于成绩第三级别，他 / 她已经达到安省教育的标准。意思是说，学校的老师和学生家长应该对孩子充满信心，他 / 她完全可以升级到下一个台级，并非鼓励科科都是 100% 的高分的。这一点与我们的想法有点相悖。

不管怎样，搞懂评分标准和要求，才动手做作业，意义重大。

## 二、重视成绩比重较大的"大作业"

加拿大高中学生有许多的写作作业。有些"大作业"，成绩比重较大的作业，往往要花上二至三周时间才能完成的。

读 11 年级的 FedEx 告诉妈妈，近日英语老师布置一个论文作业 (Essay) 就是写一位你心目中的加拿大名人。FedEx 决定写获诺贝尔文学奖的加拿大女作家门罗。他妈妈后来告诉我，在老师给出的九天时间，儿子先上网查找资料，了解门罗的个人背景，然后，从图书馆借了好几本门罗作品回来，苦苦地阅读，实在看不明白作品内容，他从网上下载门罗作品的中文译本，对照阅读。为了写作更有创意，他还不时同正在陪读的妈妈进行讨论交流。

FedEx 的妈妈感慨地说，在国内只有大学生才会有这样的写作训练，在这里 11 年级的中学生已经要求有这样的写作能力训练。不仅如此，FedEx 还告诉妈妈，老师对参考资料 (reference) 有严格的要求，例如：不管前面的主体部分最后一页剩多少空格，reference 都要另起一页写；每条 reference 之间要空一行，如果一条 reference 一排写不完，那么下面的几排提行时要和第一排三格。参考资料按字母顺序排列，使用网址的 reference 放在最后。还有，在写作中直接引用文章或书中的原话，要在出现的作者后面以（年代，页码）的形式标注，没有出现作者就在引用的句子后面用（作者名，年代，页码）的形式标注；间接引用即参照文章或书中的观点，引用方法与直接引用形式一样，只是不需要标注页码。

FedEx 告诉妈妈，老师强调，论文最后部分的参考资料不允许编造，一定要真实。因为学校对造假或抄袭查得很严。

事后，FedEx 妈妈对我说，这样有创意的作业比起儿子以前在国内整天做刷题作业，更能训练孩子的学习能力。她说得有道理。加拿大高中是为大学而准备的。大学生的自学能力、研究能力和工作习惯，都要在高中培养好。例如，时间的管理，如何在 9 天里分配好时间，将确定主题、搜索资料、分析梳理、构思写作、调整修改等，都是对一个高中的训练。日后他进入大学，面对各种作业、测试和论文，有备而来，顺利完成。

## 三、小组作业学习沟通、合作和协调的团队精神

加拿大高中做作业一部分是自己独立完成的，但每门课程都会有另一个作业就是小组作业。

小组一起做作业，对于不少留学生这是个大挑战。一方面是英语表达能力的问题，另一方面是国内较少有这种学习的训练，读书做作业都是较为个体的行为。

我儿子他说，如果可以选择，他宁愿自己回家闷头做老师布置的练习题，哪怕多刷几道题多占些时间也无所谓。他最怕老师在课堂上布置课题（Group Project），通常这样的作业需要与其他同学合作完成。

毋庸置疑，选择一个好的合作者可以使得课题作业获得好分数，反之，很难拿到高分，这些分数都会算进期末成绩里。在 9 年级整年他参加过不同学科的课题。做这些课题过程中，他告诉我们，他遇到过几乎什么都不做的合作者，被拖拖拉拉的人气得半死。另一个场合，他被分配在小组，组里能力比他强得多的高手老是奚落他。他要学会接纳比他差的同学一起完成作业，也要接受比他强的同学批评做好本分。想不到，从合作做作业这项学习中，学生收获了如何学会跟各种人

打交道，协调合作的功课。

做作业，学做人，这也算是加拿大高中教育的另一个特色。

每一学期的期中和期末，学生和家长都会收到学校发出的学习报告 (Provincial Report Card)，通常我们只会看该报告的第一部分：分数成绩，忽略其他部分。

我建议大家一定要仔细阅读一下该学习报告中的第二部分：学习能力和工作习惯 (Learning Skills and Work Habits)，共有六项内容，其中第四点是合作 (Collaboration)。加拿大教育特别强调的内容，整个教育都要培养学生的团队合作精神，比如一些实验课、手工课等，必须几个人一起去完成一个项目，在这当中，学生是否乐意同其他人合作，你要是在中学里掌握合作精神，将来在社会上才会跟人家学习如何协调，不至于要不就是独来独往，要不就是不顾及别人的能力，只是自我的发挥等。

这是一个合作的社会。小组作业就是训练每个学生这种合作的态度、能力和习惯的。老师会按优秀 (E, Excellent)、良好 (G, Good)、满意 (S, Satisfaction) 和需要改善 (N, Need to Improve) 四个等级对学生进行打分。

另外，从功利角度看，小组作业通常花的时间较长，也是占分数比例较高的"大作业"，值得全程投入。

## 四、每一份作业都有背后的意义，这就值得做好

### 1. 家庭作业及格了，但是我发现我们家却不及格

有一回，儿子跟我说："爸爸，我的家庭作业及格了，但是我发现我们家不及格。""怎么回事？"我问："我们家哪里不及格？"

他说："老师布置了一个作业，'你们家是绿色环保之家吗？'，当中有一些对参照表格和标准。算一下你们家用了多少水，用了多少电，穿了多少衣服，洗澡的时候花多少时间，你是每天换衣服还是真的脏的时候才换，特别强调的是

外套，你每天是走路、骑车还是什么，分成七大类。"他接着说："我计算完毕，按这个报告标准，假如乘以 360 天，我们占用了 3/4 的地球资源。"所以，做完了作业，他发现，我们家浪费太多的地球资源，不环保，属于作业所说的那一类不及格的家庭。

"怎么办？"我逗他玩，"怎样才可以和你的作业相辅相成，我们家也可以在环保标准上合格呢？"

他没吱声。

不过，我留意到他开始有些生活习惯上的改变。以前，他穿的衣服每天一换，不管衣服脏不脏，他都每天换下来丢进洗衣机里。现在，他开始变了，不脏的衣服，尤其天天都穿的外套，他会穿多一二天才去洗。

生活习惯的变化体现了价值观的改变。

因为，小儿子说过，老师跟我们说，不管你们将来成为什么样的人，希望你们不要成为浪费地球资源的人。

教育孩子成为一个有承担、有担当的人，看来加拿大教育有它成功的一面。

## 2. 难忘露营教我生存和环保

又有一回，我问二女儿嘉宝："你在加拿大念高中，第一年学校里发生什么事情最令你难忘？"

二女儿跟我说，第一个学期开学第一周，学校的新生培训，她们新生集体参加露营活动。

"露营？我觉得没什么了不起。在中国读初一，你也参加过军训。军训应该比露营更加辛苦。"我说。

老二纠正我，她说："不错，军训比露营难受，但是加拿大学校里面的露营生活让她学会的东西比军训的更多一点。"

她接着解释道，露营活动每 6 个人组成一个小组，有一个指导老师带队，步行到一个荒岛里原始森林里面。每天，她们都要行走规定的路程，途中还会经过湖泊，姑娘们要一起划木舟渡过对岸的。这个活动起码有一周的时间，所以她们每个人都要分工背着干粮、帐篷等东西。白天，她们在原始森林里面行走，晚上，在沙滩上或者在一个丛林边上安营扎寨。白天吃的是干粮，晚上则围坐在一起，点上篝火做饭。这当中，她们要学会钻木取火，因为给她们几根限量的火柴，如果天气不好，划不着火柴，她们必须要钻木取火。

这就是教她们学会怎么样生存。

女儿为什么觉得露营比军训难受呢？原来，为了不污染环境，学生们所有脏的东西都要掩埋，包括她们的大便和小便。对于女孩子一个星期不洗澡，大家都觉得受不了，更何况还有那么多环境保护限制，例如，用完的餐具不能用纸抹干净，也不能用湖里面的水去洗刷，指导老师亲自示范，她会用舌头把餐具舔干净。学生们各自照着老师的样子把自己的碗舔干净。睡觉之前她们检查帐篷四周挖的沟是否有一定距离，因为原始森林总会有一些小动物，甚至她们开玩笑说，第二天出来的时候看见帐篷外面有类似于熊的脚印。难怪二女儿说这比她之前在中国学校里面军训一星期学的东西要多。

老二感到，虽苦犹乐，除了新奇刺激之外，她们学到了在课堂上面学不到的，比如晚上她们观星星，学会看星座；白天钻木取火有时候钻不出来怎么办，用聚焦的原理，用日光来取火、生火。上学，不仅指是待在校园教室里，读书，也不局限阅读厚厚的精美书本。流过汗，淌过泪，共同战胜困难的所收获的，经历难忘。

加拿大教育把生存、环保、团体合作等一些自然的学习融合在一起，一种别开生面的学习，很多同学到了那边以后，往往以为很舒服，一旦他们经历了这种生活，就知道真的不容易。

我听完老二的分享，感同身受。

### 3. 推销优惠券汇编，学习社会责任感

有一年我去温哥华探亲，中午请大家饮茶。

这时候，我看见大女儿嘉盈，拿出一本维多利亚旅游优惠券汇编，嘴巴甜甜地叫爷爷奶奶姑姑阿姨，大家帮忙买一本。

她不理睬我开始皱起眉头，继续说道："我就读的中学位于加拿大花园城

市维多利亚市。每年学校会动员学生做义工：推销旅游优惠券汇编（Coupon Book），宣传当地旅游。我们都要上街帮当地政府推销旅游。今天，我趁机会向大家介绍一下这本优惠券汇编，每本 50 元。"

我觉得不妥，立即制止她。"你们学校怎么搞的，缺钱也不至于这样吧，把学生逼出来，把这个东西卖钱，最后学校挣了这个钱。"

看着孩子为难的样子，爷爷开口了："嘉嘉，你要是真的有任务，爷爷帮你完成它。"

大女儿抗议，"爷爷，你不去那里旅游，用不上的，我要推销给那些去维多利亚玩的人。"

大女儿转身对我说："爸爸你错了。首先，这个钱不归给学校，是市政府支持当地的慈善机构而专门做的，因为 Victoria 是一个旅游城市，每年有很多人去那边，所以市政府把商铺的东西结合起来，印成优惠券书（Coupon Book），精美的印刷，既有当地旅游风景的介绍，旅客到当地消费有各种优惠。卖 Coupon Book 所有的收入归到老人院、红十字会、慈善团体里面。其次，我也是帮自己赚取做义工服务时间的。按规定，加拿大中学生需要完成若干义工服务时间才能毕业的。学生用做善事取得社会服务学时的学分，一举两得。"

哦，我们大家点头，听明白。

让孩子们学会不只是着眼于成绩，要学会推销自己，在学校的观念当中，人人都是推销员。对于中国的孩子来说，我们的学习成绩真的不用担心，但是怎么推销自己，是一个很大的挑战，学校的用意是你现在不学会推销你自己，你将来怎么像用人单位推销你自己，不管你将来从商还是从政，都是向别人推荐你自己。它其实是教会孩子一个生存的技能和生活的技能，这不正是教育的最基本的原则吗？

后来，大女儿跟我说，她们学校里面很多中国来的留学生，通常在这个事情上跟本地人不大一样，本地人拼命去做，因为做得越多，学时就越多，很多中国的孩子，就像我之前所想的这样，自己悄悄掏钱把这个本子买下来，当作完成任务，因为学校规定，一个人只完成一本就行，甚至你真的推不出去也没有关系，只是你没有这个学时，要另外再找时间做另外的社会服务。

在这里面，除了要学会推销自己之外，让我更多地看到什么呢？在加拿大，为什么他们的大学录取标准里面，不仅仅是看书面的成绩，更加要看到做义工、参加学生社团、运动队员，比如参加各类球类的运动以及参加社会实践的经验，你会发现在大学里面，中国的留学生跟本地的学生比较起来，我们普遍的书面成绩比他们高，如果以分数作为唯一的标准来说，很多的当地人都不能被录取，进入学校，但是很多当地学生都能够录取进去，是因为他们不是靠的成绩，而是靠其他的加分，尤其在做义工、参加学生社团活动方面，因为在教育理念中培养出来的不是书呆子，而是有贡献的国家栋梁，有责任感的学生和有担当的学生。

## 延伸阅读
## 孩子不会做作业怎么办？

对于新生不会做作业，这是正常的事情。但是，如果过了一个月，家长听到孩子不会做作业，不要掉以轻心。通常，每天有作业，每周有交作业或者测试的。一个月下来，在"学生报告"里应该有四、五次的成绩了。加拿大高中学生成绩是平时家庭作业成绩、堂上测试成绩和期末考成绩等综合加起来的。平时的作业测试成绩占总成绩70%。虽然，每次作业在总成绩里还是占一定比例的，你想想看，一个学期大概有五个月，1/5的成绩没有了，真要找出原因来。然后，对症下药，指导他们去寻求各方面的帮助。

通常，在加拿大公立学校，你可以从这三种途径，找到有用的帮助：

1. 寻找老师帮助。你可以直接同老师反映，要求老师考虑给予额外的帮助。老师除了课前或课后安排辅导外，有时也会安排其他同学帮助你的。

2. 寻求网络帮助。登录这个作业辅导网页:http://homeworkhelp.ilc.org，凭你的学生注册号可以登录，你会得到免费的辅导；有些私立学校也会提供课后免费辅导的。

3. 家长辅导。如果你的英语过关，想帮助孩子做作业，可以登录：www.studygs.net，有许多辅导材料供家长参考。

下面是两位家长发来分享。

"暑假补习班成为女儿学习的转折点"

6月份，安琪的第一个暑假来了，和寄宿家庭商量好，第一个暑假不回，抓住机会补习英语，因为加拿大的暑假长达二个多月。女儿是高二去留学，读11年级，如果短时间完成当地中学学业，第一拦路虎就是语言，如果这时候松懈，让女儿回家，不利于语言的提高，女儿决定暑假不回来了，参加当地暑假课程，她报读学习10年级英语课。

暑期课程是小班，课程安排得生动活泼。安琪特别发了一段视频给我们，是她自己朗诵《罗密欧与朱丽叶》一段诗，发音很纯正，我第一次听，还不敢相信自己的女儿念的。她还说老师还为她们准备道具，准备表演《罗密欧与朱丽叶》。看到她兴趣盎然的兴奋劲，我们也很开心。

这个暑期补习，老师给了她90分，这样高的分数实属我们意料之外。

"关于补习我有一点困惑"

温哥华是个华人集中的城市，配合我们中国家长育儿的超前教育思维，各类课后的辅导班非常多，半年后我发现一个不争的事实：每一个光环下的孩子后面都有个超强的辅导班……所以，周末你会发现这样的现象：球场上草地上奔跑运动嬉戏的大多是西人孩子，而在各个辅导中心，藤校培训班多是中国孩子。

原来只是赛区变了，赛制仍然没变。

甚至于在国内你可以单纯地追求考分，而在这里，你必须全面地发展自己：学业、体育与艺术、个人领导力、社会服务与实习经验。所以，是不是要全面加入"培训大队"这个对于新来的中国留学生和家长都是不小的变革与挑战，需要共同快速适应与选择。

# 第八章

# 加拿大高中是如何测试考试的?

跟中国略为不同，较少采用一次性考试例如期末考，去衡量你一个学期的学习，而是综合运用 Exam, Quiz, Common Test, Essay, Paper, Assignment, Individual Project, Group Project, Presentation, Report, Summary, Practice, 考核手段和方法，按照 1％、5％、10％和 30％的权重比例，逐渐累积，最后得出你在一个学期的总成绩。

## 一、拿高分秘密，靠的是 70%平时努力和 30%期末考试！

一提及考试，我们马上联想到是期末。

但加拿大高中并非是期末"一考定终生"的，平日上课的表现与期末考的比例是：70:30。大家不妨看一下，安省教育厅的《课程设计与测试评估》关于成绩考核的三七开比例的原文摘要："Seventy per cent of the grade will be based on evaluations conducted throughout the course. This portion of the grade should reflect the student's most consistent level of achievement throughout the course, although special consideration should be given to more recent evidence of achievement.

Thirty per cent of the grade will be based on a final evaluation in the form of an examination , performance, essay, and/or other method of evaluation suitable to the course content and administered towards the end of the course. "—— Ministry of Education, The Ontario Curriculum: Grades 9 to 12" Program Planning and Assessment 2000" p.16

如果这是一门测验考试科目，尤其是理科学术类型的课程，任课老师都会在开学讲课时告诉学生，这门课程的学习成绩计算方法：70%平常上课表现，30%

期末考试学期成绩。不过，据我们观察，不少中国的留学生开始时并不适应这种游戏规则。应试教育下的孩子习惯了对期末大考高度重视，甚至通宵达旦地苦读，期考成绩还算理想，但在学期总成绩上，他们的结果却不那么满意。"临急抱佛脚"，没有效果。所以，同学们不要忽略了平时上课的表现，那是至关重要的，全年的成绩计算里 70% 是整学期学习的表现，包括大小测验、大型作业、专题研习等。至于你非常重视的大考，只占总成绩的 30%。

70%+30%=100%。70% 里的平日学习，靠的不是死记硬背，题海战术式的学习，而是充满挑战性、探索性、互动性的创意学习。明白了平日学习成绩的重要，就要了解怎样才能有好表现了。以下三个故事是非常好的例子。

### 1. 重视课堂演讲 presentation

一天晚上经过儿子房间，听见里面有讲话的声音，敲门。

儿子一脸不高兴"什么事？"他开门让我进去。

"我听到你在大声讲话以为你在跟谁视频或讲电话。"

"没有外人，爸爸，我在准备明天的 presentation，演讲作业。"

我这才注意到他手里拿着几张草稿纸。

Presentation 中文是陈述报告、展示讲演的意思。它是加拿大中学课堂上最常见的一种学习形式，差不多每一门课都会有堂上讲演的要求。

我留意到，儿子在这一年的学习里，经历过命题演讲、讲故事介绍自己、报告小组作业、陈述自己的研究、展开自己的作品，等等。他除了用口述以外，还会根据作业要求，配上画画或用电脑制作 PPT。演讲对于他是一种尝试，尤其用英语在全班同学和老师面前，要讲得清晰有条理，并不容易。他花了不少时间在写演讲稿上，然后，不断修改。幸好他有两个姐姐。他听从家里两个姐姐的指导，把讲稿里的书面语换成口语，尽量使用简单的文雅词句。但到了堂上演讲，他变得紧张，手足无措，忘记之前所背下来的内容，只好从裤袋拿出讲稿，干巴巴地照着稿子念。后来，他留意到班里的本地同学，大都表现自然，语调抑扬顿挫，语速快慢配合展示内容。过了一段日子，另一科作业也要做堂上演讲。写好文字稿之后，儿子关起门来练习。听姐姐们介绍，最好是对着镜子练习。于是，他就在洗澡间对着镜子大声练习，熟记资料，他的努力得到回报。9 年级大量的讲演陈述，他差不多每次都能够拿到 A。从胆怯紧张转变到自然自信，看到儿子在演讲方面的进步，我们大家都替他高兴。

加拿大高中重视学生课堂演讲，这与我们前面说过加拿大教育部门是从知识理解、思考探索、沟通交流、联系运用等四个方面，来测试、评估和考核学生的。通过演讲内容，可以了解学生对该学科知识了解程度，上网找资料的能力，逻辑思维能力和运用语言包括眼神、手势等身体语言同人沟通的能力，等等。相对而言，比起较强的应试能力，中国留学生大都缺乏课堂演讲的能力和经历。我觉得，训练孩子的课堂演讲应引起家长和学生重视。这也是得高分的秘诀之一。

## 2. 做好小组作业 group project

Ricky 因为中考失利被父母送来这里读 10 年级。他虽然学习能力中等，但做事认真。上地理课老师布置小组作业，他同另外两个同学一组，完成一个小组作业。他和小伙伴讨论各自的分工。他自告奋勇，负责工作量较大的资料搜集工作。其余两个同学，对电脑制作熟悉的那一个负责将资料加以整理，制作成演示图文；另外一个本地学生因为英语流利，他会担当讲演者的角色。

大家分头行动。Ricky 去学校图书馆找资料，回到家中继续上网搜集。他按照老师要求，在所有引用资料中注明出处，网上资料还做了原文链接地址。因为他的英语水平一般，他协助承担制作部分 PPT。负责制作的同学做了非常精美的 PPT，但他和另一个同学觉得过于花哨，动画太多，反而让主要的资料看不清楚，容易分散了听众的注意，弄巧成拙。Ricky 改动用图表来表达。负责演讲的同学也觉得这一改动与作业的主题配合。最后，他们一组获得高分。地理科期末考 Ricky 成绩不理想，但因为平常表现不错，最后学期总成绩该科目他得了 B。有经验的老师告诉 Ricky，一些大型作业例如要花时间的 group project，个人的 research paper，占学期总学分的 20% ～ 25%，做好小组作业不会吃亏的。

### 3．积极参与课堂互动 communication

在中国的中学里老师多以讲演式授课，学生们乖乖地聆听，抄写笔记，然后复习老师讲授的内容，考试就没多大问题了。可到了这里的高中，没有这种"填鸭式"的满堂灌，而是人人参与课堂上互动。刚来的 William 因为语言的原因，不参与课堂的讨论，坐在一个角落里面，不发言，让人感觉到他好像不存在那样。他这个国内"学霸"第一学期下来，成绩平平。第二学期他开始改变。一方面老师常常点名叫他发言；另一方面他意识到不能回避。他发现，其实老师并不介意他的发音。老师甚至对大家说如果他说中文好似讲英语那么好，他会来中国旅行的。同学之间也没有人嘲笑他的英语。很快，他投入班上的所有互动环节。参与课堂上讨论，即便一下子想不出答案也要变通，问问题。堂上开动脑袋问问题，老师一般不会打低份的，这是他悟出来的。

## 二、知识理解、思考探索、沟通交流和联系运用，测试和考试都是围绕这四大内容的

加拿大教育部门是从四个方面内容：知识理解、思考探索、沟通交流、联系运用，考核高中学科成绩。每一个方面的成绩采用百分比来表示不同的层次级别。

一个家长分享他的女儿在多伦多读 11 年级的故事：

上课时间是从上午 8 点到下午 4 点，看起来好像轻松，其实由于课堂学习内容多，如果学生不主动、自觉学习，也不会有好的成绩。女儿习惯了国内填鸭式的教学，老师不断地讲，下课后还布置做不完的作业，而这里老师上完课，会给学生提问的时间，如果你不主动问，老师也当你是明白了，至于作业，也不会太多，不会统一布置大量的作业，而是启发你看相关的资料或者书籍。

女儿终于从原来的题海中解放出来，告诉妈妈："这里学习好轻松，没什么作业。"不过，这样评价让我们很担忧，果然过了两个月，老师的投诉来了：作业没有认真完成，学习不努力，考试成绩也是 70 分左右。我们知道按安琪的潜

力完全不是这个成绩，比如数学，国内学生基本学过，至少应该是 90 分以上，爱上网、看美剧等国内就有的坏习惯，仍然存在，语言进步也不是很明显。2 月份又是国内春节，抢红包流行，女儿半夜还在抢红包。朋友珍尼是一个很严厉的人，因为女儿的事有时一个电话打过来中国，跟我们一聊就是一个多小时。她希望安琪能珍惜留学的机会，很快提高语言水平，要求安琪每天记多少个单词、练习口语，融入当地教育，学习上更是要求刻苦、努力，这样才能弥补自己国际生的短板，在短的时间顺利完成中学学业，为下一步读大学打好基础。虽然了解自己的女儿，但收到这样的投诉电话，肯定还是着急，于是，把安琪踢出了几个微信群，当然，这样粗暴方式引起女儿更大的反应，她的回答一针见血："把我踢出群，我就能认真念书吗？"我们也在反思，是不是太操之过急，上网、看美剧、读书不刻苦，这些问题不是去才有的，在家里也有，她一个人在外，我们正是希望有所改变，而不是还是采取原来的方式，希望新的环境潜移默化改变，但这需要时间，女儿出去留学，面对的问题也是家长需要学习提高的，就如《中学就去加拿大》一书说的：孩子留学其实也是家长留学的过程，父母要和孩子一起成长。父母要做的不是一味要求和责备孩子，而是多了解孩子状况，面对困难，提出一些切实的建议，关键的是要树立孩子自信心。

其实，安琪心里很明白，自己的目标，希望早点过语言关，顺利完成中学教育，申请好的大学，但由于孩子天性好玩，行动上实现不了。于是，我们鼓励她从一点点进步做起，合理安排时间，把学习任务分解成一小段，完成起来就容易了，安琪也开始对学习认真起来，经过一段时间的磨合，投诉来电逐渐少了。一次 Business 小考试，她说班上只有她全对，虽是一次小测试，我们还是肯定了她，说你一定行。

就这样，短短的学期就快结束了，相比女儿国内班上同学还在埋头研习物理、化学题，甚至英语语法时，安琪已经在实践中学到更多的东西，那就是如何与人相处和自信。学期成绩出来了，大都在 80 分以上，以女儿初到一个环境，又是英语学以前没学过的课程，这样的成绩我们感到非常满意，觉得是孩子努力的结果，也鼓励了她。加拿大的学期成绩不是看最后一次考试，而是按权重分解到每个阶段，比如一次单元测试，或者课堂表现占 10%，最后一次考试只占 30%，这就要求学生平时严格要求自己，养成好的学习习惯，而不是最后突击应试。安琪的成绩正是因为后来的进步了，才提高了总的成绩。

## 三、谁说加拿大高中不重视期末考试?

每逢进入 1 月、6 月期末考试月，每周末我都会收到儿子就读学校校长发给家长的邮件。邮件里，校长除了提醒家长，孩子期末考科目、考试时间和考试场地等重要信息以外，还会提供一些实用性的建议，例如：家长如何引导孩子准备期末考，家长如何从网络资源寻求支援，学校老师辅导时间场所安排等。校长会在考试前不但自己每天中午在学校食堂接受学生关于考试的咨询，学校还会安排一些退休教师在图书馆义务辅导学生。因为我们照顾的学生分布在多伦多，所以，我们都会在那个时间，分别收到不同学校（公立学校、教会学校和私立学校）发给家长／监护人关于帮助孩子准备期末考的信息。由此可见，加拿大中学是高度重视学生期末考试的。

学生也会收到学校派发的准备期末考试的文字资料。以我一个学生 Andy 入读多伦多一所普通公立学校为例。早在期末考前半个月，就读 10 年级的 Andy 收到数学老师发下来的期末考数学的通知书。我看过这份通知书。满满的一页，除了提醒选修该课程的学生，期末考试成绩占本科总成绩 30% 以外，还有许多注意事项和考试要求等。我将这些内容归纳一下：第一，告诉学生考试范围，数学老师将六个单元的内容重点摘要出来。第二，考试形式分为两种，选择题和解答题。第三，考试要求指导，包括：可以使用考试工具，例如 ESL 学生可使用纸质英语字典不准使用电子辞典，学生可自备计算器但不准互相借用，所有问答题答案须完整回答才得满分。

平时我儿子放学回来基本上两手空空的，到了期末考时间，他的书包会塞满各科老师发下来的复习资料或通知书之类，以及他从学校图书馆借回的教科书等。然后，他会挑灯晚战，备战期末考试。

## 四、"省考"是怎么一回事？

关于考试，我特别会提一下"省考"（OSSLT）。1996 年由安省政府成立的"教育素质与问责办公室"每年会接受省教育厅委托，对安省中小学生分别在 3、6、9 和 10 年级四个关键阶段进行水平评估，其中在中学阶段要进行 9 年级数学评估和 10 年级英语读写测试，10 年级的读写测试是中学毕业要求之一。

各位留学生家长注意啦，这个"省考"与你的孩子是有关系的！如果你的孩子来加拿大读 9 年级，你须留意 9 年级数学考试时间是每年 1 月和 6 月，10 年级英语 OSSLT 考试时间为每年 3 月底。即便你的孩子过来念 11 年级，他 / 她也要参加 10 年级的英语测试，因为，每一位安省中学生必须通过 10 年级英语语法写作能力测试，才能拿到毕业文凭 (Ontario Secondary School Diploma) 的。

各位留学生不必担心，无论是 9 年级数学评估还是 10 年级英语读写测试，只要你一直保持在各科平均成绩以上，相信这两个省考对你来说，难度不会太大。而且，学校会有专门的辅导，教你如何备考的。但这里还是提醒留学生们，10 年级英语读写能力测试，该测验是衡量学生截至 9 年级的阅读及写作能力。测试有三种类型的写作：叙述、资料和图形写作。要求学生提取文章中直接表述的信息并从例文中找出隐含信息。在写作部分，学生必须展开说明、用充分的细节加以支持、使用正确的拼写、语法及标点符号完整连贯地写出。

记住一点，无人可缺免的"省考"，是获高中毕业文凭其中一项条件。你的省考成绩通过，方可拿到安省的高中毕业证书。If a student cannot pass OSSLT, they can still do the Ontario Literacy Course to fulfill the requirement.

## 五、考试不及格怎么办?

一次考试不及格有许多补救办法,即使期末考不合格,30% 的分数没有了,你还有平时成绩的部分,那是占成绩的 70%。加拿大高中并非期末一次考试,决定整个学期的胜负的。一次考试不合格不可怕,可怕的是一直的作业、测试都是不合格,累积下来,最后的总成绩不合格。总成绩达不到要求,该门课程的学分没有获得,唯一办法是重修一次。到了毕业时,别人修齐省教育厅所有规定的课程学分,获取安省高中毕业文凭 (OSSD),你因为某些必修课程欠缺学分,只会授予结业证书 (COD) 或者高中毕业证书 (OSSC)。中文字面上 OSSC 高中毕业证书与 OSSD 高中毕业文凭,差不多,但在加拿大大学招生官眼中这两者差别是很大的。前者只要求学生修得最低要求的 14 个学分 (7 个必修学分与 7 个选修学分),后者却要求学生修满 30 学分 (18 个必修学分和 12 个选修学分),完成 40 小时的社区服务和通过 10 年级读写能力测试。

因此,专家告诉我,学生档案中的"学习进展表"(counseling report),比发到你手中的"学习报告卡"(report card),更能实时性全面监督该学生情况。后者是一个静态的结果,前者是一个动态,有经验的老师还可以从中预测学生未来进展的。

### 延伸阅读
### 如何全面综合地看孩子成绩?

在不少留学生家长眼中的所谓考试成绩单,其实正常的叫法是学习报告卡 (report card)。在安省中学,每一学期的期中和期末,学生和家长都会收到学校发出的学习报告卡 ( provincial report card),通常我们只会看该报告卡的第一部分:分数成绩,忽略其他部分,所以,它又被称为成绩单。

其实，加拿大高中学习报告卡包括三大部分内容：

1. 分数成绩 (mark)；

2. 学习能力和工作习惯 (learning skills and work habits)；

3. 老师评语 (comments)。

如果说分数是"硬件"，学习技能与习惯则可称之为"软件"部分，是关于一个学生内在的技能、行为习惯，一个人素质有时候是一种看不见的东西，但通过他的表现被老师观察和记录下来，并按标准给予评估。

第一，加拿大高中的成绩分数通常使用字母和分数混合体：

A+=90-100，A=85-89，A-=80-84，

B+=77-79，B=73-76，B-=70-72，

C+=67-69，C=63-66，C-=60-62，

D+=57-59，D-=50-56，

F+=42-49，F=35-41，F-=0-34。

第二，学习技能与习惯包括6项指标：责任心、管理能力、独立工作的能力、合作、主观的能动性和自我控制的能力。老师会分4个等级来打分，E，英文Excellent，中文是优秀;G，英文Good，良好;S，英文Satisfaction，是满意的意思；最后是N，Need to improve，就是尚待改进或者需要努力。

6个指标4级打分加拿大老师是怎样操作的呢? 表面上看老师会很主观判断一个学生，其实老师是根据平常的观察，从学生的出勤、学习态度、作业完成、课堂上讨论等，有根有据进行打分的。

1. 责任心 (responsibility)，学生对于学习是不是上进的，家庭作业是不是按时完成的，考试是不是无所谓的态度，对于学业是不是有目标的，等等，这些都是可以看出一个学生对自己有没有一个责任心。当然还要看这个学生对自己的言行和语言是否是负责任的等等，这些是放在一个人，尤其是学生要对自己的言行负责，把目标放在第一位，有没有一种责任感，这种作为一个评核的标准。学习是学生最重要的任务，把学习的责任心放在培养学生第一目标是希望通过学习过

程去训练学生明白要对自己未来的负责任。

2. 管理能力 (organization)，通过学生选科，看看他是不是有计划，在选科之前做好准备，甚至每周是否都会准备好、复习好，到高年级这些能力就会看得出差别了。管理组织能力，从一些小事细节如书包是不是放整齐，书桌桌面上是否干净等可以看出来，老师每天与学生相处，有机会观察在这些方面的表现。

3. 独立工作能力 (independent work)，这一点从学生是否独立完成家庭作业方面可以看出来。

4. 合作 (collaboration)，加拿大教育特别强调的内容，整个教育都要培养学生的团队合作精神，比如一些实验课、手工课等，必须几个人一起去完成一个项目，在这当中，学生是否乐意同其他人合作，你要是在中学里掌握合作精神，将来在社会才会跟人家学习如何协调，不至于要不就是独来独往，要不就是不顾别人的能力，只是自我的发挥等。这是一个合作的社会。

5. 主观能动性 (initiative)，主要是看在课堂里学生是否主动提问，有没有自学的能力，甚至不懂、不明白的时候，下课跟老师交流、交谈等，正如我女儿学校的校长跟许多中国家长重申，我们不怕学生不懂，我们最怕学生不问。不闻不问的学生何来主观能动性。

6. 自我控制的能力 (self-regulation)，以前我误以为在加拿大上课学生可以很随便走去喝水，上厕所，后来，我小儿子上高中，他告诉我，学校规定上课当中去喝水上厕所一个学期不得超过三次，超过了老师会扣分的。自我控制能力主要表现就是在课堂当中，在老师讲课的过程中你玩 iPad、iPhone，或者经常跟别人讲话，注意力不集中等，自我控制的能力差，影响老师上课。

说了那么多是让你明白除了解释老师怎样打分外，还想让你明白为什么学校对这些学习技能和学习习惯那么重视，因为在高中阶段，对于学生养成好的习惯比分数还是要重要的，养成好的这种能力，比拿到这种排名更加决定你今后的发展。

所以为什么一个学习好的学生，同时必须要有好的学习技能和好的学习习惯，道理就在这里了。

第三，老师评语通常是老师欣赏和肯定学生的正面评价，有鼓励话语也有寄希望改善的地方，为的是给学生指明今后努力的方向。

所以，各位家长，考试成绩单上的分数、学生素质和老师评语三大内容，要综合一起看。

第九章

读书在哪都
不是一件轻
松事!

求学问，要努力地付出，无论是
在中国还是在加拿大都要是吃
苦，绝对不会是一件轻松的事情。

## 一、加拿大课程把我孩子的自信全摧毁了

在加拿大上学过了一段时间，我们听不懂英语，听不明课程，交不上当地朋友，欣赏不了轻松教育好处，一连串的打击，确实将我们不多的自信毁掉了。

我在杭州搞活动时认识的一位留守家长在网上向我求救：孩子上学第一周什么都听不懂，但感觉很新奇；第二周，我叫她参加学校社团，她开始犹豫了，说课都听不懂还参加什么社团；第三周，她说社会学很难，要借同学笔记抄；在国内学习有压力，她还能顶住，但在加拿大她反而无所适从。我看她平时接触的都是几个一起过去的中国孩子，这样英语水平提高更慢了。如果再这样下去，我该怎么办？

我只能先作简单回答：孩子需要你的鼓励，你帮助她建立自信应是第一步。

这位妈妈同意，我家孩子从来都是不够自信的，到了加拿大我估计开学这四周她的自信被摧毁得差不多了！她还说道，孩子身边有一个新生，比较内向，一直上课听不懂，也没有人引导她，快要被劝退，国内妈妈一听到消息只好赶过去陪读。我也担心，自己的孩子会不会迟早也打退堂鼓！

我只能安抚她，说道："叫你孩子联系一下我，看看我们怎样一来帮助她渡过难关吧！"

出国改变人生，留学改变命运。

但是，改变是要付出代价的。既然，出国留学是我们和孩子共同的选择，那么让我们一起面对随之而来的一连串的挑战吧！

**1. 倾听孩子们的声音**

很快，杭州新生 Kimmy 联络上我，"朱博士，我现在觉得还好，就是数学有的题目不太看得懂，导致考试的时候失分，然后觉得最难的就是 Social，基本都听不懂。"她在留言上写道。

Social study 社会课是 BC 学校名称，安省学校称为公民课 Civic，内容相当于国内的政治课。该学科是最令中国留学生头痛的高中必修课。

"Social 有的时候要看一段电影，然后总结，回答问题什么的，我感到更吃力了，做笔记也不行，只能照抄同学笔记，回来查字典，大概明白少许……"

我问："有没有向老师求助？"

"还没呢，我想再试个两节课，坚持一下再说！"

看到这，我放心了，因为孩子的情况不像妈妈描述的那么可怕！如果下次有机会再同这个孩子聊，我一定告诉 Kimmy，我的儿子今年也选修类似的公民课。我们家的小儿子很少在我们面前诉苦的，近日一到吃晚饭的时候，全家人在聊天，不时听到他向两个姐姐诉苦，公民课真的有点难。

**2. 开学到了第四周，我随便问几个今年入学的新生**

10 年级新生："老师，虽然我被编到英语 ESLA 级别，我还是听不懂，在课堂上太无聊，不敢缺课，只能坐在角落看手机……"

我建议：不如问一下老师，可不可以用手机录下课堂老师讲的内容。

"录了也听不懂，白费事，先混混再说。"

——承认失败不等于要放弃，我只能去学校，看看学校有没有新生辅导之类的，帮帮他。

11 年级新生："我现在一上课就紧张，怕老师问我，越紧张我越听不明白老师在讲什么？"

我建议：先看讲义预习一下，或者找同学问一问。

"而且，最近开始有胃痛，我妈说我是不是功课太多有压力。我老实告诉她，功课量不多，只有一点点，但常常要在课堂上演讲表述，好紧张。"

——我叫她，做演讲前对着镜子多练习，讲慢些，眼睛望着最后一排，放松些。

12 年级新生："忙死了，马上参加大学展览会，要选大学专业，还要准备考雅思，一天只睡 6 个小时。"

——我不敢多打扰，买些点心，周末去探望她。

……

留学压力，从登陆加拿大那一天开始形成， 杭州妈妈所说的，"加拿大课程把我孩子的自信全摧毁了"虽然夸张了些，但却是说出了一种现象。我观察到在我身边的中学留学生，差不多都经历过相类似的挑战。

## 二、读书在哪都不是一件轻松事

"朱老师，我妈向我推荐你写的书，我一看书名《轻松留学加拿大》，马上放一边。出国留学，全新的环境需要适应，哪来的轻松呀。开学第二周，我已经有好几个课有测验、考试。我读 12 年级，每科成绩都与报读大学专业有关，压力超重。我建议你不妨写一本《留学加拿大不轻松》的书，我向你提供素材，如何？"

——这是一位同学 Jeff 给我的留言。Jeff 在读 12 年级，每周都有测验、考试，每科成绩都与报读大学专业挂钩，压力超重。

吃晚饭时，我听见小儿子有意无意之间说道："妈咪，我明天有数学测试。"

妈妈有些不解，"奇怪，从未听说过你怕考试，为什么突然之间提醒我你要考试？是不是你觉得在加拿大念书有困难吗？"儿子在中国上了 7 年学，回来在加拿大读书有一年时间了。

"10 年级的数学我在中国学过一部分，一点都不难。"

比起中国的应试教育，即使是开学后不久的测验在妈妈的眼中只是小菜一碟：

容易的事。"你肯定想找个借口饭后不去洗碗的！"妈妈识破了孩子的"阴谋"。

孩子欲要开口争辩。

我拍了拍儿子的肩膀，"走吧，我帮你洗碗，复习去！"

"还是老爸了解我，在国内，从小学到初一，7 年级的我已经'百考成精'，习惯了考试。只是在加拿大，英语我刚转到正常英语，还是有点难，担心考不好。10 年级数学我学起来挺轻松，不过，越轻松越有压力，因为我对自己有要求：我要考高分。老师和同学似乎对我们这些来自中国的学生有一种印象，我们数学特别厉害，所以我不考好，也辜负了自己和大家的期待！"

英语难，学起来压力大，数学简单，考试却不轻松，我在琢磨这当中的关系。

"我回来啦！"二女儿风风火火地推门进来，还未坐下，她急忙地说："今天教授又布置一批作业要明天交的！" 她读设计，今年刚进大学。开学两周我看她比谁都忙碌，每天早出晚归，嘴里老是唠叨"作业、作业"。从前读加拿大中学那种优越的日子已经不再重现。

5 年前二女儿在加拿大读高中，除了第一年要过英语关之外，没听她说过加拿大中学的辛苦和压力，升上大学情况完全不同。

二女儿放下饭碗，忙她的作业，我估计又要忙到半夜。

剩下我和太太收拾台面。哦，对了，大女儿还在学校没回来。大学最后一年，也够她忙碌的。

看来，开学不久，无论是大学生还是高中生，忙碌变成常态。读书，不是一件轻松的事！

平心而论，加拿大上中学比中国上中学要轻松一些。你看，我那读 10 年级儿子的课程表与他读初三的中国同学比较，课程少了，时间多。

今年从武汉来的小刘，她告诉我，在中国读高中，早上八点钟开始上课一直到下午 4 点到 5 点钟下课，中午有休息，但是晚上还得回学校去晚自修。高中大部分同学都是住校的，专心为高考冲刺，从睁开眼睛七点钟开始起床，到了晚上十点钟结束，上床休息，一共是 15 个小时，当中花在学习上起码有 12 个小时。

她才来不久，最大的感受是在这里读高中，九点钟上课，下午三点下课，中间有一个小时的午饭时间，加起来也就是 6 个小时，但在学校里只待 5 小时左右。作业大都在学校完成，晚上回到寄宿家庭再做些自习，一个半小时就可以结束。也就是说，在加拿大读书学习的时间要比在中国少了一半，多出来的时间我们可以做自己感兴趣的事。

从杭州来多伦多读 12 年级的小菲，是学校的文科尖子。虽然才来不久，她感受到加拿大高中毕业班的紧张节奏，但与国内她的高三同学备战高考最后决战前夕，缺少了浓浓的火药味。她特别叫同学传了 2 张上课表给我，一张是公立学校，另一张是国际学校。在她言语之间，小菲给我一种胜利大逃亡的感觉。

### [ 插曲 ] 吓倒洋校长的高考班

今年 4 月，我们应邀参观南昌最有名的一所中学。步行到了教学楼，门口的电子显示屏上醒目地写着：离高考还有 100 天！教学楼的墙上还挂着几条鲜红的横幅，上面写道："提高一分，干掉千人！""为了明天，拼命了！""没有高考，怎么拼得过官二代、富二代？"……我把这些翻译给洋校长一行，洋校长张大了嘴巴："这有点像古罗马的竞技场啊，是要打仗的节奏吗？"然后非常好奇地拿出相机来拍照。

我们进入一间教师参观，这是一个高三毕业班，教室里同样挂了一些非常骇人听闻的标语。洋校长边看这些标语边问我："在这种氛围下读书，孩子们怎么会有快乐？他们拼死拼活的，是要和谁拼呀？"

我告诉她："不仅要和别人拼，也要和自己拼。因为在中国就是一考定终身，所以这样紧张的气氛，大家都习惯了。"

"你们一直都这样？"

我说是，中国的科举制度就是这样，一考定终身。在古代的时候，北京有一个国子监，考生是从县里考上来，考到省里后再到京城赶考，就在国子监里面，这是一个国家级的考场，吃住都在这里面。

在教室里我们看到，每个学生的桌面上都堆满了各种课本和复习资料，站起来齐腰。我们在教室里来回走动的时候，学生们都在埋头做作业，好像我们根本不存在一样。这让我想起了我大女儿中考那年，我去过他们课室，我开玩笑说，我看你们所看的书，所读的资料堆在书桌上真的比大学教授的还要高。她说她已经不算夸张了，有些同学除了教室里的这些复习资料之外，宿舍有一大堆，起码有一米高。我说这样是什么感觉，她说是一种想快点解放的感觉，所以中考一考完试，他们把这些书全部都扔到教室的一个地方，然后一起去踩，一起去狂叫，甚至有些同学不顾学校的规定，把书从楼上扔下来。我能够想象孩子们的那种痛快和宣泄，在这种环境下读书，或多或少对孩子的心灵是一种摧残。

出了教室后，学校李校长好奇的地问洋校长："你们里面张贴一些什么样的标语或者口号呢？"

我把这话跟洋校长翻译了，洋校长说："我们学校里面没有任何张贴，以前会贴一些不准抽烟的宣传语，因为校园里面不能抽烟，当然中学生不会抽烟，所以我们只是在饭堂里面——因为有些是教职员工——张贴一些类似的东西。在教室里现在会贴上'不准吃花生'，因为在北美，很多人对食物过敏，发生过有人吃完花生，包括花生米、花生酱，反正跟花生有关系的东西都会有过敏，并送过急诊，从此之后，学校的董事会就规定，校园里面不允许吃花生，大概就是这样的东西。"

李校长有点不大相信："是吗？"然后面向我，我说是的，加拿大的学校里没有这种标语，就算是考试前后也没有，因为他们觉得学习就是生活的一个部分，没必要搞得好像要上战场一样。

这让李校长有些不好理解："如此一来哪有竞争力呢？人没有压力是不行的，没有压力就轻飘飘的，学生有压力的话才能够有所努力，力争上游。"

她的话也有道理。

我们离开了学校。

回到酒店，洋校长还在回味参观的事。用她的话来说，不是亲眼看见，她不敢相信传闻中的中国教育，震撼的一幕，她现在终于明白为什么她那间收费昂贵的加拿大百年女子学校那么多中国家长把孩子送过来，因为她的学校不是战场、擂台、竞技场，而是一个学生求学问，学习与人相处，老师帮助学生发现和挖掘潜能的地方。不过，对于中方校长的压力论她有不同意见：压力就像一个球，你往下按，它是会反弹的，压力越大可能反弹就越厉害了，所以为什么中国校园里会出现学生自杀的事件，甚至到了大学之后不愿意读书，因为孩子觉得不能承受那么大的压力。

我不知该如何评价洋校长的话。假如你是中国的家长，你要是身处其中，你也会明白中国的这种制度，对家长和孩子来说是很关键的，所以很多人甘心情愿让孩子们承受这种压力，谁也不愿意在这时候输掉。

当然，不同的生存环境，不同社会的制度，不同的教育传统，简单或表面的把中国和加拿大教育做个比较意义不大，真的要作比较只会是满足某些人的出国愿望，成为他们做出某些决定留学的借口。我把三个孩子送回加拿大读中学，出发点只有一个，希望他们经历过多年的紧张学习气氛和环境后，来到相比宽松的地点，体验另一种的文化传统。

学习就是生活的一个部分，没必要搞得好像要上战场一样。

创造能力、想象能力，与应试能力一样的重要！

上周我在滑铁卢天主教公立教育局属下一所中学辅导一位 12 年级的学生学习，他让我看到一份学校学生的活动单，一所几百人的学校光是学生俱乐部就有好几十个。中学生课外活动丰富多彩。

只是有些家长和孩子曲解了加拿大中学这种宽松的自由，以致一些少年留学生逃学旷课、不求上进、无心学业，未成年学生敢去飙车、聚赌、醉酒、吸烟……我目睹过个别少年留学生干尽"坑爹"事，真的令人痛心疾首。

中学就到加拿大，你在这里就要按这里的规矩，上学、念书、做作业和面对测验、考试。不是我没提醒你，在加拿大中学，检验学生学习成效的方法可是五花八门的，对于中国来的留学生大家须打起十二分精神，加拿大中学与中国应试教育略有不同，这里不会只用一次性考试例如期末考，去衡量你一个学期的学习，而是综合运用上述那些考核手段和方法，1%、5%、10%地累积最后得出你在一个学期的总成绩。即便是 12 年级开学第二周就有一连串的测验、考试，总比"一考定终生"多了选择的灵活性。

......

晚上忙完了家务，我安静下来，打开电脑，回应 Jeff 的留言。我写道"Jeff 的看法是对的，出国留学，从登陆的那一刻开始就已经不是轻松的，开学后两周的测试也罢，未来一年的学习也罢，只要你朝着学有所成的目标前进，你注定比你原居住地和新居住地的同学付出额外的努力。因为你是留学生。但你也要注意平衡，注意休息和饮食，对了，我接受你的提议，从现在起搜集素材，说说留学不轻松的事，你有什么想说的也可以告诉我，我争取明年完成这项新任务。如果我有机会出版，新书的书名就叫《留学加拿大不轻松》，你觉得如何？"

后来，我认识的一位陪读妈妈发来一段关于加拿大中学学习是否轻松的看法。她写道："都说这里的学业轻松，也许只是孩子没有了国内频繁的考试与排名压力而已。我女儿有早起的习惯，6:30 起床，自己做简单早餐，坚持早读。8:40—15:05 她在学校学习。下课后，若干的合作项目需要与同学共同完成，还有大量阅读和制作 PPT 作业。如果放学后不立即回家，孩子会参加学校球赛观摩做拉拉队。她也参加学校一个学生 CLUB。女儿基本晚上 10:00 前休息。孩子学习时间跟国内差不多，并没有缩短，只是学习内容更广泛且有自主性。这也是我们送她出国留学的初衷。学习，不仅仅为了考试。更令我们欣慰的是，丰富的体育锻炼、足够的睡眠和良好的气候条件，几个月内，女儿的过敏体质居然得到了很好的改善，肤色血色都健康了！

当然，我也有一点困惑。温哥华是个华人集中的城市，配合我们中国家长育儿的超前教育思维，各类课后的辅导班也是非常多，半年后我发现一个不争的事实：每一个光环下的孩子后面都有个超强的辅导班……. 所以，周末你会发现这样的现象：球场上草地上奔跑运动嬉戏的大多是西人孩子，而在各个辅导中心，‘藤校’培训班、奥数班等更多的是中国孩子。原来，只是赛区变了，赛制仍然没变，但比赛项目增加了。在国内你可以单纯地追求考分，而在这里，你还必须全面地发展自己：学业、体育与艺术、个人领导力、社会服务与实习经验。所以，是不是要全面加入课外培训大军，对于新来的中国留学生和家长都是不小的变革与挑战，需要共同快速适应与选择。"

我很佩服她的观察，也同意她的观点。学习，在哪里都不是一件轻松的事。甚至可以说，如果你刚来加拿大，面对着全新的学习环境，语言能力差一点，学习管理弱一些，朋辈的帮助少一些，你在加拿大高中的学习比起你之前在国内的学习，还要有压力和挑战。

## 三、如何引导孩子面对留学压力？

留学压力，从登陆加拿大那一天开始就形成了。我在不同场合跟这些从中国来的孩子们分享，我跟他们说，"叔叔也曾经恐慌过，也曾经畏惧过，也曾经丢尽了脸，但是不管怎么样，我都过来了。我感谢上帝能够让我有机会面对困难，学习生存。其实最大的敌人不是环境，而是你内心的恐惧，你内心的慌张。现在我们都经历过来了。"

### 1. 留学生需要了解一下因环境的改变而造成"文化休克"(Culture Shock)

留学生与"文化休克"。留学新生出现问题的原因是多方面的，其中一个重要的因素是环境的改变。一个人在全新环境下容易出现压力和焦虑，如同一个人远足或登山时，没有充分的准备容易出现缺氧缺水供血不足的短暂"休克"。针对这种社会心理现象，心理学家、社会学家做了大量的研究。

20 世纪 60 年代初，文化人类学家 Kalvero Oberg 用"文化休克"(Culture Shock) 这个专有名词，来描述这种心理反应现象。他说："由于失去了自己熟悉的社会交往信号或符号，对于对方的社会符号不熟悉，而在心理上产生的深度焦虑症。"

一个人来到异国他乡，开始会感到异国情调的新鲜、刺激、做什么都有激情。但是，这段兴奋期过后，一般都会进入文化休克期。

1990年圣诞节，我从广州移民到加拿大，面对着全新环境的改变，已是而立之年的我足足花了差不多三年时间，才适应下来。因为我发现在加拿大，我原有的社会地位、社会角色全部"清零"，从头开始；英语能力的不足，造成我同西人打交道无所适从，只能扎堆华人圈子；压力和焦虑使我情绪很不稳定，身体状况也变差。还好有一帮教会的弟兄姐妹帮助我。当年在加拿大华人圈子里流行一句话，在加拿大这个新家园，我们都要按顺序经历三个5年，即"五年生存、五年生活和五年发展"。先求生存后求发展，随着时间的推移，我也逐步适应了。

在网络时代高速发展的今天，我们的少年留学生，或许比我当年要幸运得多，因为他们对外面的世界已经不再陌生。但是也要看到，在15至17岁左右他们第一次离开父母独立生活，一下子经历语言不同、文化差异、教育有别等这么大的改变，对于依赖性较强的中国少年留学生来说，不难想象，这终究是一场前所未有的冲击。水土不服、措手不及、无所适从，孩子们面临一连串的困惑，一系列的挫折，也令我们留守父母操心担忧。

以下节录是部分家长在我的公众微信号网上的留言：

——以前她不管看到什么都觉得很新奇、兴奋，话很多，现在她和我视频问及学习聊到学校，她只有一句 Boring 无聊，来敷衍我。

——我的孩子老是跟国内的同学天天聊微信，特别怀念家乡，才过去不久，吵着圣诞节要回来。

——我家姑娘对学习不感兴趣，反而喜欢和学校里的中国同学来往，她说有种安全感。

——孩子放学关在屋里，除了吃饭，都不跟寄宿家庭沟通。

——她与寄宿家庭主人闹翻，又要换地方。

——我刚说孩子几句，他特别敏感，抱怨我啰唆。

——我发现孩子对某门课程产生厌烦甚至憎恨。

——孩子抱怨加拿大老师不如中国老师好。

……

"文化休克"也罢，"教育代沟"也罢，既然我们无法改变环境，那么就应该学会自我的调适。做父母的，群策群力，帮助孩子尽快从休克醒过来，尽快跨过代沟，进入适应期。

如同倒时差一样，各人身体素质不同，对环境改变适应反应不一样，时差的反应也都不同。孩子的心理素质也是一样的，既然已经出国留学，就要有这样的心理准备，必须以学为主，用功、用心训练自己的学习能力，所有留学生都要明白的，没有任何借口和例外的。

……

**2. 聆听与交谈，我是这样帮留学孩子减压的**

今天用音频和一个同学聊天，我问他，"你来到加拿大的时候，你有压力吗？"

"有。"

"什么时候开始有？"

"从一开始登陆就有。"

"那是什么样的压力？"

"那是一种无形的压力。"

"怎么样无形法？"

"我来到一个新的环境当中，我慌了，第一次自己一个人出来，孤独、无助。"

"还有什么压力呢？"

"父母对我的期待，我来到这边，我放弃了国内的学业，因为在国内的时候，我上的还是挺好的学校，大家都喜欢出来，父母就说，你倒不如早点出来吧，不要输在起跑线上，很多同学都打算大学之后再出来，我高中就出来了，所以他们对我的期待很大。家人一有期待，我就有压力，我要比大学时才出来的同学多花三年的钱，三年下来，100 万的费用就没了。我父母也不容易，100 万要是给我多好啊，但是我现在拿来读书，他们希望我能考一个好的大学，能够留下来成为加拿大人。想想这是多大的压力啊，我现在开始更多地想怎么样留下来，怎么样能够找到工作。关注能够留下来的那些大学专业和职业，我已经不管自己是不是自己的兴趣了，所以我很关注这些留学生的就业情况。"

"你有没有感到一种恐惧和慌张？"

"有啊，我记得进移民局的时候，他跟我讲的那些东西，我全部都不懂。幸好在那边有一个中文翻译，他帮我问了很多东西。当时我想糟了，我来这边读英语，他们讲什么我都不懂，我怎么读啊？来到学校，到教育局里报道的时候，我也是不懂的。寄宿家庭甚至说我真的大胆，什么都不懂，就这样跑到这边来读书。其实，我只能自己给自己壮胆。"

"是啊，你应该给自己打气壮胆。你知道吗？叔叔是研究历史的，你不懂英语，你敢来加拿大读书，当年很多的华侨不懂英语来加拿大打工，泛太平洋的这些铁路都是那些不懂英语的中国人把它修起来的。不懂英语不用着急，也不用恐惧，也不用慌张。"

"我还是有恐惧慌张的，我甚至想过逃避回国。但是我觉得逃跑回国对不起我自己，更对不起我父母。我父母多没面子啊，他们跟人家早就说了，我一出来了要衣锦还乡，我出来的时候，我父母请很多的朋友吃饭，我都接受过很多恭维的话语。每个人都说哎呀，太厉害了，能够出国，那些人都说将来我是读哈佛的，读耶鲁的，很多人说我要替父母争光，甚至我父母的一些亲戚朋友说，你好好读，将来我都向你那里投奔，他们的孩子都交给我，叫我去帮助他。你想想，我自己都不行，还要给那么多压力给我。当然这些压力，不仅是我自己的，还有来自父母的。你想想，我容易吗？"

跟这位同学谈完之后，我心里面总是沉甸甸的。我非常明白他的这份压力的恐惧、慌张，说老实话，换上我，我可能比他更糟糕。记得在 30 年前，我当时也就 30 岁的时候，移民到加拿大的时候，虽然我没有学习上的压力，但是面对新的环境，还是会有些许压力的，面对与亲人的分离。面对着自己要在新的环境中求生存的压力，我相信当时只有一种选择就是没有退路了，比起这些留学生，我更加没有回头路，不像他们，他们还有机会回国，不像他们，还不用担心经济上的来源，他只要专心读书就行。我当时还必须要找工作，所以在圣诞节的那天，就开始去找工作了。

我在不同场合跟这些从中国来的孩子们分享，我跟他们说："叔叔也曾经恐慌过，也曾经畏惧过，也曾经丢尽了脸，但是不管怎么样，我都过来了。我感谢上帝能够让我有机会面对困难，学习生存。其实最大的敌人不是环境，而是你内心的恐惧，你内心的慌张。现在我们都经历过来了。"

我还跟这些孩子说："没关系的，每天醒过来的时候，你要知道今天做什么，每天晚上睡在床上的时候你要感恩你今天还是有进步的，慢慢的，你就会发现你的英语水平进步了，慢慢你就感觉到你自己的一个一个学习项目完成了，慢慢你就开始不会想太多过去的事情，不想太多家里的期望，你更加看到的是你面对的学业。当你有机会再往远一点想到将来，看到这些环境当中的经历，想到你有机会去选择一些学习，想到你听懂一个英文单词时，你的那种惊奇，你的那种喜悦，我相信你的这种恐惧，这种慌张就变得很微小，而且你会笑笑的回过头来面对着自己走过的历程，说一声，我曾经经历过。"

**3. 家长通过讲故事，你帮孩子重建自信，你能，你行，你可以！**

我的移民故事和你的留学故事都有一个共同点，面对异国他乡的全新环境，我们都是一切"清零"，从头开始，阻挠我们飞跃的是我们语言上的不足。不可否认，在加拿大上学过了一段时间，我们听不懂英语，听不明白课程，交不上当地朋友，欣赏不了轻松教育好处，一连串的打击，确实将我们不多的自信毁掉了。青春期遇上留学期。以致我们开始自责自己当初是不是选择错误，自卑为什么自己表现那么差强人意，内疚每天都在白白地浪费父母金钱，自怜我为什么不如别人……一个人失去了自信，缺乏一种动力和信念，做什么事都不会成功的。什么是自信？自信是我们对自身力量一种信念，深信自己一定能够做好某件事，实现所追求的目标。通俗地说就是：我能、我行、我可以！天生我材必有用！

星期四中午，我约了一个 11 年级的同学谈话。他曾经告诉我，他来加拿大念高中是为了实现做设计工程师的梦想。但英语水平一直没有提高，学习成绩比他在国内还要低，他发觉自己距离心中的梦想越来越远了。他是一个典型的"被加拿大课程摧毁了自信心"的例子，他不那么勤奋学习，反而沉浸于手机上的打游戏，上网交友随波逐流，得过且过。受他父母的委托，我同他进行一番谈话。我了解他从小学到中学的经历，我倾听他学习上的困惑，同他一起制订新的学习方案。我问他有没有信心重新开始，他有些犹豫。的确，自信、信心是一种看不见的东西，我只能鼓励他去经历，按照计划去做，"一天做一件有意义的事"。我对他说，只要你肯每天少玩一个小时游戏，多花一个小时在看英语读物，听英语节目，形成习惯，成绩一定会有改善。最后，我引用了巴尔扎克说过一句话，"发明家全靠一股了不起的信心，才有勇气在不可知的天地中前行"，让他明白，经过努力他的设计工程师梦想一定可以实现。过了几天，他妈妈告诉我，孩子说以后不用天天同他视频，改为一周视频一次，因为他会忙于学习，没有时间闲聊。我听了，心里开始有些安慰。

亲爱的家长，其实，你也可以通过讲自己的故事，在工作如何面对挫折、在生活上如何战胜困难的例子。孩子是乐意聆听你的另一方面的经历的。

### 4. 面对压力，低龄留学生犯的低级错误：逃学

记得在新生家长见面会上，校长特别提醒我们每天记住叫孩子带《学生手册》回校，因为当中有许多校规必须熟悉。那次见面会上，校长挥动手里那本《学生手册》，语重心长地对家长们说，校规虽然很多，如果让我说哪一条最重要，我会选择这一条，她翻开手册，大声念道："学生必须每天准时回到学校。"然后，她接着对我们说，"你的孩子一定要来上课，如果真的不能来上课，家长要打电话给学校请假。"接着，她又示范如何打电话请假的，大意是："我叫什么名字，是某某学生父母/监护人，某某学生年级，因什么事项请假。"她提醒家长们不要轻易替孩子请假，要是你的孩子不舒服，没关系，校长说，你也可以带他来上课，

因为凭着她多年经验，很多时候，她发现孩子的所谓不舒服，一到了学校，就会没事。当然，校长补充道，除非家长觉得孩子的这种病对别人有伤害，会有传染性的，你可以帮他请假，否则的话，建议你不要因为小病而随便请假。她说到这，我看现场有许多家长都点头同意。不过，我却有些不以为然。准时上学，是天经地义的事，为什么校长不厌其烦地强调呢？有点费解。

后来，翻看了政府的《学校法》，我明白了一些。在加拿大，所有 7 到 14 岁的孩子必须上学。在大多数情况下，孩子们 7 岁前就开始上学，14 岁后仍然继续学习。法律规定父母承担确保孩子上学的责任。假如孩子 7 岁以后不能上学，那么家长就需要为此给出合理正当的解释。法律规定有三种原因可以不上学：①孩子就读私立学校；②孩子生病或者有某种残疾；③离家 4.8 公里以内没有合适的学校，并且学校也没有提供交通工具的。孩子们需要每日按时到校，未经学校允许不得离开。按时到校和正常学校生活对孩子是非常重要的。缺课较多的孩子将无法充分接受学校的教育。假如孩子迟到或者缺课，老师或许会要求家长给出书面说明。校长只接受以下 5 种情况的解释：①学生生病；②学生家里有人生病，或者发生了状况；③严重的疾病暴发；④其他一些意外情况的发生；⑤某些宗教节日，例如犹太人新年、中国春节等家庭安排，加拿大是个多元文化国家。有时候学生家里会在学期当中安排度假计划，学校既没有权利同意，也没有权利拒绝学生因为参与家庭因宗教或文化传统而安排假期的缺课。因为，那是家长自己的决定。有些学校会要求，如果孩子因参加家庭旅行计划而要缺席 5 天或 5 天以上的，须要家长提前一周递交请假条。因此影响学习成绩学生自己负责。

不过，在处理迟到、早退等缺课现象，我觉得中西方文化的不同对学生教育也不同。在国内中学，老师会不断地提醒不能按时到校的学生，或者把家长叫到学校来。"教不严，师之惰""子不教，父之过"，教育孩子是老师和家长共同的责任。加拿大的教育理念是把孩子培养成独立自立、自我管理、学会担当的公民，从小培养孩子对自己的行为方式和后果承担责任。所以，对待上课迟到这些事，学校除了每天第一时间通知家长外，家长给予解释外，还会将这些缺课记录在案。当然，因为迟到、早退和缺席会影响测验、课堂演讲、递交作业和考试等成绩的，最终这些表现也会直接影响孩子期末成绩。

虽然，加拿大中学对学生考勤制度视为"校规"的头等大事。对于留学生而言，反而在中国会犯的这种"低级错误"，在这边因为没有父母在身旁的日夜督促，没有班主任在耳旁的谆谆教诲，容易找借口不准时上课。但是，学生上午迟到，监护人下午就收到学校通知。

针对留学的违规行为，多伦多教育局有一套处罚方案。在多次劝说学生仍屡教不改，学校通知监护人前来，学生需要签署一份保证书 (expectation contract)，保证在出勤记录 (attendance)、遵守行为方面 (behaviour)、学分累积表现 (credit accumulation) 例如按时缴交作业、带齐学习用具和课后接受辅导等方面，有改善和进步。保证书有一个具体的有效期，而且，学生、监护人、学生顾问老师和学校办公室主任四方在该份保证书上签名。因为所有任课老师都会收到这份同意书内容的。届时，如果签约学生未能做到所承诺的改善地方，学校有权要求学生退学。

### 延伸阅读
### 来加拿大读中学的中国留学生都是些什么人？

第一类是非常优秀的学生，他们在国内是顶尖的学生，例如是中考状元，学校"学霸"，雅思考试成绩 6.5 分以上的，但我看他们来到加拿大也有水土不服的现象。Paul 刚来时上课也吃力，加拿大 10 年级的科学课的内容对于在国内已经学过初三数学、物理、化学和生物的他相对很简单，但他就是被科学术语难倒了。幸好他有一套自学方法，从图书馆借了科学课教科书，课后复习，课前预习，即使外出也不忘带上笔记本，翻翻单词本。很快，他适应了这里学习方法，继续保持学习领先优势。几天前，他就读私校的校长助理在我面前特别表扬他。这一类学生因为有基础，给他们一定时间适应调整，他们各方面表现很出色。

第二类学生是中等水平的，如果在国内他们读一般大学没有问题，但要上一流重点大学却有困难，他们希望在加拿大寻求突破，读上全球排名榜上有名的加拿大大学。这一类学生来到加拿大同样遇到难以一下子投入的困难，但因为他们知道来这里念书是为了什么，将勤补拙，付出更多的时间。我身边有不少这类学生，从他们入住的寄宿家庭那里，知道他们常常挑灯夜战完成作业。他们也懂得借助同乡同学的帮助，同一语言文化背景，在学业上"扎堆"、"抱团"，在留学初期十分有效的。这一类学生适应加拿大学习快慢因人而异，他们更需要父母的鼓励和专家的引导，最终也是学有所成的。

第三类的学生是学习基础较差的，他们无法在国内"圈养"教育下生存，在加拿大"放养"教育下生活也艰难。他们在英语方面的挣扎比别人更需费时多日，但如果放慢学习节奏，刻苦用功，重打基础，也能适应加拿大学习生活。我对第三类的学生尤为操心，因为一旦他们进入不了角色，很容易被"边缘化"，先是自暴自弃、无心上学，接着旷课逃学、通宵上网。家里条件好些的，手头阔绰的，就会随波逐流，呼朋唤友打游戏酗酒……最终问题堆积，不可收拾。

# 第十章

# 新生如何跟当地同学交上朋友？

结交学校当地加拿大朋友，最好的方法是提早到学校报到，参加学校举办的新生培训，同学之间都是陌生人，在同一条起步线上。同西人同学交友途径之一是上体育课。在学校饭堂吃饭，专挑那些戴耳机的单个同学主动打招呼……

## 一、左邻右里，结伴上学

来自山西的新移民丁妈妈的做法是，未开学之前在居住的社区打听，看看有没有跟自己孩子年龄相近的孩子，相约一起，结伴上学。她分享道："开学第一天，希望孩子尽量认识一个新同学，尤其是附近住的同学，因为这样可以一起上学、一起放学或者一起去玩。大多数的孩子不喜欢孤独而是喜欢有伙伴的。当初小儿子来这上学的时候，我们当时不住在这边，跟几个老乡住在一起，我们几家人约好一起去上课一起去上学。我们不是怕别人欺负，但是孩子在一个陌生环境中，总是希望有一些同学好朋友。开始时我们那华人少，找不到华人（同一个皮肤同一种语言），孩子就找一个附近的西人同学。我们大人都希望华人都聚集在一下，某种程度上也是找到一种安全感。"

我们住在犹太人区，对面邻居孩子升读高中，她打听到我家小儿子是跟她的孩子同在一个学校，主动询问我家孩子可否上学时经过她家门口叫上她孩子，一起去学校。

我们的留学生如果可以跟寄宿家庭里的室友或者附近住的同学，结伴上学，对于全新的环境，心里会踏实些的。

## 二、寻求帮助，旧生帮新生

我们的做法是通过教会，寻找孩子就读学校的同学，然后，互相认识，旧生帮新生。两个女儿入读的是寄宿学校，我通过当地华人教会了解到有其他地方来的同学也是入读该学校，孩子在教会活动认识，在学校也能互相帮助。小儿子随我们回流多伦多，我们如法炮制之前的做法。不过，这一次，我们是先找到教会。教会牧者推荐我们小儿子入读我们住所附近一所中学，其中常常参加教会活动的几个高中生就是该校学生。他们虽然不会讲中文，但却很有爱心。开学第一天中午就约我小儿子一起用午餐。后来，差不多有一年时间，他们都是天天相约，成为好朋友。老生带新生，新生的同学圈子一下子打开了，孩子的适应速度也加快了。为此，我们感到格外的庆幸。

即使没有我们这种特别的经历，我也鼓励你的孩子参与教会年轻学生的聚会。后来读了多伦多大学的 Langer 说："在教会的同学虽然大家在不同专业，每周基本上都会见到。这种很固定的见面让我对这个教会的学生都渐渐熟悉起来。这样我才真正和这些来自不同国家的同学熟悉起来。一般参加教会的学生，都是我们所说比较听话的学生。我感觉大家都很正能量，而且都会很友好，已经进入社会的学生也会给在校生建议，学生之间会相互督促学习进步。"

据了解，不少接收留学生的学校都设有"旧生帮新生"的活动安排。他们还会考虑到新生语言和风俗习惯，专门组织来自中国的师姐师兄，一对一地结对子，帮助新来的师妹师弟的。新生到了学校可以向学校询问类似的帮助。

## 三、上课专挑坐在当地学生旁边，下课参加学生俱乐部

Mimi 来自内地，英语水平较差。她入学后第一个做法，上课专挑位子，专门坐在当地学生的旁边，做小组作业也要求加入当地学生组。她跟邻位交换电话号

码，当别人缺席她帮人记下家庭作业，留讲义。她记的笔记不全也打电话问。因为她的英语不太好，可以跟当地学生上的课有限，只有一门艺术课。第二个学期四门课，其中三门是 ESL 辅助的科学、历史和数学，加上一门 ESL 的 D 级别课程，她为了跟当地学生在一块，专门找老师调课，要求上正常历史课。老师担心她是否应付过来，她说挑战自己。用她的话来说，"不想老泡在中国学生扎堆的 ESL 课堂上。出国，就要交几个外国同学做朋友！"老师鼓励她的尝试，并答应她，实在不行再调回去 ESL 辅助历史。

Mimi 没有把自己封闭在较有安全感的中国同学圈子里，而是以开放心态同本地学生来往，同时她也与国内来的留学生保持友谊。不到一年，她已经适应留学生生活了。

Paul 入读的学校里中国人较多，但他参加学校篮球队，有机会参加不同比赛，同外校本地生交流。他鼓励新生多参与学生社团、俱乐部，在共同兴趣上同当地同学交往较为容易。

## 四、做"小老师"辅导当地学生的数学

Andy 一直苦恼如何提高英语，我和他一起见老师。老师答应帮他找本地学生辅导他的英语。我知道 Andy 数学很厉害，曾经是奥数冠军。我动员 Andy 向学校报名，做数学"小老师"，帮助有需要的本地学生。老师十分赞成这个提议。因为她知道本地学生数学普遍比留学生知识水平逊色，不少有困难学生又不乐意接受学校老师课外辅导，学生帮学生效果会不错。Andy 真的报名。他虽然口语差些，但他用画画、公式等搭配。因为他的方法特别，找他辅导的"学生"还有毕业班的。与本地生交流多了，他的英语口语进步很快。而且，他还挣得不少义工服务时间。

## 五、到本地学生家做客，体验多元文化

Emily 来到加拿大，喜欢做各种尝试。她说："在加拿大无论校园还是校外体

验的乐趣，每天都不同，感受最深的是这里令人眼界大开的多元文化。加拿大本来就是一个移民的国家，人口最先由欧洲大陆迁移过来，慢慢地，各个国家的人开始来居住，形成了现在加拿大的独特魅力。最近，班上转来了一个孟加拉国的新留学生。我们很快成为同桌好友，一起做小组功课，到放学一起回家。新年我们去市中心广场，一起看烟花，我们渐渐地成为了密不可分的好朋友。第一天去她家的时候，她妈妈为我们准备了一大桌丰盛的美味，从南亚有名的咖喱到我叫不出名字的传统佳肴。虽然她的父母和我无法在语言上完全地沟通，但是他们的热情却使我们的交流变得毫无困难。她教会我用他们的语言，手把手展示如何穿戴他们的传统服饰。这让我意识到在这个大千世界里自己只不过是小小的一部分，而加拿大的多元文化给了我去了解其他民族文化的机会。"

我家两个女儿虽然就读的是寄宿学校，但周末她们也有机会到当地同学家里做客，征得双方家长的同意，还可以留宿过夜的。所以，她们同本地同学关系十分密切。

## 六、我家老二 Garbo 的分享

一次有机会和 Garbo 讨论中学留学生交友的话题。几年来 Garbo 在学校跟同学关系不错，她被本地生和留学生一致推举为毕业典礼发言人，代表全体毕业生致辞。她分享自己做法：同本地生一起要找到共同的兴趣和交流话题。她会问同学，近期她们在看什么书、听什么音乐、看什么电视剧。然后，她找书来看，下载音乐或心浏览一下电视剧剧照。聚会时，有机会她可以同人倾谈、讨论。再熟络了，她们会一起结伴外出活动。如果大家合得来，当地同学不会介意你的英语是否完美的，只要沟通无阻就可以的。还有一点，当地同学很少纠正你的英语，这是文化习惯不同。除非她特别说明例如这次外出，为了练习英语，说错地方帮助指出。大家出于善意乐于指正她的英语错误。

另外，Garbo 要我转告家长，不要给自己孩子有交友压力。她留意到，有家长来学校探望孩子，老是听到家长追问孩子为什么不跟本地生交往，老往中国人里扎堆。家长施压没有作用。孩子十分单纯，有需要就会交不同的朋友。新生初来乍到，跟另一种文化背景的人交往要冲破自己文化安全网，冒风险，对于 16 岁左右的少年人有一定困难，但迟早都会有突破的。她和许多本地生喜欢往来，都是彼此觉得有趣，讲话幽默，或者喜欢开玩笑，没有太多的功利主义。

## 七、留学生在中学跟同学交往中的困惑

### 1. 客随主便，遵守当地同学的习惯

今天女儿跟我说，西人同学得知她周末要复习功课准备考试，皱着眉说："怎么你们中国人都这样？"西人孩子热情开朗喜欢交朋友，女儿回家说饭堂一大群中国人吃饭又大声又笑，全讲中文，她和要好的西人同学都不愿坐饭堂吃饭了！的确是影响不好，来到这个国家对别人尊重，不单纯是没冲突，消除异见就要沟通，良好的沟通需要共同的语言，哪怕英文不好也要客随主便，想要别人没异样眼光，要遵守当地人原来生活的样子，没有人要歧视谁，只有自己歧视了自己！

交友：中国朋友还是西人朋友？

正方意见：有很多话题真心是只有相同文化背景的人才能聊得起来，像是本地小伙伴永远也理解不了 ESL 学生的痛苦。中国学生和外国学生有时大家连对方的笑点都 get 不到。

反方意见：和本地生成为非常好的朋友，跟他们出去，参加他们的聚会。不过有些困扰发生，一方面本地生很难把你看成朋友，另一方面中国朋友会不高兴。

事实：融入本地学生社交圈有难度，需要较长时间。

### 2. 聆听两位新生的交谈

Timothy 和 Thomas 都是来自中国同一个家乡的，Timothy 入读私校，Thomas 就读公校。我听他们俩聊到新学校的印象。Timothy 投诉学校 11、12 年级大部分是中国来的留学生，很快这些中国同学按原居地、普通话和粤语"扎

堆"了。留学生喜欢黏在一起。Timothy 读书学校的 10 名留学生每天一起吃饭，也坐一桌。Timothy 想假装是不懂中文的韩国学生，但他的姓名用了拼音，出卖了他的身份。没办法，他只能在学校不讲中文，一下课奔回寄宿家庭。寄宿家庭是意大利人但讲一口流利的英语。Timothy 父母要他不要交中国的朋友，但他又担心长期下去会被孤立。Thomas 却羡慕 Timothy 学校有"同声同气"的同胞。他形容自己做了一个星期的"独行侠"：独自一个人上学放学，中午吃饭，他也是一个人坐在角落。他来到加拿大上 10 年级，但那些班上的同学从小就一起，各自形成自己圈子。教会公立学校中国留学生不多，他也不想往中国人里扎堆，但又没法跟西人同学套上热乎。于是他整天扮"酷"，头上戴着大耳机，掩饰自己的孤独。他对我说，他想同父母讲，要转去别的中国人多一点的学校。

结论：学校中国人多是我们无法改变的事实，但不妨碍我们找些志同道合的中国同学。志趣相同、少而精的中国人更能互相支持，互相竞赛。

摘录大中学生在网上讨论：如何融入本地学生当中？

@ 彩霞：想融入他们其实不难，就像是平时与中国人对话一样，先要大胆地说英语，找到共同话题，可以听他们听的歌、看他们看的书和 TV Show，这样渐渐地就有共同话题了。和他们成为朋友后还能聊一些学校里发生的趣事，这样慢慢地就融入了。

@ 黄尼玛闯荡世界：大概还是要多看这边的电视节目，多听英文歌，然后关心时事，还要懂得同步更新学校的八卦。

@whatsoever 不懂：交朋友一定要主动，放得开。学会忍让，愿意聊别人所感兴趣的话题，再自己去引导话题。学校有组织活动也要多多参加，要让别人认识到你这个人，愿意跟你做朋友。

@ 温哥华的小 Mike：我觉得最好的方法是做义工，以我为例，2011 年联邦大选期间一个很偶然的机会遇见了 NDP 一位国会议员候选人，交流以后他主动邀请我去做义工，我在做义工的时候主动学习加拿大政治知识，党的纲领，并且敢于请教，同时融入到竞选全过程，从上街拜票到竞选辩论时一起呐喊助威，其实融入并不困难，关键在于你敢不敢主动一点。

@yeahhpanda: 在学校多参加社团活动，还有一些假期夏令营之类的活动，校外多参加义工活动，可以的话假期打工也是不错的机会，这些会提供更多，比学校里接触层面更广的交流锻炼机会，是非常有帮助的。

@BradyQiu: 可以准备一些英语上的问题，最好是语法、发音和语言习惯方面的，去向本地生大胆地提问，态度客气些，让对方感觉到你的善意，这样可以迅速拉近彼此的距离，让对方也感觉到你的善意和求知欲，久而久之就能消除很多顾虑和隔阂。

@TinaHu: 自己一定要开朗主动。试着想想，如果你自己不主动，他们怎么会。其实就是开心热情地跟他们打招呼，然后主动聊天。

## 延伸阅读
### "老生"常谈: 我是如何同当地学生建立友谊的?

作者：Leo

我叫 Leo，来自中国广州。在 2012 年的时候，我凭借着国内 Alevel 课程的成绩成功进入多伦多大学就读机械工程系就读。在我来到多伦多的这 4 年里，我交了很多世界各地的朋友，也收获良多。我很能理解初来乍到留学生们的感受，因为我也曾经和你们一样，一个人来到陌生的城市、陌生的国家。在这里我希望能和大家分享一下我的交友的经验和心得。

俗话说：在家靠父母，出门靠朋友。随着我们逐渐长大，我们慢慢开始变得成熟、独立。我们也渐渐走出父母的无微不至的照顾，开始自己的生活和经历。出国留学就是最直接的例子，很多事情都要自己开始承担和解决。然而我们并不孤单，我们可以结交到很多朋友，给我们鼓励和支持，在困难时候帮我们一把。在以下的文章里面我将从交友的选择、交友的方式和交友的友情的维系三个方面阐述一下我自身的见解和经验。

接受现实是我们首先需要做的第一步。

社会就好比是一片森林，什么样的人都有，好的坏的，顽皮的，狡猾的。但正是因为有各种人，社会才完整，森林才有秩序。特别是来到加拿大这个移民国家，超过50%的人都是移民，国家非常注重文化的多样化。我们能遇到世界各地的人，大家都有不一样的母语，不一样的文化背景，不一样的生活习惯，不一样的世界观。所以我们想要交朋友，第一步就是要接受现实，接受文化和人的多样化。不要因为别人跟你格格不入就嫌弃或是歧视，我们要拥有一颗宽容的心。我们不能和所有人都做好朋友，但三人行必有我师焉，每一个人都有自己的闪光点。见到人打个招呼，微笑一下我们又不会吃亏。

我们要把时间花在刀刃上，去交志同道合的朋友。择友是一门学问。从长远的角度分析，你的朋友决定了你的高度，你想成为怎样的人就看你交什么样的朋友。

我是一个性格外向，比较容易交朋友的人。一开始来多伦多，我迫不及待地去结交各种朋友，花绝大部分的时间在社交上面。然而我发现不是跟所有朋友相处起来都能很舒适，有的朋友每天通宵打游戏，有的朋友吸烟酗酒，有的朋友不去上课，有的朋友疯狂购物，用着父母的血汗钱买奢侈品等。我觉得和他们相处不舒适，归根结底是他们过的生活不是我想要的，也和我的价值观发生了碰撞。在这种情况下，我个人认为这类型的朋友不适合深交。接下来，在学校大家庭的群体里面找到自己的位置和群体就至关重要了。

交友的方式有很多种，根据个人的兴趣爱好因人而异。作为一名学生，我建议大家大胆尝试各种感兴趣的领域，这样不仅能结交各种朋友，更能积累的很多的谈资。我个人方面，我比较喜欢机器人和各种运动。刚刚来到多伦多的时候，我一个人都不认识，社团、同学和志愿者是我交友的主要方式和渠道。例如，我很喜欢机器人，大一开始就积极参加各种机器人社团，去学习各种机器人设计和制造，在这个过程中，我结交到了很多和我一样也对机器人感兴趣的朋友。我们一起学习和研究，一起做项目，一起经历各种磨难和煎熬。最终也成就了很深的友谊。除此之外，我还积极报名参加志愿者活动，从各种活动中我培养了自己的领导能力和结交到了很多不同领域的朋友。

友情的维系也是相当重要的。真正的朋友不一定是每天腻在一起吃喝玩乐。患难见真情，真正的朋友可以是很久都不联系，但联系起来相见如故，能聊很久很久，能在我们困难的时候帮我们一把。每个人的精力都是有限的，我们不可能每天都和每个认识的人联系。但友情维系中最重要的一点，我觉得是无论你和朋友有多么的亲密，底线是要保持对彼此的尊重。从我个人角度出发，我有比较多的朋友，一些学科上的学霸，一些社团达人，一些吃喝玩乐专家还有一些心腹知己。维系的方式也很多样化，节日问候一下，一起去做喜欢的事情等。之前我提到了交友要交一些比自己厉害或者自己想看齐的朋友，但很重要的一点就是如果我们没有自己的本钱，再多的社交都是无谓的。我们不能只看到社交，我们应该更加着重自我能力的开发和培养。你若盛开，清风自来。

以上我从三个角度着重分析了我的交友方式和现状。首先我们需要接受加拿大的现状，那就是人口的多样化，不要歧视和排挤。再者，我们要交我们欣赏或志同道合的朋友，你的朋友是怎样的，你以后也是怎样的。然后说到交友方式，我建议大家去培养自己的兴趣爱好，从中结识同道中人。友谊维系方面，我们不需太过注重礼节，真正的友谊是长久的、相互的。在最后我想提到一种平常我们容易忽略的朋友，那就是年纪比我们大的朋友。大多少没有所谓，有可能是学长学姐，有可能是刚工作的，有可能是中年，甚至老年。因为作为一个年轻人，我们毕竟涉世未深，在和年长的人交往的过程中，我们能汲取到很多经验和知识，他们就像我们的父母那样。有空和你的老师、教授或是学长学姐坐下了聊聊天，你会收获良多。

# 第十一章

# 孩子如何融入校园生活和参加课外活动？

看来，加拿大高中留学生的校园内外生活，似乎没有统一模式，各自各精彩。不管怎样，我鼓励你，既可以放学后参与校园内各种学生社团、俱乐部的课余活动，也可以利用节假日参加我们组织的丰富多彩的校外活动。

# 一、花点时间逛一圈你就读的学校

一转眼到了第二个学期，接上刚从国内来的插班生去学校报到。我听到朋友提醒他，你要争取早日适应并投入校园生活。我听罢，对孩子说，想尽快投入校园生活先从熟悉校园开始，花半天时间自己逛一圈学校 (School tour)。我发觉，许多留学生并不真正认识自己的学校。

加拿大中学大都集中在一幢楼里，主要有：

**1. 学校办公室 (School Administration Office)**

校长、副校长和学校管理人员办公地方。留学生的你先要来这里报到，领取学生手册、储物柜密码锁。每年你申请的"学习许可"(study permit) 延期续签之前，你要在这里拿到校长签字的同意书。每学期成绩报告单、校长签发表扬、嘉奖状，都是在办公室领取的。

**2. 学生指导办公室 (Guidance)**

在这里你可以跟学生顾问、辅导员见面，讨论你选课、调整课程、升学指导。如果你出勤有问题，迟到早退、缺课严重，学生指导老师也会约你在此见面的。学习有困难需要辅导，也有机会在这里约见辅导学长。记住一点，学生顾问须提前预约见面，如果你带着家长去见指导顾问，预约时要加以说明。有家长同行，学生顾问会预备多些时间，例如一小时。一般见学生他／她只给 15 分钟。我试过代家长见学生顾问，那位同学忘记有这一点，学生顾问毫不客气叫我们改天再来。

一般情况下，没有需要，我们不会去学校办公室，但经过办公室的时候，留意学校的公告栏。学校公告栏通常设置在进来大门显眼地方或者办公室门口，许多留学生以为公众栏与己无关，往往错过不少重要信息和有用资讯。

### 3. 学生中心 (Student Center)

学生会和学生俱乐部活动场所。你进去可以了解学生俱乐部和学校社团的详细资料。你可能会发现一些有趣的社团。

### 4. 图书馆 (Library)

在这里，你除了阅读，还可以借出教科书、课本（公立学校免费提供课本）音像读物。有些学校图书馆还会设立学习区，让你和同学在这里做作业温习功课。

### 5. 课室 (Class room)

从门上标识你可以看出，加拿大高中是按学科划分教室的。找到你每天上第一节的课室没有？那是你的"班课室"(Homeroom)，又有人称为"集合教室"，高中"走班制"，你选修不同学科在不同教室上课，但每个年级的学生都有自己各自集合的"班课室"。自然有"班课室"也就有"班主任"(Homeroom Teacher)，年级里有什么事情都会集中在那里宣布的。

除了上课教室，你还参观不同学科实验教室，例如最时尚的视觉艺术教室、五颜六色画画教室、音乐教学室、化学实验室等。有个学生告诉我，她选修课是烹饪，教室有专门厨房，里面什么设备都有，上课时，学生要穿着统一制服，戴头发罩、口罩、手套，老师按照菜谱教学，学生照着做的。一学期下来，她也学会了做几样菜式，期末考试小组合作制作 Pizza。

### 6. 食堂 (Cafeteria)

午饭时间有一小时左右，学校食堂提供简单午餐，炸薯条、热狗、三明治、

Pizza 等快餐和饮品。食堂也提供微波炉供同学加热自带的午餐食物。

### 7. 体育馆 (Gym)

进入室内运动场要了解有关规章制度，有些学校除了衣着鞋规定外，还要有成人现场监督着才可以使用。有些学校还会有游泳池和田径场。

## 二、你知道你所在学校的"王牌"学生社团俱乐部吗？

"一个从中国来的学生，高中才来到加拿大，英语就已经落后本地学生起码 10 年了，即使一天当两天用，也要追 5 年才追得上，他 / 她高中才读四年，有可能有很多课余时间参加学生俱乐部活动？"有家长引用网上这个疑问与我沟通。我实在不敢认同。加拿大中学校园文化其中特色就是活跃的各种各样学生俱乐部。而且，每一所学校都有自己优势"王牌"社团俱乐部，我儿子就读中学以数学俱乐部出名，两个女儿就读女子学校的运动类项目在当地社区很有名气。你知道你所在学校的社团和俱乐部有什么特色，有什么与众不同吗？你们来加拿大读书，就是读老师、读同学、读校园文化里的俱乐部。

当然，对于刚来报到的留学生，如果受语言水平限制，可以先尝试参加诸如"新生俱乐部"、"中国会"、"ESL 活动小组"或者运动项目，用肢体语言弥补英语不足。英语水平高些，可以根据自己喜好去选择。学生会、社团、学生俱乐部是你留学生活组成部分，还可以扩展你的个人空间，接触加拿大多元文化。

几位高中生课外活动分享花絮。

### 1. Garbo：入读 9 年级，多元文化协会主席

她就读学校鼓励同学参加学生俱乐部，而且两个以上学生联名及有老师签名作指导，可以成为新的社团。Garbo 就读加拿大寄宿国际学校，学生来自世界各地。她经过竞选做了该社团负责人。她每个月要同团队开会，安排每个月的不同国家文化活动日，让各地学生展现自身文化，让同学感受加拿大多元化特色。她学习优异，此外还是学校羽毛球队队员、外展活动主力、长跑队队员和学生会骨干成员。

我看过她申请大学的个人简历上，课外活动占了一半。她现在已经是著名大学设计系学生。

### 2. Paul：入读 10 年级，校篮球队主力队员

一来学校报到就报名参加体育俱乐部，打了场篮球赛就被学校老师看中，进了校队，并参加地区中学生联赛。虽然校队没有拿名次，但有机会上场同高手较量，很开心。加拿大重视体育，成为校队骨干不仅让同学羡慕，还可以把这个写入个人简历，可以吸引大学招生官的注意。

### 3. Christie：入读 11 年级，学校 Year Book( 年刊 ) 摄影师

学校每年都出版图文并茂精美年刊 (Year Book)，她喜欢艺术，报名参加该年刊，负责摄影和制作。连续两年，她参与该社团的所有活动，负责学校大型活动摄影，也同学校各个年级的老师混熟。她已是大学毕业生，但至今仍保留当年参与制作两大本年刊。她分享道，珍藏这两本年刊不仅因为自己付出过汗水，里面印有自己名字，而且她在这当中学到课堂上没有教的功课：时间管理和与人沟通技巧。

### 4. Olivia：入读 12 年级，环保俱乐部召集人

在国内已经是学校环保俱乐部活跃成员，到了加拿大马上加入学校这个社团组织，主动出谋献策，指导老师欣赏她这种热情态度，并让她主持作召集人。她的时间紧张，来读高中只有一年时间，但她仍然挤出时间搞了个问卷调查活动。她用行动带动不少同学参与学校的环保活动。指导老师热心为她写了封给大学的推荐信。

除了学习，我们也鼓励安琪多参加社会活动，完成中学要求的社工时间，安琪也热衷这些活动，不怕辛苦骑单车几个小时去植树、蔬菜园浇水，特别是帮老师照顾小学生，她说跟孩子在一起特别开心，她们争着找我说话，我也不怕说错英语，这样自己口语很快就提高了，说起来也有自信了。没想到一个社会活动，无心插柳，却让女儿找到克服语言障碍的方法，这更坚定我们鼓励她多学习课外内容的想法。

## 三、我们这一年参与组织的一系列校外活动

"这个教会与众不同，一年会安排不同活动，比如感恩节有感恩节营，冬天有冬令营。每次营会都会安排丰富多彩的活动项目。今年的冬令营我们就又去滑雪，还去野生动物公园喂食动物。这些活动让我体验到了加拿大本地学生的生活和文化。每次的活动都让我感觉很新奇，也学到了很多东西。我们这些学生朋友因此彼此更加熟悉，成为好朋友。"——留学生分享

有感于中国低龄留学生缺乏健康、安全的校外活动平台，我们依托教会，在这一年参与组织了一系列的校外活动。

1. 食品银行 (Food Bank)：组织学生参加将食物进行分类活动

活动结束后，收到该机构写来感谢信：

"Dear Pamela & Toronto Chinese Disciples Church Team,

On March 17, 2015 you and your team sorted 1855 pounds of food. All of that food, in addition to the food and funds you raised in your offices, will allowed us to support the thousands of families who access our food banks to help feed their families. THANK YOU!

You were a great group and your enthusiasm and positive spirit helped make our time together both productive and fun. You did a phenomenal job as together. These are not just boxes of food but packages of joy and happiness for those who deserve exactly what we have at our dining tables.

We hope to see you again next year for a food sorting session.

On behalf of the our clients and all of us at North York Harvest Food Bank thank you for joining with us to 'Fill More than an Empty Plate'.

With warmest regards,

Best Regards,

Fawad Iqbal

Fundraising Assistant"

我给参加义工活动的中学生写了封电邮：

各位大家好，今天我们去了加拿大最大慈善机构之一"食物银行"——一个专门帮忙低收入家庭的机构做义工。据负责人介绍，来自中国留学高中生参加此机构活动还是第一次，而且我们在指定时段食物分类工作效率是创纪录的高。虽然大家很累，但这个春假应该是做了件有意义的事。除了做义工，我们当中还有掏钱出来购买食物捐给"食物银行"的，出钱又出力。各位，谢谢您们参与。因为"施比受更有福"！ 晚安，朱凡

2. 探索多伦多 (Discover Toronto)：仿效北美电视流行节目"Amazing Race"，组织几队学生以比赛形式，围着多伦多市区寻找这个城市故事，帮助留学生有机会认识他们学习生活的都市。

3. 郊游：春游、秋游，让留学生感受加拿大山清水秀、优美的环境。

4. 感恩节营会。

5. 圣诞节庆祝活动。

6. Winter retreat 。

7. 庆贺春节团聚活动：过年是中国人传统，我们将留学生组织起来，玩游戏、聚餐，让学生感受到家的温暖。

## 延伸阅读
## 感恩，因为一切都不是理所当然

清晨，透过百叶窗看到窗台外面的一株小枫树叶子开始转变颜色了。之前青一色的枫叶有的变成浅绿色、浅黄色、浅红色。欣赏五颜六色的枫叶树成了我的爱好。

枫叶红了的时候，感恩节已经在敲门了。

在加拿大感恩节是一家团聚喜庆的节日。同样，今年我们多伦多教会也组织一帮大学、中学留学生们和当地华人家庭一起，在湖光山色的营地，欢度我们与众不同的感恩节。

我们这个感恩节营，白天有游戏有运动，聆听人生的道理之余，还享用火鸡大餐，晚上是唱诗歌做哑剧，静观天空繁星，静听草地虫儿低鸣，思考、分享……

## 感恩节的主题是感恩

1957 年加拿大政府宣布每年十月的第二个星期一为感恩节，是要表达对 1602 年第一批英格兰移民得到原住民帮助的感激，因为他们刚来不久就遇上严冬，过半数人因寒冷和饥饿而死，生存下来的得到原住民的帮助，他们学会种植、打猎，建筑房屋，一年后，新移民用丰盛收获感谢原住民的帮助。

今天，我们的留学生们也在过感恩节，但有没有想过：我们要感恩谁？感谢什么？

我们孩子是理所当然的一代，吃好的用好的穿好的住好的玩好的，有钱的任性没钱的任情，名校名牌，出国留学也包括在这份清单上，但是，有没有想过，这一切都真是理所当然的？

我们做父母的呢，你有没有想当然的答案？

我实在不敢。因为这个世界没有必然的理所当然！

感恩，是人生一门必修课。感谢加拿大让我补上了这一课。

顺祝大家感恩节快乐！

## 感恩分享一

家里安装空调，朋友介绍我认识 John，说他是多伦多最忙的年轻人。没想到任务完成后，他却乐意留下来，于是我们聊起来。他是从广州的郊区过来的。他当时来这边读小学，他的英文比中文讲得要好，不过，他身上仍然有中国文化烙印，每年要回去拜山，以前他是跟着家人去现在自己回去。他以前不懂"拜山"是什么意思，现在明白了就是不要忘本，感谢先祖。他们郊区的房子都已经成为城中村了，他自己也有一些房子留在那里，他说当年那些没有出来的小学同学都成了富二代，他也自称富二代，我说："你要是不出国，你肯定比他们还要富的富二代了，因为你有一门手艺。"

他说："确实是，你想想，自己做老板，一个小时的话，现在就算我不做老板，帮人家做起码有30～40块钱，我为什么那么忙？因为有太多的活干，而且我这个人在加拿大是讲信誉的，你做得好，别人会介绍朋友给你，所以这就是我为什么那么忙碌。假如我不出来，会是什么样的情况呢？"因为他经常会去跟这些小伙伴们玩，"那就只能去玩，不会干活，因为我的很多小学朋友，现在他们真的什么不用做，他们都有大把的钱用，他们平时干什么，要么是打麻将、吃夜宵，唱卡拉OK，这些好一点的。有一些更差一点的，那就是吸毒，他说有时候他没办法跟他们聊，所以他现在很少回老家找他们。"他跟小伙伴们不大玩得来，而且最令他的朋友们不大明白，身为加拿大人，又是老板，为什么还那么辛苦亲力亲为，他说现在30多岁了，还没结婚，因为没有时间谈恋爱，冬天就做暖气，夏天就做冷气，他说他很喜欢这样去做，干活他觉得活得踏实。难怪我的朋友把他介绍给我。对比起来，他反而觉得他的那些小学同学，他说，"假如我不出来也一样像他们这样，不过就是毁了。因为很多朋友都已经结婚了，生了孩子，但是也不会自己带，交给父母，自己整天要么就是玩，玩这儿、玩那儿，有什么新潮的事情就这样玩掉，这已经是一个普遍的现象。"

当我跟他聊到现在出来念书的小留学生们，他边摇头边说："现在留学生来这边读书的，比我们那时候幸福得多了，我们那时候哪有什么ESL，你听得懂就听，听不懂就在一个班里面，也没有多少人去管，我常常不知道要交作业，当老师问起我总说，我听不懂，哪知道要交作业，老师拿我没办法，学习就这样稀里糊涂的混过来。我真的很羡慕这样的小留学生，一过来，就有你们这样的监护人去关照他，关注他，给他们服务、接机，生怕他们饿了、冷了，又要关注寄宿家庭。我那个时候是和家里人住在一起，我家里人也顾不上问我，我父母一个是做餐厅的，一个是做洗衣店的，华人能够挣点钱就是靠勤奋，别人一天干8小时，我们一天干16个小时，别人一个星期干5天，我们干7天，甚至圣诞节我们都不放假，用时间来挣钱，用精力来挣钱。幸好我自己也算是争气，读完了高中。"

我问他，"你读完高中，为什么没有考虑去读大学呢？"

"没有，我知道自己不是那块料，而且我喜欢动手，所以我当时一出来，马上就知道哪个行业很容易挣钱，我就看到冷气这个行业，报了一个很有名的，专门做冷气的培训班，这个班当时听说招了两百多人，读到最后，因为很难读，剩下50多人，现在还从事这样的行业，只有大概为数不多。不过有一点，我很幸运，因为在政府里面检验我们工程的官员大部分是我们的同学，因为我们那个学校还是有名的，只要你说是这个学校毕业出来的，他们都知道你的水平不会差到哪里，所以经常这种大型的空调工程都容易去通过。虽然那么辛苦地去做，但是有一点，我是感到很满足的，在中国跟在加拿大不一样，在这边，我虽然是老板，我也有固有的员工，我弟弟就是读大学的，他在多伦多大学里面读城市规划，但是他找不到工作，结果跟我一起干，一干十几年，他还蛮喜欢的，因为真的能够挣到钱，最重要的是，时间你可以自己去掌握，这是一个很自由的职业。"

"你弟弟也喜欢干这个吗？"

"后来我弟弟喜欢了，假如他真的去做城市规划，那就是在政府部门里面工作，整天对着那帮人，同一个工作地点。到现在，他说他很高兴能够做这份工作，每天都是不同的工作地点，每个顾客都不一样。你想想，生活才有意思嘛。"老板要亲力亲为，这真的不容易的。

"你应该跟我的这些小留学生们讲讲你是怎么样过来的经验，为什么选择这样的专业，现在你就算做了老板仍然有这样的勤奋，不仅你能够自食其力跟你的小伙伴来比较，做了老板你能够亲力亲为，这点真的不容易。"

"我能跟他们分享些什么东西呢？"

"太多了，起码你可以分享一下在学习中怎么克服困难，怎么打工等。"

"不行了，时代不同了，朱先生。现在这些小留学生，我不知道你有没有留意到，报纸说他们是弱势群体，什么叫弱势呢？就是希望别人去关注他，我觉得他们某种程度上真的是弱势，在学校里面，他要别人照顾，要照顾的就是弱势，就像我们在加拿大里面，什么叫弱势呢？在停车场，专门挂着残疾人牌子的，这就是弱势，我们需要给他们留一些好的停车位。在学校里面，比如本地人里面的一些弱势群体，比如说智力，有些开发晚一点的，或者学习有障碍的，专门有人去教导他，培养他，上车各方面的福利都特别好，我想中国的这些孩子也有点这样的弱势，但是不是说他们智力弱，而是他们语言上比较弱，所以会有一些ESL、老师去特别关注他们，帮助他们，因为弱势，所以才需要额外的关注和关心。不过有一点，我很羡慕他们，另一方面他们一点都不弱势，他们都有钱。这点，加拿大人有时候真的没办法跟国内的孩子比较，我要分享这些，他们听不进去的，因为他们没有吃苦尤其在没有钱的时候怎么办的痛苦，因为对于他们来说，他们没有钱的概念，而且也从来不知道缺钱的痛苦。还有一点，他们的父母比他们还紧张，我们的父母觉得我们以前来到加拿大，他们已经觉得很满足，因为在这个国家，不会饿死人，所以他也不管我们，只要我们不要沾上毒品就行了，不要交损友就行。他们知道怎么样都会有一份工作去做，而且在这边，你干什么事情，没有人看不起你，开什么车，也没有人管你，穿什么衣服也没有人管你，一切都是你自己的事情，但是现在这些中国孩子过来，父母比他们还关注他们，他们拿的手机比我现在的还先进，所以我想这是两个不同的世界，没办法去沟通，没办法去交流的。"

### 感恩分享二

在一个陌生的环境当中，父母帮不上忙，不管怎么样，我们要感激上帝给我们创造这个生命，以至于我们生命当中能有不同的经历，我们的生命才会丰富，希望我们能够让孩子在这个时候的心里面埋下感恩的种子，因为有了这颗感恩的

心，相信父母所做出的努力和贡献，总会有回报的。——Eve分享

当他的父亲来到这边看他住的寄宿家庭，眼泪都快掉下来，父亲马上把他接到五星级酒店里面跟他住了一个多星期，问他儿子，"儿子，你要么跟我回中国吧。"儿子住的那个寄宿家庭房子比他家里面给保姆住的还要差。吃的，每天都是面包，都是很简单的。可是在家里有保姆、老人的照顾，山珍海味就不用说了，鱼翅、燕窝那是经常的事情，但是来到这边，真的是受苦。不过这个孩子跟他父亲说，非常感激他父亲把他送出来，因为孩子想自己重新开始学习怎么样去生活，独立长大。虽然睡的床是很窄的，很不舒服的，被子有些霉味，房间里面的地毯脏脏的。但是他没有埋怨中介给他找的这个房间，也不愿意去换，因为他知道，要吃苦，吃苦才能够磨炼自己，"天将降大任于斯人也，必先劳其筋骨"，他把在中国学的这些古文背出来，他跟我们说他要做大事情。他还教导说不能做大事情的都是那种纨绔子弟，他不想成为富二代的标签，在父亲、母亲的荫庇下，享受他们的成果，他要自己去种树，自己去摘果子，而不是只摘父母种下的树的果子。对他来说，他说假如不是因为出来，他可能永远都生活在父母朋友的赞扬声中，他会轻飘飘，以为很了不起，结果一出来的时候才发现他们平时说的学习好，在这边其实根本不是这么一回事，他们夸他英语讲得好，他在这边等于是一个哑巴，必须重新开始。

回国的时候，父亲给他接风，一帮朋友来问他是否后悔出来受苦，儿子说，"是有一点后悔，但是也不能说不完全留恋在父母身边的优越环境，什么事情睁大眼睛，有点像衣来伸手、饭来张口，而且还不用挤车。冬天，尤其在多伦多下大雪的时候，要步行一段时间到学校，有时候雪太深了，到学校的时候，袜子都全湿了，冷冰冰的，难受得要死。虽然这样，他还是为自己感到骄傲，因为他熬过来了，他非常感激父母把他送出去，因为他知道将来要做的事情是自己另外的事情，他感谢父母给他提供这样的机会，给他提供资金去那边受苦、读书，但是他跟我们说，"我不会做你们要我做的继承家业的事情，我可能要去西藏那边，要去新疆那边，甚至我会去非洲那边做志愿者，做义工，帮助那些没有像我这样好的生活环境、

条件的人，在我们学校里面经常组织我们去当地的社区帮助别人，我发现这样做起来，我得到别人的认可，而且是真真的，不是因为父母的原因，不是冲着父母来赞扬我，而是因为我自己的付出，帮助别人来赞扬我。"他觉得不知道为什么，心里面特别满足和高兴。

他说非常感激能够出国留学，感受到生命的改变。有一句话说得好，出国改变人生，留学改变命运，想不到他这样一个改变，我们是没有预见的，他父亲虽然得有点遗憾，我先生所做的都是留给这个孩子，指望孩子用一种欣赏、赞赏，甚至感激的心来接受父辈打下江山，但他看到孩子自食其力，自己奋斗，自己编写自己的人生故事的举动，他更加欣赏，更加安慰。他对我说，"说老实话，当年我就是因为这样才闯出来的，我不想我的孩子没有了这种闯劲，假如孩子想接过接力棒，当然希望接我的财产，更重要的是希望他接我的这种发奋精神，如果我当年不发奋，我哪来今天呢？"

第十二章

# 家长怎样跟学校老师沟通?

老师有可能会记住你的名字但是也有可能记不住,但是你要记住老师的名字,这会让老师很开心的,你记住他的名字多少有些安全感。你先记住老师的名字,老师就慢慢也会记得你的名字。这是一位西人邻居的分享。

## 一、我们是这样跟学校老师沟通的

新生入学时，学校都会给学生发一本学校手册 (Agenda)，家长可以从中了解孩子就读学校的老师联系方式、部门电话、电子邮箱等。远在彼岸的你可以跟学校保持联络。我算是"陪读"家长，在孩子入读加拿大高中第一年，通过各种方式方法，与学校老师保持良好关系。我分享当中做法，希望对你有启发参考价值。

### 1. 参加课程说明会，帮助你了解学校开设的课程

高中课程说明会是在学校大礼堂举行的。因为是针对刚刚入学的 9 年级新生和家长，我也带着小儿子 Donald 参加了。

校长 Peggy 在舞台上讲解，两位副校长一男一女作助手，他们手里拿着各种各样的教学用具、仪器和器械做配合，当正校长讲解某个课程内容时，两位副校长加以示范表演。按照英文字母顺序，校长介绍第一个课程是 A 开头的 Art 画画。美术画画是一门必修课，只见两位校长一个拿着画板装模作样地画上几笔，另一个在展示剪纸、手工制作的作品。

Donald 坐在我身边，悄悄地对我说，他选了艺术这一科，上了几次课，都是做手工、剪纸以及对线条和色彩的了解，比较简单、沉闷，如果有机会拿起画

笔去创作，天马行空一番，那就更有意思些。

Donald 是在音乐和艺术两学科中间选择了艺术课的。开始选课时他有些无可奈何地接受指导老师的推荐，但经过一年学习之后，他竟然爱上了画画。学校课堂上的内容不能满足他的追求，他自己打听到一个私人画画老师，于是他每星期上门讨教，每次来回两个多小时，他依然风雨无阻地坚持。如果不是有兴趣做动力，恐怕他早打退堂鼓了。想不到当初选择艺术这一课竟然激发了这个孩子的兴趣。如何在学校的课程中找到学习的动力，我们将另行文探讨。

这场课程说明会给我印象最深刻的是校长打开体育课程内容的投影，两位副校长不仅在台上展示篮球投篮、羽毛球发球姿势，他们还跑到台下与观众互动，打排球、接飞碟，现场气氛热烈。

三个校长一台戏，齐来讲解高中文凭课程，生动形象，诙谐有趣，他们的表演引来新生和家长们阵阵掌声。

翻开安省教育厅公布的《安省高中 9—12 年级课程介绍》，你会发现近 300 门课程适合 9—12 年级学生选修的。如何充分利用这一丰富教师资源对于加拿大本地学生和家长是一种挑战。我儿子就读的学校专门举办高中课程说明会，我在欣赏三个校长精彩表演之余，对中学主要类别的课程也有了印象。

**2. 参加学校委员会每月会议，有助于了解学校主要动向和安排**

开学后一周，我收到校长发来电邮，被应邀参加学校委员会 (School Council Meeting) 每月例会。其实，所有新旧学生家长都会收到校长的邀请邮件，只不过新生家长享受特别待遇，校长的邮件抬头处提及你和孩子的名字，你会有一份亲切感。

根据规定，公立学校都设立一个学校委员会，它是由校长、老师、家长和学生代表，以及学校所在社区代表等成员组成。公立学校是由政府投资和运营的，这个学校委员会起到监督这个学校运作的作用。因为这是一个非牟利的自愿性组织，每个家长都有资格去参加该委员会的会议，假如家长愿意，你还可以成为这个委员会里面的一个成员，负责某些具体工作，甚至自荐并经全体出席会议成员举手通过，出任该委员会主席一职。

每次例会议程主要是听取校长汇报、家长代表发言，审核通过学校重大事项和活动。我参加了一整年学校委员会每月的例会，对该学校的运作有了较深入的了解。

作为家长如果你有什么意见，也可以在列席会议时提出的。如果你的提议被接纳，有可能会写入下次会议议事日程，被讨论和表决。

### 3. 出席家长、老师见面会，表达家长重视孩子学业

加拿大学校的家长、老师一对一见面会，有别于国内以班级为单位的家长会。家长、老师见面会的时间各个学校有所不同，有的学校在开学后一个月，也有的是在期中派发学习成绩报告表之后。见面会的地点各不一样，有的学校会分教室进行，有的学校会集中在学校体育馆内分区域进行。不管怎么样，你都要提前预约见面的四科任课老师。每一个老师都会给你 15 分钟的时间，老师会告诉你，你的孩子情况是怎样的，需要有什么样的改进。所有的老师都没有任何一句话说你的孩子在班里面表现是第几名，好还是不好，他只是会告诉你，你的孩子在哪方面需要改进。

我记得大女儿上 12 年级的时候，马上要考大学了，因为她在加拿大读中学不够四年，所以她必须要考雅思。我当时提议要不要给找补习老师提高一下她的英语水平，英语老师觉得按照她的程度不需要额外补，当然她自己要再努力就可以了。

老师会很客观地告诉你，你的孩子需要增加些什么。记得开二女儿的家长会的时候，数学老师告诉我，你的孩子在国内学得很不错，虽然来读 9 年级，但是她到 11 年级以前都不用去上数学课，她完全可以拿着课本进行自修。老师还说，要是有时间，她应该多参与学校活动，学生会组织的活动，因为她把时间全部放在学习方面了。

为我三个孩子也替其他留学生参加过多次的加拿大高中家长、老师见面会，我有三大感受：

第一，你总会听到表扬声音，哪怕孩子成绩差强人意，每个老师都是发出正面肯定评论。加拿大教育理念是赏识教育，老师以鼓励为主。在老师眼睛里，每个孩子，就像父母看孩子一样， 都是不一样的，孩子尽了力就可以，家长不要有攀比心态。

第二，每个任课老师对于孩子了解非常清楚，但时间很仓促，谈话不能很深入。我的感觉就是，你有问题当然要参加，听取老师的意见，你没有问题也可以参加，表示你对孩子学业的重视。但一般见面时间5～15分钟不等，家长们不要有再高期待。

第三，见面会上老师会发学生成绩单，但加拿大实施公平教育，学生成绩不会有排名等级的，你不要指望问老师，我的孩子这份成绩是什么的名次。因为在老师眼中，仅用成绩优劣排名方式衡量一个孩子是否优秀是不全面的，还会给成绩差的学生造成无形的伤害。

根据经验，我对如何参加家长、老师见面会的家长们提出六点的建议，仅供参考：

第一，提前预约，各老师之间预留充裕时间，有时候安排太紧凑，你前面那个家长多聊几句拖延少许时间，你去到下一个老师那里已经迟到，你只好被重新安排，有可能是最后的一个。

第二，事先准备你要提的问题，懂得问是关键，问题要具体，最好有例子。

第三，先听老师讲，尤其是他针对学习报告表所作的解释。听清楚老师对孩子的要求，最好能够记录下来。

第四，提出你最关心的一、二点问题，但不要指望把你对孩子的学习要求借助老师向孩子施压，那会令老师反感。

第五，记下老师电邮地址，便于日后联络沟通。

第六，不要对这种类型的见面会抱太大的期望，10多分钟时间不可能有深入的交流。

**4. 参加上级部门问卷调查，表达你对学校的关心**

放暑假前，我收到校长转发来的邮件通知，家长可以上教育局网站，参加关于学校风气、学校与家长关系、家长对老师表现等问卷调查。我打开教育局网站链接，逐项选择。最令我印象深刻的是该问卷中问到作为家长你认为你孩子不喜欢就读学校的十个原因，例如：种族或性别歧视、家庭收入或背景等。问卷用匿名方式进行，不失为家长与教育管理部门沟通的方式。后来，我儿子也告诉我，他们在学校也要填写这份问卷，只不过问卷内容是针对学生发问的。看来，学校上级部门从多个角度了解学校教职员工的表现。

**5. 学校邮件收阅并回复致谢，有助于保证沟通畅顺**

差不多每周我都会收到学校发来的邮件，这是家长了解学校最新动态的平台。出于尊敬学校老师的辛勤工作，我每次收到邮件阅读完毕，都会回复致谢的。同时，这一小小举动，有助于保障日后我们沟通的畅顺。

## 二、留学生家长不懂英语，该如何跟老师沟通？

家长来信问：

(1) 天津刘妈妈：我家儿子在公立学校念 11 年级，开学那星期上课听不懂，后来再问他，他说还在适应中，再追问他有没有跟老师讲讲，他不耐烦，说自己会弄妥的。我有点替他担心。11—12 年级是关键年级，在国内我早就跑到学校跟老师商量。但我在国内，不知道怎么样跟加拿大老师沟通？

(2) 9 年级陪读妈妈：我家女儿已经适应这里的节奏，每天只上 4 门课，没什么作业。她那么轻松我反而心里没底。我想去学校问问但我不懂英语，怎样跟老师讲？

(3) 南京的 Ellen：孩子报读天主教学校 12 年级，新生水平测试说他英语不行，要改读 11 年级。我们是工薪阶层，准备的钱不多，我担心他明年上不了大学。其实，他的英语可以的，雅思考了 6.5 分。孩子说他测试只是时差没倒好，睡眠不足够才没考好，他听课没有问题。我要他跟老师反映一下，他一直在拖。我不知他是害怕问，还是不知道找谁。在国内他什么都不用管，只需坐在教室就行。在加拿大他要自己动手，我估计他是害怕。我今天再追问，他干脆不理我，丢下一句：要问，你自己去！然后，孩子关机了。


简短的回答：

(1) 懂英语的好办，写封邮件去学校，跟老师谈谈你的想法，加拿大老师喜欢家长高度参与孩子的学习。

(2) 在当地陪读的即使英语不好也可以去学校跟老师沟通，学校一般会提供翻译帮助的，实在不行，拉上孩子当翻译。

(3) 英语水平弱些，在国内的家长们，还是要靠你家孩子作拐杖，希望从孩子只言片语里拼凑成清晰图画，当然，你还可以委托别人帮忙。

开学一个月了，我们主要的工作就是受留学生父母的委托，分头去不同学校，约见孩子的老师。我挑了一个最艰巨的任务，帮一个12年级新生完成课程重新调整。

孩子们在加拿大上学，家长们如何跟老师沟通，这不仅是新生家长急切关注的，也是其他家长想了解的。

以下是我们整理出来的问题和建议：

1. 与加拿大老师沟通的六大内容

——孩子学习上有困难，不知道是语言问题还是学科内容？

——孩子课程不是他感兴趣的，不知如何调整以及重新选择？

——怎么知道中国所学的课程如何换算成加拿大的学分？为什么他跟其他同级的中国孩子换算结果不一样。

——孩子仍未能适应学校生活，怀念中国的学校生活？他不知道怎么调整自己，学校有心理辅导老师吗？

——孩子在国内一直表现不错，但现在表现却与我们期待有很大的出入，什么原因？这个情况估计多长时间可以改变？

——孩子不懂得如何参加课外活动、学生社团和俱乐部，老师有什么推荐的？

当然，留学生父母还想从老师那里了解其他的信息内容，主要有：

——孩子未来的发展方向与现在选修课程是否目标一致？

——ESL 孩子如何跟讲英语的同学相处？

——如何知道我家孩子在校表现正常与否？

——希望老师告诉我们家长如何辅导孩子学习，怎样督促孩子学习？

——孩子如何报考大学？家长怎样从旁协助？

2. 与加拿大老师沟通 5 种途径

——邮件或电话；

——约见面，一对一交谈；

——参加学校开放日活动或者新生培训周活动；

——参加家长老师见面会：每个学期都会举行，相当于中国的家长会；

——参与学校校务委员会：通常每月举行一次会议，家长随时可以参加，这是学校管理层、老师代表、学生代表、家长以及社区，多方沟通平台。

3. 与加拿大老师沟通是你的权利也是你的义务，切记，中外老师角色有差异

在中国，我们的家长大都知道如何跟老师沟通，从孩子入幼儿园开始一直到高中毕业，家长们习惯跟老师有沟通的。学校会通过校讯通、家校本、家长会和家委会等，跟家长联系。不过在中国，通常家长的责任把孩子送上学，其余的事似乎都是交给了学校。中国老师比较权威。

社会制度、文化传统、教育理念、教育体制和教育手段等诸多不同，加拿大老师角色跟中国老师角色不一样。教师只是一份职业，公立学校的教师还有教师工会，你会听到教师罢教、按章工作等消息。这一点，在中国是匪夷所思，不可能发生的事。

在加拿大你随时可以约见相关的老师，包括：

——Home room teacher 班主任

——Student adviser or counselor 学生辅导员、顾问

——Course teacher 任课老师

——School head or president 校长

## 三、一个加拿大老师对学生的 5 点要求和对家长的 3 项期待

近日，有机会听到一位多年在加拿大教书老师的分享。他的分享主题是：加拿大老师对学生的要求和家长的期待

老师对学生的要求：

1. 准时上学，不迟到不早退，这个她认为是最基本的原则，上课表现好坏、学习成绩优劣是另一回事；

2. 作业须按时、按量完成，能做到这一点已经很讨老师欢心；

3. 参与课堂上讨论，多与同学交流。她提醒少年留学生改变国内填鸭式等待被人喂食的习惯，主动参与，因为老师在课堂上打分除了出勤分外还有表现分、合作分的；

4. 学会对自己负责，老师不是保姆。她又提醒留学生，这里老师不会督促你干这做那，不像中国老师那样。（我有一个孩子做好作业忘记交，第二再补交，老师拒绝接受，孩子少了一次学习成绩。）

5. 随时可以请教老师，直接跟老师沟通的学生最受老师欢迎。

老师对家长的期待：

1. 父母最了解自己的孩子，不能把孩子推给学校"扔下不管"；

2. 学校是传授知识场所，孩子的习惯培养、价值观形成还是靠父母；

3. 老师乐于与家长定期沟通，不要出现问题才"临急抱佛脚"。

这位老师最后的结论：教育是一项系统工程，学生、老师、家长三方互动，

各司其职，各尽其责，但记住，学生是主角，谁也代替不了孩子的行动！

## 四、当渥太华发生恐怖枪案后我孩子就读中学校长做了两件事

之前，我们以为恐怖袭击是美国的事，现在才意识到恐怖袭击并不是遥远的事，危险就在我们身边潜伏着，随时随地会扑出来威胁我们。晚上，我参加儿子就读中学的 School Council Meeting。这是一个校长、家长、老师学生代表参加的校务家长会，每个月举行一次。虽然该校住于多伦多闻名 Forest Hill 森林山，环境一流治安良好，但鉴于渥太华枪案引起大家关注，尤其是学校如何防范和应对可能发生的突发意外事件，所以，当晚议事日程校长提议临时增加一项：学校如何防范类似恐怖袭击。

个子虽小但精力充沛的校长向与会家长们介绍道，根据多伦多教育局指引，学校安全如果受到威胁，根据"威胁"来自校园外部还是校园内部，学校有两套不同方案。如果"威胁"是从校园外面来的危及正在上课的学生，校方会马上关闭学校大楼所有大门，防止危险进入，校外所有闭路电视镜头会让校方知道危险来自哪个方位，并立即通知警方。正在教室内的老师会帮助学生远离窗户，马上安静和保持冷静。如果"威胁"来自内部，发生在校园内并危及校园内其他人，学校启用另一个方案，老师收到学校广播或通知后马上引导学生转移到校外大操场等空旷地方，安慰学生，并不要乱走动。与此同时学校会通知警方。校长解释完毕，看到有些家长仍有疑惑，她再补充道，我们所有任教老师都是经过训练的，他们上岗前都要接受校园安全训练辅导，并要求他们每个人熟悉学校所有紧急通道。作为你们的孩子，校长接着说，他们在入学后第一周就接受了紧急疏散的演习的。

我点头认可，虽然我的孩子是今年九月才读的新生，印象中他也说过学校搞什么"防恐"安全预习的。当然，校长安慰与会者，我们学校是安全的地方！当然，我也鼓励大家回去后好好地跟孩子谈一谈，复习一下他们之前所学的防御步骤和

做法。

我回到家中跟太太和孩子谈及今晚开校务家长会事情。

太太插嘴问儿子："你们老师有没有教你们在紧急情况下如何保护自己的方法？"

孩子很快地道出："第一，服从老师不要乱跑不要大叫，不让坏人发现，远离窗口，躲在书桌下；第二，不要随便打手机，一来会发出声音容易让坏人知道方位二来会造成网络堵塞占用线路；第三，待安全后才通知家人，因为家人可能进不了校园帮不上忙。你们少操心，我们已经演习过两次啦！"听他这样说我们觉得放心了大半。

我的一个学生后来告诉我，他所在加拿大的学校，每学期都有两次固定的安全演习，提前邮件通知时间。演习时学校拉起警报，所有人都按要求留在教室里。这培养的不仅是行为习惯，还有安全意识。哪怕毕业离校，出事了也知道该怎么应对。

没想到，校长还比我们操心和细心。她开完会还留在学校，连夜给全校家长们发了一封电邮。我回到家不到一小时，九点半左右，收到了校长的电邮。

在这份电邮里校长提醒我们要跟孩子聊聊。因为这是一件震惊全国事件是近年来少有恐怖袭击，我们大人关注，孩子们也在关注，只是可能用他们孩子的方式方法去讨论关注。危机也可以变成另一种转机，我们利用这一事件建立与孩子们沟通机会。高中生正是反叛期，我们不妨也听听他们的，当然也讲讲我们的。校长在电邮中强调，关心孩子、引导孩子、开解孩子，是我们成年人包括学校老师和家里父母们的共同责任。在电邮的最后部分，校长号召家长和学生为这次殉职的预备役士兵默哀，他是为国殉职的英雄。

最令我感动的是，校长作为一个尽职的教育工作者，她在这个机会用电邮发了一个链接和一个附件。链接预备役士兵职业责任等的介绍，附件是多伦多教育局专家写的如何跟孩子谈论突发事件。

当渥太华发生恐怖枪案后我孩子就读中学校长做了两件事：①开家长会同家

长们面对面解释学校防御措施；②发电邮给所有家长，表达校长的难过之余也和家长传授心理干预方法和家庭沟通技巧。我从中感受良多。

### 加拿大中学的校长和老师有什么特别的地方？

"中国的中学校长是个官，加拿大中学校长是个大管家；中国老师很威严，加拿大老师较平和。"这是一位在加拿大陪读家长的感受。

走进加拿大中学，迎接你的是学校的校长。不过，加拿大中学校长包括学校管理人员都由教育局派出去的，这里中学的校长或者学校办公室的管理人员都不是教师，不管教学生，只会负责学校里的行政管理事务。

加拿大公立中学的校长权力也没有中国校长那么大。在我的印象中，有点像是个"大管家"，什么事都管。例如，我认识多伦多教育局属下的 North view Heights 中学校长 Mr. Peter Paputsis 近日提出早上叫醒服务，哪位学生在网上登记了这项服务，校长会根据学生手提电话号码，每天分别在 6：00 和 7：30 打通学生的电话，叫学生起床。另一校长就是我儿子就读的 Forest Hill 中学女校长 Ms. Peggy Aitchison，每个学期结束前都会将学生在失物招领处无人认领的眼镜、饭盒、饮水瓶等物件拍成照片，发给全校近千名家长。当然如果做一个比较，加拿大校长抓"两头"：学生的出勤率和毕业率，中国校长双手抓一样东西：高考升学率。同样是免费的公立教育系统，但因教育的观念、教育的目标不一样，教育的法和手段也不一样。加拿大中学是"两条腿"走路的，学生毕业两个去向：继续升读专上学院和投入劳动大军，中国的中学到了高中都是为大学输出生源，所以，作为管理中学的校长所扮演的角色，自然有所不同。

同样是加拿大公立中学，我也留意到，各个校长管理学校的风格也不一样。我很庆幸有机会认识小儿子就读学校的校长 Peggy。她是个很负责的校长，每一个周末，我都会收到她写给家长们的电邮。她会告诉我们过在一周学校的大事要闻，下一周学校的计划、安排，有什么特别的事项家长们需要注意的。一个学期差不多 20 周左右，她从不中断用邮件与家长们沟通。遇上突发事件，她也会及时向家长通报。例如，去年首都渥太华国会大楼发生枪击案，凶手持枪射杀多人，这一事件惊动全国。大家议论纷纷，校长当晚发电邮给家长，建议家长如何跟孩子讨论这起悲剧，同时她也安抚大家，遇上紧急情况，学校有一套既定措施，学生会安全的。

走进中学的教室，你终于见到负责教学的老师。同样，他们也是从教育局派来的，工资不是由学校发而是由教育局发的。与中国的老师不同，他们不一定在一所学校教书到退休为止，会在教育局下属学校流动。还有一点，老师虽然受雇于教育局，分派不同学校上课，但他们也会隶属一个自己的工会。

加拿大中学老师的水平在世界是有名的。世界经合组织 (OECD) 在 2015 年 11 月公布过世界各国教育水平，11 月 25 日《多伦多星报》(Toronto Star) 根据这份文件做了专题报道《教育一瞥》(Education at a glance)。从报道中我才了解到原来加拿大老师的待遇是那么高的，加拿大教师如果超过 15 年教龄，小学教师的时薪是 84 美元，中学老师为 90 美元。加拿大教师薪水为世界第四高。曾经在美国教过中学的宋老师告诉我，当年她从美国移民加拿大，就是冲着加拿大教师的高待遇的。

在加拿大做老师，除了要求你是大学毕业以外，还要求你接受专业教育。你通过教师资格考试，才会被聘上岗任教的。正如我在前面介绍道，在负责管理教师队伍的安省教育学会的网站里，家长和学生只要输入老师的名字，就可以看到该任教老师的相关资料：教育背景、职业资格、任教状态、获取证书、有没有被处分记录的历史，等等。

基于教育制度的不同，加拿大中学老师似乎没有中国老师那样被捧到崇高的地位或戴上"人类灵魂工程师"的光环，教师只是一份职业罢了。在中国，不少学校都会在墙壁上挂上老师的照片，并特别会注明那些省级、市级或区级的优秀老师，但在加拿大很少看到这种广告式的张贴。既然教师只是一种职业，同一职业也就没有必要分高低贵贱。同样，老师是一种职业，更应强调职业操守。通常，上第一堂课，老师会负责任地告诉你，他／她对该门课程的具体要求。开学一段时间后的老师、家长见面会，老师也会向你展示学生进展情况，需要家长配合的地方。我接触过一些老师会将自己上课的内容录成视频放在学校网站或老师个人网页上，方便那些缺课浏览或者那些堂上听不明白的学生翻看。偶尔，我们也会收到有些老师打来电话，询问我们所照顾的学生当天为什么没有出现在课堂上，是不是病了？有些负责任老师也会主动向我们反映学生在堂上没有认真听课的情况。

最后，讲一下在学校里跟留学生有关的学生顾问 (Student Guardian)。每个学校都会有学生顾问办公室 (Student Guardian Office)，配备数量不等的学生顾问职员。这些职员有些学校是由有教师资格证的老师兼任的。来念中学的留学生，从新生报到那天起直到升读大学、学院，每一年你都要与学生顾问打交道。选课、调课、查询学分、获取成绩报告单、填报大学专业，申请学习许可更新延长的学校同意书，等等，都是他们的管辖范围。所以，我建议每一位家长，记下你孩子就读学校学生顾问的名字和电邮地址。

# 第十三章

## 当青春期遇上留学期家长们该怎么办？

她现在是反叛年龄，只是在微信中讲片言只语，她不想我太多干预她的一切，我只在朋友口中了解她。我理解的，我在她这年龄，比她更甚。

## 一、懂得为自己规划的孩子，为何父母反而不高兴？

留学不是要孩子变成外国人，而是让孩子学会独立做人。留学的过程如同一个催熟的过程，你的孩子会渐渐长大成熟的。我们不能像老母鸡那样总是把孩子护在翅膀下，那有可能会将孩子"捂死"。放手要看孩子的成熟程度。老鹰把小鹰推出巢穴，也是很讲究时机的：太早，小鹰的翅膀未长全，硬推出去会跌死；太晚，小鹰的翅膀僵硬了，很难再学会飞翔。在国内的精英教育意识下，父母们把更多的教育孩子的机会让给了学校、老师，但是在孩子留学国外的情况下，父母要转换意识，更多地掌握教育的主动权，让孩子能健康、快乐地成长。

留学，是一次绝好的亲子机会。让父母有机会重新认识自己的孩子。

缘由：家长诉苦孩子升学的选择。

广州一个家长打长途电话给我，"朱老师，您帮我劝劝我的孩子。"

"怎么了，您孩子挺不错的，在学校里面挺乖的。"

"哎呀，你不知道，他填志愿的时候不是填大学，而是填学院呐。"他说了一个学院的名字。

我说："那个学院挺不错的，就业率很高。"

"哎呀，朱老师，你这不笑话我吗？我们把孩子送出国是想让他读大学，学院就是在中国的大专，他在这边考不上大学的时候，我们就是不想他考大专，所以在中考之后发现情况不妙，就把他送出去，希望他能够去加拿大读大学的，而不是读学院的。"

他说的也是实话，记得刚开始接触这个孩子的时候，他跟我说到家里的情况，他中考之后估计没有进到重点的中学，只是一般的中学，他估计自己再读下去，三本甚至还读不上，只能读大专。所以他当时非常着急，家里商量一下，他说与其在这边读大专，倒不如出去加拿大读上两年的高中，希望能够在加拿大读一个好大学。他们家的情况也不是那么好，父母把单位以前分的房子卖掉，跟自己的父母一起，也就是三代同堂挤在一起，把钱凑齐了给他到这边来读高中。我听完他这个故事的时候，我说："你们家里那么不容易的送你出来读高中，为什么还把你送到私立学校？"当时我刚接触到他，他就在一个私立的寄宿学校里面，一年的学费，加币加在一起有两万五左右。他解释，"听中介说，假如我在这边只有两年，要想读好一点的大学，估计公立学校我是没指望，所以他们说倒不如去读私立学校，因为我现在的这个私立学校基本上百分之百能考上大学。"正因为这样，他为了缩短时间，希望能够在私立学校里面，给他一个很好的分数等，能够读上加拿大好的大学。

我对这个孩子了解不多，他读那个私校升大学率很高的。我跟学校老师见过一面，老师认为，他在加拿大读上大学应该问题不大的。

我决定先约这个孩子。

"我和你儿子约了，到底怎么回事，我再回复你。"我安抚家长。我说，"你先不用急。有句话，将在外军命有所不受，你干着急，反而坏事，把母子关系弄坏了，不好。"

"好吧，那拜托你了。"


**谈心，孩子吐露实情**

我一见孩子，他说："我知道是我父母找你来说服我的。"

"我没说服你，我只是想了解一下你在填大学的时候，你为什么不报考你们父母所要你读的大学，而只是读学院？"

"坦率地说吧，朱老师，我在这两年来读书一直都不是那么努力。你不信的话，你去问问我的同学，我的功课基本上都是抄他的。"

他说的是实话。我曾经也向他的同学证实了。他的好朋友说："他这个人很奇怪，什么东西都厉害，他会自己改装电脑，会煮饭，就是学习不怎么样，尤其是英语。"一看英语，用他的话来形容是头又大了，很想打瞌睡，他说很奇怪，两年多来都是这样的，所以他的功课基本上都是靠抄的，有时候作文这些，他专门找一个英语好一点的，也是从同一个地方来的同学，抄作业，让同学帮他，同学也觉得他挺可怜的，他也不是不努力的那种，也不是玩游戏的这种，而是真的不懂，大家也就明里暗里的去帮他一下。

孩子说出心里话，"朱老师，你看我读高中都是那么辛苦，要是我读大学，我相信一年之后还要被踢出大学校门。我听学校学长说，大学上课读书要比高中严格，真枪实弹的。我没法子抄功课，也没钱找'枪手'，每次报告、论文付钱叫人代我完成。我真的不想到时候走投无路，要买学分。"

花钱买学分，作业请"枪手"，考试找"替身"，这已经是不公开的秘密。网上都有价格，不同要求不一样收费。如果不被老师识破，还要入学开始就要让"枪手"接手。

我点头。"你还是有自知之明。"我好奇追问，"你父母知道你学习有困难吗？"

他摇头。

我留意到，出来念书的孩子大都是对家人报喜不报忧的。

"说了也没用，他们不会明白。反正，成绩单上都是中上，没有不合格。说多了，他们只会担心，然后，没完没了地啰唆。"

"这也有道理，你还有没有其他的理由，你跟你父母说？"

"我有些理由，但我不想跟父母说出来。"

"为什么？"

### 1. 感动：孩子真的懂事

"你想想，朱老师，他们那么节衣缩食的送我出来，我心里面说老实话都有点后悔，当时为什么说要出来读书，但是爸爸妈妈就我这一个儿子，所以他们觉得我是家里面的独生子，他们也想把最好的东西给我。所以把房子卖了，放假的时候我回去，我们三个人跟爷爷奶奶住，我跟爸爸妈妈还住在一个房子里的，其实我是看在眼里，急在心里的。我不想他们再为我做太多的牺牲，太多的付出。一方面假如真的读不下去，一年之后被大学踢出来，浪费了足足一年大学的学费。另一方面，朱老师，我告诉你这个秘密就行了。"我答应他，我点点头，"你说吧"。

他说："我其实是想赶紧读完书之后出来就找到工作，减轻我爸爸妈妈的负担。"我听了之后，盯着这孩子，心头一热，因为在我所接触的这些孩子当中，似乎这个孩子特别懂事。

他说："我要是读完书，我就可以出来工作。读大学要四年，我读学院两年就可以了，而且我选的专业，听说就业容易，可以留下来。"

"你选的是什么专业？"

"我选的专业，父母特别反对，他们已经反对我读这个学院了，更加反对我读这个专业。"

"是什么专业呢？"

"汽车修理专业。"

"为什么他们反对汽车修理专业呢？"

"他们说用广东话来说，叫做修车仔，就是没有出息的人，就是做苦力。"

"这个的话，我要跟你父母去讲讲了，说老实话，这个概念一定要改变，在加拿大里面，修汽车是一个专业人士，说老实话收入还是蛮高的，加拿大人差不多家家户户都有两辆汽车，哪个不需要修车？说实话我认识的一些师傅，都是从学徒开始做起，很快就有自己的车房，那时候他们还没读过书，你要是在学院里面读过书，可能就不得了了。"

"所以我想也是啊，他们就觉得我没有出息那样的。"

### 2. 反思：孩子是父母的"面子工程"

孩子说的也有道理，因为在跟这对父母聊天当中，我感觉到他们觉得孩子出去是为他们争光的。记得有一次他们说，人家说孩子将来去哪读书的时候，他们说目标就是多伦多大学或者滑铁卢，人家都说好，行，看着他们的父母，用他爸爸的话来说，"我们再苦再累，只要孩子给我们争光，我们也值得。"

看来中国的低龄留学生压力还是蛮大的，自己奋斗，替父母争面子。

过了一段日子，父母向现实低头，可以不读大学，但在专业选择上又有想法。

### 3. 我和孩子又见面

"我父母说，你读学院没有关系，但是你读好一点的，比如读会计、金融，这些都好，听起来也好。"

我说："是啊，你为什么喜欢读汽车专业呢？是不是除了考虑钱，容易找到工作之外，还有其他的原因吗？"

"是的，我知道学汽车专业，在加拿大很快可以找到工作，找到工作，一年之后，雇主要是用我，就可以帮我申请做加拿大的公民，我成为加拿大公民，假如我再想读书就以加拿大的公民来读书，这就便宜多了。另外一个，说老实话，你可不知道，我真的是喜欢汽车，我从小就喜欢汽车。以前没什么玩具，亲戚送给我一个生日礼物是小汽车，我现在到了加拿大还带过来了。"

我想起了，有一次他坐我的车，他跟其他的孩子不一样，他会问我的车的车型、马力、耗油，问我速度怎么样等这些问题，似乎对汽车很感兴趣。难怪，他的同学也议论他，"他真的是一个汽车迷，人家同学上网都是看其他的，比如游戏、美剧，他不是，他是专门看汽车杂志，最新款的汽车，他的英语不好，但是他对汽车名字的英文叫法倒是很在道，比如时速、爆发力、马力等，他都非常了解。"我一边听孩子讲他的汽车，讲他的梦想，我一边在想，一个人假如能够把他的兴趣跟他的职业结合起来，去读书，然后去工作，这也不妨是一个很好的选择，而且看得出这个孩子虽然年纪小小的，只有18岁左右，但是他已经很会为自己规划，为家人着想，这样的事情，家里面应该是高兴，而不应该是不高兴。

我跟孩子说："其实叔叔支持你这个想法，最重要的是你要找到自己的爱好和兴趣，在读起来的时候，你才会有这份热情，否则的话，你是为别人读书，而不是为自己读书的。"

"我就是希望将来我有自己的车房，我挣过钱之后再给我妈妈在加拿大买个房子，把他们接过来住。"

他说这话的时候，兴奋到手舞足蹈，我看着他眉飞色舞的眼神，这样的理想在他心目中已经是一幅很美丽的蓝图，不管怎么样，我觉得我都要支持他。

### 4. 视频会，我和父母分析了孩子学业与就业

我跟这位家长说："我跟你的孩子聊过，我觉得为你有这样的孩子感到骄傲。"

"还为他骄傲？我估计脸都丢尽了，人家都说我们，砸锅卖铁就是为了让孩子考一个洋专员，然后回来光宗耀祖，我都不敢跟他爷爷、姥姥说，他现在不是考状元，而只是做一个蓝领工人，用我们的话来说其实就是一个苦力活，除了面子问题，我还怕他吃苦。你看天天趴在车房底下。"

我说："你多虑了，在加拿大修车，不像在中国，大部分是电脑的，有点像你去中国的 4S 店去看，环境是可以的，而且劳工法保护这些工人，不会让他在劳力里受苦，你放心，这个概念就不同。不过有一点，你要记住噢，你把孩子送出来的目的是什么呢？"

"他的未来嘛，他的幸福。"

"对呀，他现在似乎找到他的未来，发现他为了这个未来也感觉到很幸福，你宁愿他将来在读书时，读得不开心，甚至因此没有自信心，被赶出大学，还是让他找到自己的兴趣呢？"电话那头没有声音，我相信天下父母心，他们从内心里面都是疼爱自己的孩子的，只不过心里上过不了这个坎儿。我说，"其实我们要看得更远一点，我相信 20 年之后再看你的孩子，你就会明白，你的孩子真的是与众不同，你要为你自己有这样的孩子而感到骄傲，能够为自己的未来打算，能够替父母着想，这样的孩子，真的不愧是你们多年的教育有方。"他妈妈也说，"是的，虽然我们觉得心里面觉得不大好受，但我总觉得这个孩子是特别懂事的，

您不知道，他常常跟我说，别人到外面去喝东西的时候，买饮料喝，他老是舍不得去买，还跟人家说他不喜欢这种所谓的垃圾饮料。其实我心里面知道的，他是为我们着想。所以想节省，人家每年暑假都要回来，圣诞节也回来，假如我们不帮他买好机票，他都不想回来。我想想现在这样的孩子哪里有啊。"

"是啊。"我开玩笑说，"因为你们不是富一代。"

"对了，穷人的孩子早当家，这句话还是有用的，不管怎么样，把孩子送到加拿大读书，你都希望他能够找到更好的平台，更好的发展，而这点，我相信不管他是现在读不读大学或者将来读不读大学也罢，但有一点，起码他能够不光为自己着想，而且为别人着想。我就觉得你们把孩子送出来读书是值得的。"

"还说值得呢？"孩子的爸爸不甘心，"早知道他读学院的话，把他送到公立学校就行了，还送到私立学校，学费都贵多一倍。"

我顺着他的思路，反驳道："起码你的孩子没有在读了一年大学之后，告诉你，我读不下去。这样想，你节省了一年大学的学费。"

"呵呵……"说到这儿的时候，孩子的妈妈打圆场，她说，"是的，其实我们都知道，他们当初有点急功近利，想帮孩子找到一条近路，因为都知道私立学校肯定能够帮助他考上大学，不管什么大学，只要是正规的大学就行了。不是野鸡大学就行了，但没想到，他现在还是这样的决定，我们尊重他吧。"

**5. 结局：父母尊重孩子的决定**

我把他爸爸妈妈的这个消息告诉这个孩子，他身边的同学都替他高兴。私立学校里面有不少是家境比较富裕的孩子，有些中学毕业就要买车。在孩子毕业晚会上，有同学开玩笑说："大师傅，将来我们的车坏了，我们也把车交给你噢，你帮我们修好呀。"

听到他复述同学的祝福，我说："是啊，等你将来学有所成，有自己的车房，叔叔也把车送到你那去，让你去保养，将来给我打一个折头。"

"那好说，一定的，朱老师。"从电话里我感受到孩子轻松欢快的语调。

我心里暗暗祈祷，加拿大学院的专业课程也不容易读的，汽车修理美容专业术语对于英语基础不那么好的学生是个大挑战。希望这孩子能够有悟性，将他对汽车爱好的这份热情，投放在学习英语上。

文章在我的微信公众号"加高党"发表后，引起一些家长的评论，其中这位家长写道：

"这个孩子真的很懂事，看了很叫人感动。他父母的思维其实跟早些年对国外读书的报道有关，谁都把国外当高考的避风港了，不全面的报道，不但害了孩子，也害了父母。可想而知，在这种背景下出国留学，这个孩子得承受多大压力啊！希望他的父母能够明白，人生的选择不是单项的，优秀没有固定模式，适合孩子的，能令孩子快乐的才是最好的，大人的面子永远比不上孩子的快乐更重要。无论他们当初花了多少血本，只要尝试了就都是一份资本。再说，既然就读于私立学校也为孩子将来奠定了一批人脉，这未尝不是一份收获。"

## 二、辣妈 Jessisie 讲述：陪读生活中的迷茫与困惑

2015 年 8 月我和孩子一起飞往加拿大求学，孩子入读多伦多一所公立中学，我也加入到陪读家长的行列。对于即将开始的生活，我们都充满了憧憬，以为孩子从此就可以愉快地接受轻松自由的西方教育了。然而，时光飞逝，一转眼半年过去了，这其中，却是有苦恼，有困惑，有迷茫，有争执，百般滋味，不一而足。庆幸的是，一路走来虽是磕磕绊绊，但总算还是在慢慢前行。

我的困惑始于孩子开学的第一天。一大早，儿子提前一个多小时就出门了，其实家里到学校不过 15 分钟的路程，看来孩子和我一样，对全新的校园生活充满了期待。下午三点半，孩子准时进入家门，我满心欢喜迎上前去，看到的却是一张疲惫木然的面孔。"都好吗？有什么见闻啊？"我仍然热情地问道。"没什么，我累了，不想说话。"儿子冷冷地说。然后，埋头玩起了手机。我一时愣在那里，不知道该说什么好。这天剩下的时间，儿子一言不发，默默吃饭，快速写完作业，就休息了。第一天就这样过去了，我无从问起，心想也许第二天会好吧？没想到

这样的日子持续了一周的时间，周末，我的苦恼和忍耐也到了极限，终于大爆发了。我一边给国内的孩子爸爸打电话告状，一边大声训斥儿子……孩子一声不吭，只低头玩手机游戏。

第二周，孩子拿回一堆表格文件让我帮他签字，我发现其中有一张是学校课后俱乐部的介绍，我帮他选择了几个我认为很适合他的 Club，建议他参加，孩子没有多说什么。几天后我问他，俱乐部都有哪些活动，孩子淡淡地说："我没参加"。

两周来，我心中的困惑、压抑以及气愤简直到了崩溃的边缘。孩子以前一直在重点学校，学习期间，从来不玩电子游戏，只在周末上网看看电影；在国内时孩子性格阳光，对校内外活动都积极参与；每天晚餐时间的聊天，分享一天的见闻趣事，是我们最开心的时光……为什么到了一个曾经向往的地方仅仅两周，他就变成了一个我不认识的孩子？

就在我苦闷焦虑至极时，读到了朱凡老师的一篇文章（在国内时，我就关注朱凡老师的微信公众号，他专门研究加拿大中学留学方面的问题），这篇文章讲的恰恰是加拿大中学留学生三周左右的表现，从中我看到了很熟悉的影子，恍然大悟——原来孩子到了一个完全陌生的新环境，有着相似的表现啊！几乎就在同时，我有幸结识了教会的朋友，与他们的交往过程中，我发现他们特别耐心、宽容，跟他们在一起我很放松，有不懂的问题我愿意向他们请教，他们常挂在嘴边的一句话是："没关系，你刚来么。"

慢慢地，我开始反思自己的心态，自己是否太心急了？是否因为自己的焦虑急躁阻碍了孩子与我的交流？我了解他的真实处境吗？我对他的一切失望指责是否基于我只从自己的角度在考虑问题？

带着反思的心态，我与孩子的爸爸开始探讨如何从当前的困境中走出来，其实孩子爸爸也一直在密切关注我们的动态，思考解决的办法。孩子爸爸回忆他当年刚到新工作环境所面临的困难，我们回想起我们年轻时走过的路，回忆我们十六七岁时的种种表现，我们当时看待问题的角度，我们对长辈教育我们时的心态……

我开始尝试站在孩子的角度思考问题。据我所知，加拿大公立学校虽然为国际生开设有 ESL 课程，但我的孩子还选了本地生上的化学数学课，老师在讲授这些课程时，不再考虑语言方面的问题；另外，学校上课并没有固定的教室，每节课轮换；学校的其他管理也与国内完全不同。突然到这样一个环境，不再有语言上的过渡，所有事情都用英语解决，而且还是夹杂各种口音的英语，孩子所处的困境可想而知。也许孩子回家后的表现，只是一种不适应，玩手机游戏，也许只是一种减压方式，而我却希望他和原来一样，这无疑加重了他的心理负担。

新结识的朋友们的言行，也给我启发。他们的宽容、耐心使我感到十分放松，请教问题时丝毫没有感到压力，而我对孩子缺乏这种耐心，在完全不考虑他的处境时，对他指责抱怨，这就像一面厚厚的墙，阻断了我们母子的交流。

理清了思路，我开始调整自己。首先，我们得从焦虑紧张中走出来。于是孩子放学后，我不再追着问他的见闻，而是讲讲我每天的见闻；饭后拉他出去散步，讲讲当年他爸爸刚到一个新环境时遇到的种种困难；与他分享交流朱凡老师文章中的一些信息。我还从网上查询了一些当地的娱乐活动信息，周末我们一起参加……

随着时间的推移，孩子的表情放松了，脸上有了笑容。一两周后的一天晚上，孩子主动提出来和我聊聊天。他告诉我，刚去学校的几周，他特别紧张，就怕自己听不懂老师的课，上课时注意力高度集中，放学回家累得不愿说话，就想玩玩手机放松一下。跟本地同学无法太多交流，语言上还是有一定障碍，另外，学校的俱乐部他不是不想参加，而是因为他无法立即融入，人家以往的活动，他参与不进去，其实，他已经参加了学校的 CHINESE CLUB，与在读的华人同学联系上了，也有了一些新朋友了呢……

孩子终于对我敞开了心扉，这让我十分欣慰。知道了问题所在，就可以有的放矢了。我们分析，他目前的主要困难在语言方面，每个孩子无论以前学过多长时间的英语，到一个纯英语的环境都会有个适应期，这是到国外留学遇到的首要障碍，先想办法解决这个问题。我们约定，他控制玩手机的时间，用看美剧的方式放松；继续背单词；我从网上下载了 Kindle 软件，下载电子书，提高阅读量。对于他这学期选择的数学课，主要内容在国内都学过了，没有学过的高数部分，我们想到一个缓冲方法，孩子爸爸在国内帮他买了高数课本作为参照，这样他可以把主要精力放在语言部分。在交友方面，我们分析，在语言问题解决的前提下，还有缘分的问题，不必过于刻意融入，毕竟，目前的首要任务是跟上学习进度，友谊需要时间……

调整了心态，采取了一些有效的措施，孩子逐步适应了新的环境，目前他的学习生活渐渐步入正轨。

反思这半年多的经历，我想，无论是陪读家长还是在国内的父母，可能不同程度上都要经过这样一个由完全不同的环境带来的我们与孩子的冲突，化解冲突的办法，是找到冲突的根源并解决问题。作为家长，只有真正了解孩子面临的困难，我们才能给予有效的帮助。期望孩子向我们敞开心扉，最重要的是我们的耐心与宽容，给孩子时间，也给我们自己冷静思考的时间。另外，我的经历也说明，当我们遇到困难无所适从的时候，来自外界的帮助是多么重要，在我迷茫时，幸亏有孩子爸爸的关注，他可以从客观的角度帮我分析处境出主意；幸亏有朱凡老师的帮助（过来后我与朱凡老师取得了联系），从一个教育专家的角度，他让我真正理解了孩子的处境，并学到不少解决问题的方法；幸亏有教会朋友们的鼓励，让我不再孤单地渡过难关，也让我明白了耐心和宽容的重要性。再之，作为家长，当知道孩子所处的困境后，我们有效的行动上的帮助，也是十分必要的，即使不能亲自参与到孩子的学习生活中去，我们也要设法找到一些可以寻求帮助的渠道，把小问题一个个解决，就不会产生大问题，毕竟我们都希望孩子行走在一条健康向上的道路上。

昨晚，与大学同学通电话，她的孩子即将从多伦多大学工程专业毕业，已经找到了理想的工作。她的一句话，我深有同感，并愿意与家长们分享："养育孩子的过程，也是家长不断进步的过程，孩子让我们的人生更加充实完美。"让我们共勉。

## 三、留守家长黄妈妈分享：当青春期遇上留学期

告别童稚，长大成人，是一个漫长的过程。处于青春期的孩子，在生理和心理上都会发生巨大的变化，因此，对少男少女来说，青春期是人生中最关键、最困难的阶段。同时也是最需要父母理解和帮助的时期。14 岁，我那刚处于青春期的女儿，要求独自一人去加拿大留学了。

女儿从小都是很温顺听话的孩子，到了青春期以后，由于成人感的发展，在家庭生活的各个方面，她再不像过去那样听从父母的安排和决定了，不喜欢我们帮她买衣服，不喜欢跟我们出去吃饭，不喜欢我们帮她安排的一切。到后来她提出要出国读书，起初我们都舍不得，一个从没离开过父母的娇生惯养的孩子，怎可以独自一人去外国留学？我在网上找了很多出国留学生遇到的困难给她看，想让她却步：语言学习的压力，饮食的不习惯，寄宿家庭的矛盾，没有朋友的寂寞等。她说："我不怕！"

有人说："每个人的经历都是一本书，至于写得好写得坏、写得厚写得薄、写得精彩写得平庸，全看你自己如何下笔，别人没有办法代替。"孩子的书要这样写，我们只有接受。

当送孩子走过安检门的一瞬间，我当时的感觉就是，你这么一走，从此离我而去，从此你就是一个独立的人了。你今后在国外遇到什么样的事情，我都不能及时见到你、也无法再帮助你了。这种空空荡荡的感觉在她出国后持续了很长一段时间，至今记忆犹新。幸好有微信，我们每天都给女儿留言，但正在青春叛逆期想脱离我们的她，回答的只有片言只语。

每个留学生都会遇到出国的适应期吧，我的孩子也不例外。孩子到多伦多的第一个寄宿家庭，规定她晚上八点不可以出屋，但一向有晚饭后散步习惯的她不高兴了，觉得被管制了，于是她自己写信给学校要求调换寄宿家庭，一个月后，她在微信告诉我们已换了一个新家庭。她出国做了第一件自己决定的事情非常兴

奋，告诉我们如何好如何开心。谁知一天晚上，她与我们聊天时哭了：我与那个女主人吵架了，我不小心倒了一些水在地上，她便狠狠骂我。我劝她：这是小事情，你错了道歉便是。过了二天，女儿又哭了：女主人早饭和午饭只给我一个小面包，我吃不饱，我自己买了面包放冰箱，又被她的孩子吃光了。我说：既然这样，再换一个家庭吧。女儿说：问了，要一个月后才可以换。接下来的日子是女儿与我们聊天最多的，我问她放学了为何不返回寄宿家庭吃饭？女儿说她一早起床就返学校，午饭在学校吃，放学后她自己在外边吃完饭再返回去睡觉，她不想跟那女主人交流。我劝女儿别与女主人产生矛盾，毕竟自己是小孩子。但是，这样的说话，对一个青春叛逆期的孩子怎会产生作用呢？

这样的日子，女儿过得好痛苦，经常跟我们哭诉，每次通话后我都泪流满面，心疼呀，自己的宝贝孩子，在家里什么都不缺，出国却是如此遭遇，而我又不懂英文，不能打电话去与那女主人沟通。我知道这件事可能并非全是寄宿家庭的错，因为青春期的孩子遇上留学适应期，多少会不习惯的。我告诉孩子：这样的遭遇对你未尝不是一件好事，你要知道，人家是没有义务一定要对你好的，这个让你知道要有朋友，要尽快适应这个环境。于是，在这段日子女儿便积极去做义工，去义务帮忙派发宣传单，加入了帮助选举义工团，亦结识了一些朋友。

转眼女儿出国留学一年多了，现在她把时间安排得很充实，与新的寄宿家庭相处很融洽，周末，经常烤蛋糕、曲奇，还告诉我：今天我煮了中国菜给太太吃，番茄炒鸡蛋，木瓜煲鱼尾汤，她说好好味。上个学期，学校给女儿发了三张奖状，两张是学习成绩优秀奖，一张是优秀义工奖。

我很高兴看到女儿变得懂事了，懂得与人和谐相处。青春少年，正是人生观、价值观形成的时候，孩子克服了各种学习和生活的困难，不论是今后的异国生存，还是实践机会的适应，都会更顺利的。希望通过努力，孩子人生的书，能写得更精彩，写得更动人，写得更有内涵吧。

## 四、李妈妈：我儿子一次抗议学校收费的行动

"妈，学校太过分了，这事我们一定要抗争，要维权。"

儿子 16 岁到加拿大上高中，现在 12 年级，正在申请大学。他在微信里简短的留言让我坐立不安。"发生什么事情了？"赶紧联系，知道了事情的原委。

原来是学校要向国际生收取 AP 课程（Advanced Placement，大学先修课程）费用，每门 750 加币，说收费通知早在 6 月份就发给中介。加拿大名牌大学竞争激烈，学习 AP 课能增强竞争力。很多孩子为了在 12 年级选上 AP 课，前期必修课都加紧修完。这之前，国际生学费里包含 AP 课程费用，学校从未提及额外收费的事情。

### 1. 维权之路辛酸满满

上 AP 课有 30 多人，绝大多数是中国孩子，对维权态度不一。有些孩子非常气愤，要全力抗争，比如我儿子等 3、4 个中国学生，再加一个日本女生、一个韩国男生。其余大部分孩子不是无所谓就是默默观望。

孩子们找老师，老师说找学校顾问，学校顾问说找校长，校长又让找国际部老师。孩子们像皮球一样被推来搡去，疲于奔波，毫无结果。

无奈，孩子建立维权群，商议对策。他们先设计调查问卷，逐个询问家长、各中介是否收到收费通知，所有回答都是"NO"。孩子们找到校长说明情况，校长满脸不耐烦，扶着门框，一副逐客架势："我很抱歉，但收费已经决定。"

因为 AP 课席位截止日期马上到了，孩子们非常着急，决定给学校和国际部写联名信，日本女生主动担任执笔人。特别说明下，日本女生因有优惠政策，她的 AP 课程是不收费的。

在征集签名时，有些家长对孩子说："你就随大流，签个名就可以啦，枪打出头鸟""学校说什么听着就行，那点钱无所谓。"孩子们想让中介出个"没有收到收费通知"的证明，一份也没得到。韩国同学诧异地问儿子："中国人为什

么不帮助中国人？"

联名信交到国际部，国际部老师约了很久才来和孩子们谈判。老师说："到加拿大就是要多尝试不同的课程，下学期可以选择木工、烹饪之类的课程。"孩子们认为：选这些课程没问题，但如果早说 AP 课程收费，在前期选课时会重新安排。12 年级下学期木工等课程人员都满了，如果不上 AP 课，将面临无课可上或只有一、两门课的处境。

国际部三周后答复：每门课降为 300 加币。

有些家长和孩子认为这样就可以了，不愿再做努力。可儿子他们坚持认为不该收费。有天他们想商议下一步计划时，个别同学催促着，"今天是 Black Friday（相当于国内双十一），赶快点，我们还要去购物"。不愿放弃的孩子们继续收集资料，查找法律，与国际部老师继续着谈判。最终，孩子们胜利了，学校同意本年 AP 课程不收费。

当儿子告诉我这个消息时，我非常激动，告诉儿子："你们是我心目中的马丁·路德金，这比任何标准化考试得满分更有意义。"

**2. 维权之路温情满满**

孩子们维权中有辛酸和苦涩，也有温情和感动。当我得知情况后，第一时间向朱凡老师求助，朱老师和儿子取得联系，给儿子讲方法和能提供的帮助，一直关注事情的发展。

孩子们的数学老师，讲课非常出色，也是 AP 课老师，他觉得学校收费毫无道理，几次找校长交涉。老师让大家团结起来，都不交费，他会让孩子们旁听课程，复印学习资料，全部当他的学生助理。

儿子住家对学校也提出抗议，专门给学校写了邮件。他们对儿子说："如果需要，随时叫我们。"

感谢所有有正义感的好心人，没有他们的帮助支持，孩子们会更加势单力薄，维权会更加旷日持久。

我问儿子："你们害怕过吗？"

"没怕过，担心过，我们在这无依无靠，也没有毕业，不知道事情闹大了会有什么后果，压力特大。"

"那为什么坚持下去？"

"就是觉得不公平，从心里找不到服从和接受的理由。"

"现在高兴吗？"

"高兴不足以形容，是拼命做成一件事后的成就感。只是我很怕见那个韩国同学，我怕他又问我：你们中国人为什么不帮助中国人？我到现在都不知道怎么回答。"

## 延伸阅读
## 一顿西餐吃出来的感悟

这顿饭给我的感悟：当你把孩子送去国外接受西方的全盘教育，最好要有这样的心理准备：你的孩子有可能吃不饱，感到加拿大教育没有中国教育那种从早学到晚，作业做不完，考试不断：日考、周考、月考、中考、期末考；他们也许会反胃，不适应加拿大轻松的学习环境。诸如此类。当孩子向你诉苦时，你心中有数，教育他/她要调整好自己，时间是最好的厨师，既来之则安之，总会找到适当的途径和办法的。

年初，我带着加拿大校长来中国"家访"，在上海到了午饭时间，家长说要请校长一行吃饭，学校校长对家长说："不用太客气了，非常感谢您把孩子送到我们学校，假如真的要吃，也是我们请你。"

这位家长说不行，他要我去翻译，说有一句老话叫"有朋自远方来不亦乐乎"。我翻译这句话的时候还加上了一句，说这是中国人的好客之道，客人从远方来，如果主人不宴请会觉得心里面过意不去。我又加多了一点，告诉他们，在中国，我们对教师是很尊重的，因为师者嘛，有一句话叫"一日为师，终身为父"，你们如同他们孩子的父母一样，老师来到这里，家长无论如何也要请吃饭。

加拿大校长笑着说："你们这些家长才是我们的衣食父母，把孩子送到我们学校里面，让我们的学校得以发展。"

发展部主任也开玩笑说："要是学校里的本地学生对我们老师也有这么好，我们就轻松很多了。大家知道，在加拿大，由于西方崇尚个人自由、人权等，所以不会因为你是老师就高看一眼，不会像在中国或者东方文化里面有这样崇高的地位。他们觉得老师是一个职业而已，不像我们把老师放到一个崇高的位置。"

这个家长对我说："你问问老师他们喜欢吃中餐还是西餐。"

我就问校长："你们是喜欢中国的食物还是西方的食物，也就是吃中式餐还是吃西式餐？"

校长很坦白地说："其实我无所谓的，对我来说很喜欢中国餐，我在唐人街的时候，有时候也去吃中国餐。"我跟家长说："随你们方便吧，中餐、西餐都可以，不过我们下午还有一个约会，我们需要吃快一点。"

家长就说："这样吧，我们吃西餐吧，一方面外国人可能习惯吃西餐，另外吃西餐时间也会快一点。"

校长也同意了，因为对他们来说，吃西餐比中餐更加容易适应一些。

点餐的时候，餐牌到了校长他们那边，有头盘、主菜、甜点，研究了半天，每个人点了各自喜欢的。到了家长那边，他把餐牌递给我说："朱先生，您帮我点一下吧！我真的不懂要吃什么好，因为对西餐一窍不通，只是因为老师是外国来的，所以我尊重他们，请他们吃西餐。"

我帮他们点了一份普通一点的牛扒。

服务员询问牛扒的做法，要烤到几成熟。家长望了我一眼，我替他拿主意。我说："熟一点吧。要是生的话，可能会血淋淋的。"

结果服务员说："熟的话可能会尝不到我们的新鲜味，我建议你不要太熟吧，半熟。"

这个家长说："好吧，那就听你的，半成熟吧！"

饭菜端上来了，当主菜来的时候，我看三位加拿大人吃得津津有味，但是中国家长一刀切下去，看到血淋淋的半熟牛肉，便皱着眉头，没吃一会儿，他就放下了刀叉。

这顿饭很快吃完了，校长非常满意，一再道谢，不过，我知道家长有没有吃饱。因为我听到他用上海话跟太太说，一会找个地方吃碗汤面。

从这一顿饭我却有另一种的领悟，每种教育制度，不管是加拿大教育制度（我们把它称为西式教育）还是中国的教育制度或者教育体系（我们称它为中式教育），都有它的各种特点，当然每种教育体系都不可能说它是完美的，假如把它移植到另一种土壤，必定会产生很多冲突和矛盾，像这位家长吃血淋淋的西餐肯定是吃不惯，过一段时间他会不会习惯呢？他可能会习惯，因为他是在中国吃西餐，可以加以改良，煮熟些或者加些他喜欢的佐料。

对于加拿大的这些老师来说，在外国吃中餐是好奇，在中国吃西餐他们也可以接受，可能也不一定百分之百像他们地道的西餐那么完美。

但有一个共通点：改变原有习惯，适应当地口味。

目前在中国，一方面有一些人干脆把孩子送出去，这就是全盘的西餐了，当然全盘的西餐就要去适应，毕竟在中国吃的西餐可能跟外国地道的西餐不一样。另一方面把孩子送入国内的所谓的国际学校，甚至双语学校等，这些似乎有点像在中国开西餐店，肯定没国外那么地道，但这对于很多国人来说还是能满足他们的需求的，所以也有它的生存空间或者有它的合理成分。

有些人可能没有机会去选择中式西餐，甚至没有机会选择到国外去留学这种西式西餐，只能在中国老老实实享用中餐，或者偶尔改善一下吃这种中国式的西餐了。但有一点要记住，不管是多么地道的中餐，都有它不完善的地方，比如有些人说中餐过于油腻、过于咸，甚至有人说川菜太辣、粤菜太清淡等，去了北京、上海、广州三个地方，吃到了不同地方的地方小吃，其实本身中餐也有它不完美的地方，但它有自己的特色，它的特色可能就是它的差异化，这种差异化就是中国的文化特点。同样，当一个中国人去吃西式西餐的时候，到了国外你也许从好奇到吃腻。我记得有一年在加拿大懒得煮饭，差不多一个星期天天都吃麦当劳，一直吃到一进去闻到薯条都会有反胃的感觉，但是我知道必须要适应。

　　诸位家长，当你把孩子送去国外接受西方的全盘教育，最好要有这样的心理准备：你的孩子有可能吃不饱，感到加拿大教育没有中国教育那种从早学到晚，作业做不完，考试不断：日考、周考、月考、中考、期末考；他们也许会反胃，不适应加拿大轻松的学习环境。诸如此类。

第十四章

# 孩子为什么被寄宿家庭赶出门？

因为与人相处、人情世故、生存常识、生活智慧那是孩子们日积月累的功课，我们的父母们习惯代替包办，所以，在选择寄宿家庭时，你很少看见孩子的参与。

一大早收到 John 的短讯，"你最好尽快帮 Jack 和 Tom 安排新的住处，他们俩今天又犯规了，把我和太太吵醒了。这样的事连续发生，我们实在无法忍受下去。"John 夫妇是医院护理人员，三班倒的作息时间。Jack 和 Tom 搬进入住前，和他们"约法三章"：其中一条就是周日早上十点钟前保持安静。John 做寄宿家庭多年，之前入住都是女孩子，但这个学期换了男生，情况就不妙了。这俩少年小子早上迟起床，火烧脚式的匆匆忙忙赶时间。人一急自然动作大，加拿大房子木结构，隔音效果差，关门、下楼，声音特响，不把 John 夫妇吵醒才怪呢？开学不到一个月，又要搬家，谁叫我们的孩子不好好地守规矩？我在电话里答应John，我们尽快处理妥当。

正当我打算去拜访新的寄宿家庭，就碰上了上面的事件。而且凑巧的是，当天晚上我收到一个邀请，参加一家多伦多中学召开的新生寄宿家庭见面会 (Home stay orientation)。该私校国际部总监 Andrew 知道我想对加拿大中学多方面的了解，特别通知我的。他还补充道，这是该校多年来第一次举办此类活动。

新生见面会 (Student orientation)、新生家长见面会 (Parents orientation)、新生寄宿家庭见面会 (Home stay orientation)，围绕着如何让中国留学生适应当地学习和生活，加拿大的学校真是费尽心机！加拿大学校没有围墙，学校与社区关系密切，当晚来参加活动的家庭十分踊跃，因为他们觉得这是本社区的重要事情，他们必须要参与的。正如校长Micheal告诉我，学校再出名，老师再卖劲，作为一所走读私校，没有社区内家庭支持，提供安全优质的寄宿服务，国际留学生不能安心读书，家长也不会放心送孩子入读的。

这话提醒了我们中国的家长们，你们在精心选择加拿大学校同时，有没有也细心选择学校附近的寄宿家庭？

既然寄宿家庭与留学生关系那么重要，那我们就讲讲如何跟寄宿家庭相处吧。

## 一、事实：我们的孩子从头到尾很少参与选择寄宿家庭

开学以来我有机会跟不少的走读少年留学生聊过，他们告诉我，来加拿大读书之前，他们的父母会在选择学校方面听取他们的意见，但选择寄宿家庭方面他们较少参与。说实在话，家长也很难参与，何况孩子呢？

来到加拿大，孩子们马上面对两方面的挑战：学校与寄宿家庭，而这些挑战远远超过他们在国内备战中考、高考的小伙伴所面对的挑战。他们在校园里已经历选课的困惑、上课听不懂、作业不一样、交友有困难、课外活动不知从何入手等，前所未有的挑战。搬进学校安排或中介机构介绍或亲戚找来的住宿家庭，这些孩子还要学习如何跟寄宿家庭相处。

与人打交道是我们这些15、16岁左右少年留学生最薄弱的一个生存环节。作为独生子女，他们在唯读书至上的大旗下，被长辈们团团宠着、被父母辈们高度关注下，人情世故，这门生存的必修课，在学校教科书甚少涉及，在家中来不及传授训练之下，孩子出国，提前"断奶"，可以想象这些充满稚气的低龄留学生在加拿大的挣扎、矛盾和投诉。

不少家长规划孩子出国留学只会盯着英语培训，关心学校排名，中国留学生多寡等，却忽略了对孩子在异国他乡的生活常识传授、与人相处的言传身教和"寄人篱下"的生存训练。

因为与人相处、人情世故、生存常识、生活智慧那是孩子们日积月累的功课，

我们的父母们习惯代替包办，所以，在选择寄宿家庭方面，你绝少看见孩子的参与。

## 二、隔山买牛：家长如何选择寄宿家庭？

我得整理一下，我们的家长在我们公众号上留言，要求我们按以下条件替孩子找寄宿家庭的（我们不是寄宿家庭服务中介，但仍然有人问我们一些具体的服务）：

1. 讲纯正英语的纯白人、西人。

2. 会做中国菜式。

3. 家里有同龄孩子。

4. 有爱心、负责任，最好是基督徒。

5. 有接待过留学生经验，尤其中国留学生。

6. 对中国人友好，到中国旅行过。

7. 可以辅导孩子功课。

8. 步行到学校。

9. 独立洗手间。

10. 无限量高速上网。

11. 健全家庭不要单亲家庭。

……

当然，我们总是这样告诉家长们，如同选择公立学校一样，你可以申请三所学校，但最后拍板在教育局。意思就是你有选择权但没有决定权。同样，忠言逆耳：你其实没有条件选择寄宿家庭！只能碰运气！我们帮过一些朋友探路，在孩子未入住之前走访他们提供的寄宿家庭，通常有口啤的寄宿家庭总是抢手货，好家庭资源紧缺。而且孩子未入住之前，寄宿家庭总是很热情和客气的。加拿大人相对还是友善和简单的。

## 三、选择寄宿家庭最基本的六项条件

根据我们帮过一些家长们探访多伦多寄宿家庭的经验，我们认为，为未成年的少年留学生选择寄宿家庭最基本的条件：

1. 位置，距学校和公共交通的距离，乘车距离。

2. 空间，寄宿家庭住宅面积，公共活动面积。

3. 设施，客厅、餐厅、厨房、卫生间设施足够，可供寄宿房间的大小，室内是否有宠物或存在有毒物质。

4. 背景，屋主族裔及职业背景。

5. 成员，家庭状况甚至兴趣爱好，饮食习惯。

6. 经验，有无接待国际留学生的经历，与社区学校关系。

7. 要求，他们对学生规定或要求，例如作息时间、进入规定。

## 四、为什么与寄宿家庭总有矛盾与冲突？

每个寄宿家庭背景不同，每一个入住学生情况不同，所以，太多的不同放在同一个空间里，矛盾和冲突避免不了。而且如同每一个人有不同的故事一样，留学生里寄宿家庭的故事的版本也不一样。

很奇怪，如果你网上搜索"寄宿家庭故事"，你读到的多半是坏消息。投诉的、讲坏话的居多。寄宿家庭大都是收费的，无论是纯粹出租房间还是吃住全包，收费服务难免会有投诉，这是正常的。俗话说，好事不出门，坏事传千里。坏消息比好消息传播力更大。我这样说是要安慰中国的父母们。否则，加拿大的陪读父母队伍更加扩大。

如同选择学校一样，我们尽量为儿女选择大多数人认为好的学校，但是否适合你的孩子还是要孩子入读后才知道。适合才能算是好的。选择寄宿家庭道理也一样。孩子和寄宿家庭和睦才是最理想的,这里有寄宿家庭责任,提供足够的食物、安全居住条件和有利于学习的环境,同时孩子也要适时做好调整,提出你的要求、意见,做好你的本分,实在不行,跟你的监护人商量,更换新的寄宿家庭。一句话,让孩子也参与选择,待他们入住后学习协商、调整,尽快适应。

前不久,多伦多华人主流媒体,《都市报》关于多伦多寄宿家庭曾经采访过哥伦比亚国际学院国际部负责人谢燕萍。谢女士表示,10 多年前到达加拿大的留学生尤其是华裔留学生还不多,加拿大许多住宿家庭主要以西人为主,他们乐意为这些新人提供协助,给予他们生活上的帮助和照顾,将留学生视作一家人,留学生在日常生活中语言能力得到很快提高,并逐步适应加拿大文化,而寄宿家庭本身也有机会接触东方文化,寄宿家庭与寄宿留学生间产生一种亲如家人的感觉,可谓两相宜。

谢燕萍也表示,时下的寄宿家庭,可能限于经济状况,不少均是以盈利为主要目标,忽视与寄宿学生的沟通,饮食、生活习惯,文化语言的差异,导致许多不愉快发生。另一方面随着中国社会发展,现时的留学生群体与十多年前也有明显不同,新一代留学生有待提高吃苦耐劳以及适应能力,以学业为重及谦虚谨慎的人格也应得到提高。

我十分认同谢女士的看法,时间不同了,留学生年龄、结构、层次、家庭背景已经发生翻天覆地的变化,有些人,有钱就会任性。另一方面,加拿大乐意承接留学生的寄宿家庭阶层也在演变中,其中最明显的是功利性更强。

2015 年,我替一位贵州朋友去探望他们孩子打算入住的寄宿家庭。这家主人羡慕中国家长那么早把孩子送出来留学。这位 4 个孩子的父亲感慨地说:"以前我们做寄宿家庭,都是大学生,甚至有些是研究生,现在我们忽然发现,研究生基本上自己会找,不用在寄宿家庭里面,跟几个同学一起,大学生也是这样,反而多了需要别人照顾的寄宿家庭的孩子。这些孩子出来,他们很多的自理能力都不行,我们有点担心,不过,不管怎么样,我真的看得出来,这些孩子来这边读书真的是幸福的。"

我说："你说他们幸福是因为他们年龄小，所以相比你的孩子，你不会把他们送出来到中国去读书或者到国外读书。"

"那真的是绝对不会的，在加拿大有多少中学生会到国外读书，可能会有一小部分，读私校的孩子会去国外做交换生，但是一般读公校的学生是没有的。但是我说这个幸福的原因不是说他们来到加拿大，他们来的时候都是拿最新潮的、新款的苹果手机，你看我们的孩子都是拿破旧的。第二，你看他们来到这边，都有银行卡，在我们这边，16 岁以上的孩子才开始有银行卡，实际上里面的零用钱是少得可怜的。除了这些之外，你看他们多幸福，什么都是新的，新的电话，新的电脑，有些还有新的包包，LV 的包包、coach 的包包。我们的孩子相比他们来说，真的不如他们，他们连多伦多没去过几次，更不敢奢想游学、留学。中国孩子太幸福了，在物质上来说，我觉得中国真的比加拿大还要厉害，加拿大的孩子真的是很穷的。"

"你表面看他们很幸福，其实你有没有看到他们很不幸福。"

"那肯定的，不幸福就是因为他们跟父母分开了。"

"其实除了这些之外，"我说，"他们还有一些不幸福的。"

"那是什么呢？"

我说："说来话长了。所谓的不幸福，最简单一点，寄人篱下这个道理你明白吗？"

"我有点明白，但是也有点不明白。你看，我们给他煮了东西，他吃就行了，他还有什么不幸福的？"

"这点咱们在中国也可以，因为他们都有保姆，能够出国的这些家庭都是环境比较好的。但还有一点，他在他家里面，他上网没有时间限制，在这里可能有限制。"

"但是网速更加快呀。"

"在中国，洗澡没有时间的限制，他喜欢洗多久，就洗多久，他父母不管他，你看这里，每次洗澡一般限制孩子多长时间？"

"我限制他们，一定不能超过 10 分钟，最多 15 分钟。"

"第三，你说他们幸福吗？他们吃的东西不是他们想吃的，他能幸福吗？"

"那是的，饮食习惯要入乡随俗。"

"他们小小年纪背井离乡，表面上他们叫你们爸爸、妈妈，其实你想想，他们会乐意这样叫吗？他只是把它作为老师或者英语老师教他们这样叫的，其实不可能跟你做朋友的，怎么说呢？还是陌生人，虽然在同一个屋檐里面，但是他们觉得你还是外人。你想想，从这点上来说，他们要是待在家里面，跟父母在一起，他们多幸福？"

"是啊，为什么他们还跑出来呢？享受这种不幸福呢？"

我说："你有机会问孩子呀？"

……

## 五、四个故事：孩子如何跟寄宿家庭相处

故事一：Allan 入住一对英国移民家，男主人是退休教授，女主人网上教书，俩老人没有孩子，希望家里有个伴。不少人羡慕 Allan 好运气。但 Allan 却是哑巴吃黄连有苦说不出。Allan 英语很差，从 ESLA 级别开始，他一点儿都听不懂两位老人家所说的。最要他命的是他吃不惯老人家做的饭菜。用他的话来说，寄宿家庭好似喂兔子一样，天天煮红萝卜蔬菜。他们后花园有个菜园子，老人家把菜摘下来直接放在餐桌上，说是最健康的无机绿色食品。吃惯川味的 Allan 用"老干妈"拌着吃，中午则在学校附近中国杂碎馆吃外卖。

我的 Tips：

1. 与其叫你的寄宿家庭学做中国菜，不如你留意他们所做的菜式中有什么是你喜欢的，你记下来，然后告诉他们，让他们多做你喜欢吃的。做他们拿手东西总比学做新的东西容易；

2. 你仍然保留"我的中国心"，但在"我的中国胃"里也慢慢加上新营养，

想要英语讲得贼溜溜的，你起码肚里有些加拿大当地面包牛油蔬菜诸元素。

故事二：Cindy 是北京的女孩子，她的这个寄宿家庭是意大利人，能做很多中国人喜欢吃的东西。她一来这个寄宿家庭，他们就跟孩子说你不能碰厨房内任何设施（如灶头、微波炉等），过了一段时间又说，你不要要求我会做 A、做 B、做 C，因为我们不是你们国家的人，但是我在做我喜欢吃的东西时，你要记住哪些你是喜欢的，我下次给你做。慢慢地，我再问你喜欢吃什么东西，我尽量去做我认为你喜欢的东西。不过，你要明白，你喜欢的东西，我做的东西不一定是很地道的，但是我会把你喜欢的东西记下来，这样就形成了为你说不上量身定做，但是起码是你喜欢的一个菜单。因为用这种方法，他们相处得还算比较满意。他们一起去购物的时候，这个女孩子告诉他们，比如她喜欢吃一些简单的洋葱炒蛋，寄宿家庭做不出她想吃的味道，她自己尝试在寄宿家庭里面做出来，然后告诉他，他在旁边看着她怎么炒这个菜，寄宿家庭也放心，从此，她也有机会做出自己想吃的东西。

我的看法：

1. 许多寄宿家庭不允许孩子进厨房开火做吃的，因为孩子小，不安全，出了事故他们负责不了。如果讲好学生不能碰厨房内任何设施（如灶头、微波炉等）你要在主人指导下有限度使用厨房设施，千万不要乱来。

2. 跟寄宿家庭交朋友你要让他觉得你有价值，除了每月交费用外，你还会教他们一些中国菜式，省得他们花钱去光顾中国杂碎馆，说不定他们还可以在自己朋友圈子里炫耀一番呢。

故事三：小王的寄宿家庭对她的要求可以列成一张清单：没有特殊事情，不能上到主人的二楼生活休息区；不能在他们家招待同学；不回家或迟回家，必须打电话告知。他们家有个与小王一样年龄的孩子，可是他们交流不多，各自基本是待在他们自己的房间内的。小王告诉家里，她的交往除了在加拿大的同学外，估计仍旧是国内的同学朋友了。

故事四：有一天我和太太去探望附近的三个学生，他们向我们投诉最近老吃不饱。之前我们见个屋主，是个年轻人，他那天恰好不在。太太叫他们事先做好晚饭拿出来。三个少年人吃这些也少得可怜。我们把三个孩子拉回家里，让他们美美地吃了一顿。然后教他们，你们要好好地跟屋主讲，你们吃不饱，要加大分量。几天后问他们，才知道他们和屋主有沟通的误会。屋主旅游了，叫母亲代劳。老人家按本地孩子分量做了，屋主叫三个孩子实在不饱可以翻冰箱里的东西，用微波炉加热可以吃。当然，我也听过有些寄宿家庭，例如，冰箱里的东西不可以动，煮了什么就吃什么，更加离谱的是在牛奶瓶里划一条线，规定留学生只能喝到线以上，线以下留给他家孩子喝的。

我的建议：

1. 吃不饱一定要提出，不敢自己提出就向学校老师、监护人，甚至自己父母。少年正是发育长身体关键期，学习可以放慢点，身体健康最重要；

2. 不妨每天都把正餐拍照发给父母或监护人，让他们有所了解，对于那些心怀不轨的屋主也有威慑作用吧。

总的来说，关于寄宿家庭除了住的条件要安全之外，吃的要可口，这对于很多中国的小留学生来说是一个很大的挑战，毕竟在中国，假如他们住校，他们没有任何选择，但是不管怎么样，起码口味上对得上。在一个新的国家，在一个新的文化里面，假如他要住在当地人的家庭里面，口味对他是很大的挑战。不过可以这么说，你真的想要别人做你喜欢的东西，其实你是在给别人添麻烦。你可以想象得到，一个对另外一种文化不是很熟悉的人要做出另外一种食品，这是多么大的挑战，即使做出来，可能也都不是你满意的，与其那样逼他，制作麻烦，他做出来的不是最好的，倒不如让他做自己最好的东西，等他们做出来之后，你告诉他，你喜欢什么，他们记下来，一个星期有七天，起码有一半时间他做他拿手的东西，你又觉得是好的，喜欢的，起码你不会那么难受。

我有时候会跟那些孩子说，在你们家里面，你父母做的东西，你未必很喜欢，但是你每天也吃了，只不过你不会太多挑剔，而且你挑剔，也没有选择。来到寄宿家庭，你也要有这样一个概念，他不可能每顿饭都像餐馆那样，或者量身定做的私人厨房、私房菜，你在外面吃东西，还可以点菜，在寄宿家庭里吃饭，你当作在你家里吃饭一样，你父母所做的，尽量去迁就，但是你迁就不了，你也要正常吃，正因为我们有时吃一顿不好的，当我们吃到可口的食物，我们才会享受到美食，这个时候对寄宿家庭加以表扬，我相信他们更加卖劲做可口、好吃的东西。

出于对未成年人的负责，有经验的寄宿家庭会制定一些"家规"，例如，作息时间，加拿大人习惯早睡早起；个人隐私，客人未经允许不能出入主人房间，或者动用某些私人物品、食品；帮做家务，剪草、倒垃圾、洗碗碟之类；清洁个人卫生，洗衣干衣、收拾房间；等等。这些"家规"有些写成文字贴出来，有些是口头讲的。入乡随俗，家长把这个道理灌输给孩子；约定俗成，孩子们要清楚游戏规则不同在中国了。

## 六、因为学生不守约，我被迫领受"逐客令"

今年中，我帮一个学生转校，在中学的学生指导中心取得一个寄宿家庭地址。我和读 10 年级的 Wesley 顺路探访这个未来 3 年住处。我们俩对这个新地方还算满意，Wesley 还选定一个大房间。我和女主人协商 6 月中旬放假前我带孩子过来办手续。

期末考试完了，我联系女主人，她却告诉我大房间已经有人给了定金，我们只有小房间。Wesley 不高兴，我反过来劝说，可能我们没有说清楚，她怕房子租不出去吧！我开车接 Wesley，并吩咐他记得带上 1600 元（一个月房租和一个月押金）。到了那，Wesley 看小房比大房间更安静，心情转好。但他告诉我，他忘记带钱了，马上去取银行已经关门只能在自动柜员机取钱。这里的自动柜员机一天只能取 400 元。我只好将实情告诉女主人。谁知她马上转了脸色，说，你们没有诚意要搬过来的，一点钱都没有带来，不守诺言，她不租了。我还解释一下，她连我也骂，孩子不懂事，你这个大人为什么也这样不守信。她下驱客令，我们被赶出大门。我把孩子送回住处，将车开到附近银行，我觉得自己有错，打算我替他垫上钱，打电话给女主人，她一口回绝！

事后，Wesley 逢人就说，幸好我没有搬入，他说，这个寄宿家庭女主人脾气那么差，我只是做错了小事她叫我们立即离开，如果我真的住进来，难免有什么差错，她说不准叫我滚蛋，我不成了流浪汉！

哎，孩子毕竟孩子，我心里暗暗想，你做错在先，不守承诺，连累我也被人赶出大门！

### 延伸阅读
### 寄宿家庭的家长教孩子如何收拾房间？

我去拜访 Aden 的寄宿家庭 Eve，Eve 说，"你来得正好，你去看看他的房间。我觉得惨不忍睹，但是因为这是我的家，所以我必须要他收拾干净，如果不是我的家，它怎么乱，就像垃圾站那样，都与我无关。"

我进到 Aden 的房间，说老实话是没办法进去的，一推开门，床上是臭袜子，地毯上是一堆吃完东西的垃圾。最让 Eve 感到心痛的是，"你看，他竟然把球鞋、脏脏的鞋不放在门口，而是靠墙壁放着，我的墙还是刚刚粉刷过的，弄得脏兮兮的。再看看他的厕所，它都已经堵过几次了，有一次它堵住了，我要叫外面的师傅来帮他清理，以至于他自己都要罚款赔偿差不多 1000 加币。因为堵住了。"

Eve 说："今天，我当着你的面教他怎么收拾房间。"于是，在 Eve 的督促下，Aden 乖乖地把地上的书放到书架里，桌子上的垃圾放到垃圾筒，洗完的衣服叠好，忙了好一会儿，房间秩序有点样子，Eve 给了他一个吸尘器，叫他把地毯重新吸过，虽然他昨天才吸过尘。Eve 说，"怎么看得出你是不是吸尘干净的，我一看地毯吸纹路就知道的。还有鞋子放在鞋柜、被子放得整整齐齐，人也舒服。"Eve 用英文跟 Aden 说，"我怎么觉得我好像你妈那样的啰嗦你"Aden 傻笑。

我对 Eve 说，"你算是好人了，你教他，他听你的，很多孩子你教他，他就是不做。"

"为什么他们不做呢？"

"在家里面他们不需要做。"

"怪不得，我叫他做的时候，他开始很委屈，他说在家里面，他从来都不用收拾这些，他只需要负责学习，其他的事情都是他的保姆，要是保姆不在，他的父母去做，他说他身边的同学都是这样的，没有一个人来收拾东西的。"

我说："是啊。"

"照你这样说，我要表扬他，因为他愿意听我讲，去收拾自己的房子。"

"是的，所以你不要给他太多压力，一步一步来，不过有一点，他愿意听你的，说明他可以去教育。"

趁孩子下去倒垃圾的时候，我对 Eve 说，"你要忍受，他有可能几天之后又乱七八糟的，你可能要规定他一个星期要来检查，怎样去做。"

他说："Frank，你的孩子是怎么做的？"

"我的孩子也做得不好，不过我的孩子知道，因为他们都是在学校里面住校，学校里面有方法怎样管理这些孩子。其中有一条就是用零用钱的方法，老师每天都要来检查他们是否做好了清洁，搞好了卫生，否则他一个星期就没有零用钱。没有零用钱，他们就没有办法上街去买东西。学校用这种方法来逼他们管理好自己住的宿舍卫生、清洁。"

"噢，"Eve 等孩子倒完垃圾回来，从柜里面拿了一个冰棍，奖励这个孩子说，"你做得很好，叔叔说，你比其他的同学都要努力，我希望你能够一个星期保持做一次，我们看看要是你可以这样做，我们就一起去外面吃东西，我带你去吃中国菜，因为我知道你喜欢吃中国菜，而我做不出中国菜。好吗？"Aden 点点头。

寄宿家庭有这样的心思去教孩子怎么收拾房间，这当中也看得出他的那份爱在里面。说老实话，中国很多的留学生来到加拿大，怎么样收拾房间，怎么样调理，这都是必修的课程。

后来我有机会跟一个朋友分享这个故事的时候，他说："哎呀，你不要说这些中学生，就算大学生也是这样的。"。

　　我有一个朋友来到这里读大学，我去接飞机，刚好看见那孩子就在那里打电话，他妈妈从中国打来的，他把电话递给我。你听，我妈要找你，那边我的朋友说，拜托了，麻烦你帮他看看怎样打开那个箱子。打开箱子？什么意思？不是他收拾的行李吗？对方那头连声说对不起，是我帮他去收拾行李，孩子他连箱子怎么打开都不懂。妈妈在收拾行李的时候，他在跟同学聊天。电话里那位朋友说："我已经把孩子交给你了，麻烦你帮他吧。"听完这句，我觉得沉甸甸的。后面接着发生的事更令人惊讶，我帮他把行李搬回家，开了行李箱，对孩子说先把衣服挂起来。他说："叔叔你可不可以帮我把衣服挂起来，我不会，之前在国内读大学，我妈差不多每个星期的周末都到学校帮忙清理房间、衣服，我不清理。"我一听差点气炸了，撇下他就走。可是没办法，他初来乍到，我只是后悔答应了他的父母。这样的孩子送出来不知是祸还是福。但我却给害惨了。

第十五章

# 如何与留学的孩子保持良好的沟通关系？

如何与留学的孩子保持良好的沟通关系，是众多家长们所关心的话题。

## 一、当年，我是这样做留守家长的

如何远程"陪读"，对于许多父母而言，与留学国外的孩子沟通是一项全新的挑战，因为他们面临五大难题：不了解当地的教育制度；不了解当地的社会；不了解当地的学校；难以预测孩子在全新环境中的改变；未能及时疏导、分担孩子在学习、生活上的压力。

我的建议：

择校，学生、家长齐参与；

准备，重点规划长久发展；

离家，定时视频有效沟通。

我的原则：

不要让留学的孩子"孤军奋战"。

我的做法：

保持交流畅通。

1. 刚开始时，每天一个电话或一次视频；

2. 每周视频通话 30 分钟；

3. 孩子习惯留学生活后，保持一个月视频不少于一次。

俗话说："每逢佳节倍思亲。"第一年的圣诞节，我们让孩子回到了中国，虽然只有两周多的时间，但我们明白当加拿大人兴高采烈地庆祝他们的"春节"时，我们的孩子会是多么需要家人的温暖啊！中国农历春节，学校是不放假的，孩子无法回来，我们就鼓励她们上网收看国内的春晚。当然，孩子们在国外也有自己的春节节目。大年初一向我们拜完年后，她们会约一些华人同学到唐人街聚餐，庆贺一番。多伦多大学的中国同学会每年还会搞一场校园"春晚"。

父母"陪读"，大有学问：

1. 每次视频，定好时间，尽量不要有太多变动；

2. 家长以倾听为主，充当孩子忠实的听众，引导孩子多说；

3. 在孩子需要我们提供意见或者看法时，我们才发表看法，切勿用教训的口吻；

4. 即使孩子讲的与你的意见有不同也不要着急，先让孩子讲清楚，或者待下次再讲你的意见，切勿中途打断孩子，甚至批评，否则慢慢地孩子就不会主动讲自己的看法了；

5. 父母也分享自己的事情，但注意孩子的耐心是有限度的，要拣孩子感兴趣的说；

6. 寻找新课题，不要老问学习、学业成绩，多问有什么问题，有什么新闻、趣闻。

家长们还要有以下意识：

1. 留学不是要孩子变成外国人，而是让孩子学会独立做人。

2. 留学的过程如同一个催熟的过程，你的孩子会渐渐长大成熟的。

3. 我们不能像老母鸡那样总是把孩子护在翅膀下，那有可能会将孩子"捂死"。

4. 放手要看孩子的成熟程度。老鹰把小鹰推出巢穴，也是很讲究时机的：太早，小鹰的翅膀未长全，硬推出去会摔死；太晚，小鹰的翅膀僵硬了，很难再学会飞翔。

在国内的精英教育意识下，父母们把更多的教育孩子的机会让给了学校、老师，但是在孩子留学国外的情况下，父母要转换意识，更多地掌握教育的主动权，让孩子能健康、快乐地成长。

留学，是一次绝好的亲子机会。

## 二、"三多三少"：我们和留学的儿子是这样沟通的

小崔的儿子从新疆来加拿大念高中 10 年级。前不久，小崔的先生带着孩子专程从卑斯省飞到多伦多，我们一起研究孩子如何选读大学的事。他爷俩不仅给我带了不少新疆特产，还有小崔精心制作的十字绣。今天这篇文章是小崔夫妇俩与低龄留学儿子交流的体会。三口之家，沟通的秘诀在于"三多三少"，读后，感到如同穿上一件暖融融的内衣。

2013 年 9 月，16 岁的儿子独自一人到加拿大上高中 10 年级，半大不小的孩子出国前信心满满，但面对全新的生活，也经历过很多困难。不夸张地说，他在国内 16 年让我们操的心，还没有出国这一年半多。"最好的教育，就是和孩子一起吃好多好多顿饭。" 相隔一万英里的太平洋，这已成为奢望，好在我们还可以"和孩子一起说好多好多句话"。

感谢"微信"让一家人天涯若比邻。儿子出国后，我们建个微信群，取名"三枪内衣"。"三枪"代表一家三口，"内衣"代表贴心的温暖。语音、文字、视频，可以全天候任性地发……但是，说什么，怎么说，可不是任性的事！我的体会是要注意"三多三少"。

### 1. 多认可，少教导

孩子出国留学前，我们对加拿大的教育知之甚少，出国后沿用国内思维去教育，有过许多失误，时常感到力不从心。孩子刚去时，总问他能否听懂课？成绩怎么样？三个月后孩子抱怨"这里的教育没有国内好，考试超多，压力太大"，当时我们困惑中还带着许多的无奈。

非常有幸在网上认识亲子教育专家朱凡老师，他的孩子也在加拿大读书，经验丰富。朱凡老师告诉我们，孩子出国有适应期，这段时间多关注心理变化和生活安排，不要指责"当初是你要出来的""父母多不容易"，换个角度发现孩子思维的闪光点，对孩子讲"你好厉害，这么短的时间就发现两国教育的差别"，

让他报喜，更要报忧，释放负面情绪，坚持一段时间就好了。

这招非常管用，以后我在和孩子沟通中，时刻提醒自己，要和孩子"共情"。今年，科学课有个"竞选演讲"作业，他是小组长，合作中有些孩子不认真准备，吊儿郎当，儿子很生气。以前我会说些"大度些、宽容些"这类正确的废话，现在，我学聪明了，先同意他的观点，顺着他的情绪，夸奖他有责任感和荣誉感，再看似不经意地告诉孩子：人只有在合作共事中才能真正相互了解，已经合作就尽力组织好。这次竞选模拟课效果很好，儿子领衔的"自由党"获得最高票，他非常开心。

**2. 多点赞，少指责**

在加拿大上高中，理科非常轻松，但英语绝对是很大挑战。孩子跌跌撞撞走过第一学期，情绪稳定下来，英语成绩开始回升。9 年级英语刚考及格，10 年级英语 70 分。上 11 年级英语课时，孩子遇到一个非常好的老师，课讲得激情澎湃，就是作业相当多，是其他老师的三、四倍，儿子直呼"受不了，都害怕去学校了"，"给的分也不高，会影响申请大学"。我们一直鼓励他，让他坚持不放弃，有什么成绩申请什么大学，和老师多交流。一段时间后，儿子发来信息"平时成绩已经 84.6 分，老师说我再继续努力，就可以达到 86 分"。我当时泪流满面，留言到"妈妈为你骄傲，骄傲的不是成绩，而是你的付出和坚持"。英语 11 年级最终成绩 82 分，他很遗憾没得到 A，我们安慰他"没关系，这世界是考 B 的人创造的"。

持续的鼓励带给孩子很多信心，不断调整自己的目标，这学期选了很多"硬课"，虽然也常喊"难死了，累死了"，但可以感到，他一直在努力，反倒是我们常劝他不要太辛苦。

**3. 多讨论，少定调**

我们和孩子聊天的话题，除了尼采、梵高这类 hold 不住的大神，其他的——时事新闻、娱乐八卦、家长里短，生老病死……都有谈到，在谈话中了解他的思想。比如，他谈到上课时的测试题"你是左翼还是右翼？"我们感到孩子观点有偏激的地方，但只是说出理由，并不强行纠正他。他这么小的孩子，你让他非得有多客观全面的认识呢？我们都做不到，何必为难孩子，有时生活会给他最好的答案。其实，孩子在谈话中也给予我们很多的包容、快乐和力量。一次，我给儿子讲工作中遇到的麻烦，他立马说："妈，你再忍几年，等我工作了，立马让你辞职。"儿子何尝不是也在跟我"共情"呢？有这么硬气的话，想想也是醉了。

最近，我们有了新的沟通方式——晨聊。每天早上，我给儿子发视频叫早（他自己也定了表铃），到他起床大概有 20 多分钟的时间，我就利用这段时间和他聊天，话题不选严肃、沉重的，只选幽默、有趣的，让孩子在开心愉快中开始一天的生活。晨聊，是无意中形成的习惯，效果很好。

父母子女一场，是上天赐予的恩情。我把"三枪内衣"的话全部手写记录下来，正在准备"高中纪念册"，分类收集材料，等孩子毕业后送给他。和孩子说好多好多话，并且保留下来，只是珍惜这份恩情。希望渐行渐远的是他的背影，而不是我们的心灵。

## 三、我要对孩子说：适合你的，才是幸福

我的孩子是 2014 年 9 月，由北京一所重点中学，去加拿大一所公立学校读 11 年级。在国内是阳光、快乐、自信的"女汉子"。可是到加拿大半年的时间，由于寄宿家庭的种种原因，变得忧郁、封闭、少言寡语。我们看在眼里，急在心上。一个偶然的机会，我读了《中学就去加拿大》一书，结识了亲子教育专家朱凡博士。我便把孩子在加拿大的情况和他讲了，朱博士一边安慰我们，一边和孩子取得联系。在多伦多雪最大的那几天，去学校看望孩子，安慰她、开导她，并和孩子一起做学习规划。同时，还帮助我们家长分析孩子现在所处的环境，以及给出解决问题的几种方法。之后，应我们家长的要求，又在春节期间，帮我们联系新学校、新寄宿家庭，然后领着孩子去新学校报到。孩子到新学校报道后，第一件事就是穿上新校服，拍张照片发给我们，照片里孩子笑得特别开心。

亲爱的宝贝，妈妈知道，你在加拿大留学这半年，吃了很多的苦，受了很多

的委屈，有很多的不开心。但妈妈还是想让你明白："一个人，先得受伤，才能明事。先得跌倒，才能开始成长。没有烦恼的人生，只是一个童话。"这样的一个人生道理。

宝贝，你要知道，心情好，什么都好，心情不好，一切都乱了。我们常常不是输给别人，而是坏心情贬低了我们的形象，降低了我们的能力，扰乱了我们的思维，从而输给了自己。控制好心情，生活处处祥和。好心态塑造你的好心情，好心情塑造最出色的你。孩子，你要记住，摔倒了，不要哭，不要怕，爬起来，站直一笑，拍拍灰尘，继续奔跑。就算摔了再大的跟头，明天还会是很美好的。宝贝，你要想想，是不是有很多的时候，总是希望得到别人的好。一开始，还感激不尽，可是久了，便习惯了。习惯了一个人对你的好，便认为这是理所应当的了。当有一天，别人对你不那么好了，你便觉得怨恨，其实，不是别人不好，而是你的要求变多了，习惯了得到，便忘记了感恩。

宝贝，你要记住，生活中不要把自己抬得过高，抬得过高，别人未必会仰视你，也别把自己摆得过低，摆得过低，别人未必就会尊重你。没有人是完美的，你无需遮掩自己的缺失。做人就要能抬头，更要能低头。一仰一俯之间，不仅是一个姿势，更是一种态度、一种品格。与其你总是埋怨别人，还不如改变自己，管好自己，做好自己的事情，比什么都强。人生无完美，曲折亦风景。不要经常羡慕别人，自己做到了，相信属于你的风景就在下一拐角处。

此时的北京夜已经很深了，妈妈遥祝，在远方怀揣梦想、努力学习的你，一切安好。永怀一颗感恩的心！

## 四、"隔洋"沟通，不"失联"

儿行千里慈母牵挂，过去现在将来都会是这样的，这是人之常情。但做父母的都明白，从孩子离开家门去加拿大读高中的那天开始，真正意义上"断奶"刚刚开始，孩子需要各种成长"添加剂"，写信、视频、电话，留守父母与留学生的有效沟通尤其重要。以下是摘录各地家长、留学孩子发给我的部分邮件。

关于孩子生日，这位云南家长是这样写的：

时光回到一年前，你的生日是一个普通的上学的周二，妈妈手机里还有你穿着云附的校服、和妈妈奶奶在文华苑吃各种蛋糕、泡脚照，吃完你爸给你下的长寿面后，你无怨无悔地扛着小眼镜坐在台灯下面开始各种作业考卷大战！对妈妈当天你严厉拒绝无奈妥协的追踪拍摄，手机里才得以留下了你的生日系列照，那时候我们都还没有预想到一年后我们会跑到地球的另一边去！否则那天蛋糕好歹也再买大个两三号吧，有点后悔，今天，你开始了人生第一个与家人分离的生日，第一次没有给你准备生日蛋糕和小礼物了，也许"留学"，就是送你的最重大的一个"成长礼"。

关于春节，留学的孩子是这样写的：

### 1. 来自广州的孩子：在加拿大第一个春节

生活还是按照平日的样子过着。日复一日地上课，考试，大堆的 Assignment 和 Presentation 压得脑子都快炸了。打开微信才发现，原来朋友圈早已经布满了中国同学们的新年祝福与对明年的期望。

不知不觉新年的钟声再次敲响，我来加拿大也快一年了。

春节这一天，几乎全部中国学生都没来上课！没有了他们的教室，感觉有点空荡荡的。问问发生了什么事，原来他们都和家人过节呢！原本每年春节的时候总是会有父母在身边的，从年初一开始走亲戚串门，小孩子围在一起放烟花拿红包，不知有多热闹。现在看看孤零零的自己，心里很不是滋味。

"家里人不在身边的同学今晚都出来一起吃个团年饭吧！"一个同学在朋友圈里发了这样一句话。是呀，原来孤零零的并不是一个人，心里倒是有些安慰。

晚上，我们一行十几人来到了学校附近的一家中国餐馆。说是团年饭吧，可能因为还小，其实大家都对团年饭没有什么明确的概念，也并没有什么特别的要求。但怎么说也是一个传统的中国节日吧，只要大家能有伴说说中国话就好。背井离乡，每逢一到中国的节日就会特别地怀念远方的家人，自己身上中国人的烙印也会无名地自动加深。一帮人平时因为都有各自的忙难得聚在一起，想到现在，一种莫名的喜悦开始从我们的心底慢慢涌上来。

回到家后，寄宿家庭的白人老太太给了我们一个惊喜。"'恭喜发财'！"刚进门，老太太就用她不太标准的广东话给我们拜了个年。"我今天去华人超市给你们买礼物了！我对中国习俗不太懂，看着其他中国人买什么我也就跟着他们买。这是你们的'红信封'，明天早餐我给你们做饺子哟！"老太太是在加拿大一个土生土长的白人，对中国文化很感兴趣，对待我们像自己孩子一样好。想不到回家之后还能收到礼物，给我们的是广东人过年时候吃的糖冬瓜和糖莲藕，看着一样样自己家乡的东西，一样样熟悉得不能再熟悉的东西，鼻子酸酸的。

很多人也许会羡慕留学生能在外国读书，想着外国的生活会有多好，会有多轻松。其实不然，我们能有这么好的机会，都是父母给予我们的。为了好好珍惜他们的心血，我们要比别人更努力，要做得比别人更多。小留学生们的独立能力也并不比大人们差，因为从小就离开家里，在同龄人还在父母温暖的怀抱里时，我们已经学会怎么去克服面前的困难，跌倒了学会忍住眼泪自己爬起来。路途也许很苦，但是我们学会了努力，学会了坚强。

在加拿大的第一个新年，离开了父母，离开了熟悉的环境；没有红包，没有亲人温暖的祝福。我还有我的朋友们，是他们陪我度过了在异国的春节，他们就是我在加拿大的亲人，有爱就有家。

**2. 来自北京，11 年级学生：异乡的新年**

从过年之前就开始筹备这篇文章，但是不间断的 Quiz、Presentation 和 Test 让我一次又一次的提笔，再放下。现在再想下笔的时候已经过了年，倒也是和当初筹备的时候有着截然不同的心情，有感而发，写下这篇随想。

朋友圈这几天满满都是晒年夜饭、晒红包、晒全家福的同学，随便翻了翻，竟然有些伤感，以前理所当然的东西，现在在异国他乡却是求之不得了。这是我在加拿大的第一个新年，辛酸与感动并行，怕会是终生难忘吧。

除夕晚上是团聚的日子，往年在家乡是和家人一起度过的，一起坐在电视机前，一起评论春晚每个节目的好坏，还会期待着今年能拿多少压岁钱，能吃到几个包着硬币的饺子。如今，第一个在加拿大的除夕，我轻轻地关上房间的门，仿佛将加拿大的一切关在了门的外面，心里设想着房间里就是我魂牵梦萦的家乡。耳熟能详的"独在异乡为异客，每逢佳节倍思亲。"怕是最能用来形容我在加拿大的第一个新年吧。我有一些小心翼翼地打开春晚的视频，在异国他乡，没有了家人的陪伴，这一场春晚让我又一次的和国内的家人们紧紧地联系在了一起。这是我一个人的新年，自己祝自己新年快乐，自己买给自己新年礼物，自己唠叨自己要在新的一年里更加用功。

初一是走亲串友的日子，还总是能穿上漂亮的新衣服。往年在家乡是和很多有些陌生的亲戚一起度过，对着一张张记忆模糊的脸说着吉祥话儿，看着父母和他们相聊甚欢，我也会和别的小孩子谈天说地。如今，第一个在加拿大的初一，在零下 20 多度的气温中像往常一样，走着相同的路线，穿着相同的衣服去上学。中午和几个讲中文的同学坐在一起吃饭，没有了往日的喧闹，大家都有一些静静的。大家大多在昨天度过了一个人的除夕。不知道谁突然放了难忘今宵这首歌。我的眼泪就在眼睛里滚动，这首歌曲太熟悉了，每年都会听到，在国内还会开开玩笑，说它是春晚"钉子户"，哪成想，今天，在异国他乡听到，竟然有着让人落泪的冲动。我轻轻地哼起来，我身旁的人也和了起来。就这样，我们五六个人，在有着 400 多人的异国食堂里唱起了难忘今宵。原来这个新年并不是我一个人，还有我并肩前行的同伴。原来我并不孤单。"结交在相知，骨肉何必亲"，在异国，我们就是彼此的家人。

我是一个在加拿大读高中的留学生。这是我在加拿大的第一个春节，没有家人，没有假期，没有红包，没有年夜饭，也没有冗长的拜年的吉祥话，有的只是对未来坚定的信念以及陪伴我一起前行的伙伴。

### 3. 来自石家庄的 Allen，10 年级：留学有感

我是 2014 年暑假来到多伦多留学的，到现在已经在这边待了半年了。感觉这边生活的节奏比较慢，没有中国高中那么紧张。平时早上 8：45 上课，下午 3：05 放学，作业和考试也不是很多。放了学写完作业，复习完当天学的知识，还有

可观的时间可以自己支配。我个人很喜欢这样的生活。

到这边遇到的最大问题肯定是语言不通。我记得自己刚来时特别害怕和外国人说话，因为他们说什么我听不懂，我说什么他们也听不懂，很尴尬，但是我的父母就告诉我，不要害怕和外国人交流，只有多听多说才能让自己的口语有进步。在他们的教诲下，我敢于和外国人交流了，而且慢慢地发现他们说的话我能听懂一部分了。就这样一点点的努力，到现在我和外国人对话已经不算困难了。

在加拿大过春节其实也挺好的。我们留学生可以通过 Youtube 看春晚直播，可以去具有中国特色的 Chinatown（中国城）转转，也可以和朋友们一起吃一顿年夜饭。虽然不如国内春节那么热闹，但是有了中国元素，感觉也有几分家的味道。

我还很年轻，要走的路还很长。我想告诉自己，一定要坚持自己的理想，并朝着理想不断努力，最终我一定会成功！

"女唱母和"文章上篇由在加拿大读高中的女儿执笔写，文章下篇是妈妈读后感。

### 上篇：春节——成长洗礼大年初一的空气

一呼一吸，仍和昨日一般雾蒙蒙，电线杆上贴着 "退税，电脑维修" 等若干熟悉却又迷离的中文字，大统华超市的货车缓缓倒入卸货处，身着荧光绿背心的工人点起了烟，烟雾缭绕，沉入晨雾。及笄之年，终究是遂了自己当初的宏愿，背井离乡，意欲创造天地。时常忆起机场送别之时，不哭不闹，不愠不恼，不回头不叹息。女儿在时，一切安好；女儿离后，安好如初。

少了几分过不上春节的感慨无奈，似乎便成了格格不入之辈。何尝不念往年一家团聚吐槽春晚的时光，何尝不念早起着新装，与兄弟姐妹攀比红包，又何尝不念那年夜饭，那爆竹烟花，那来年好好学习的叮嘱。却没有被回忆所吞噬，无法在朋友圈细说思念之苦，很忙，忙着在布告栏上画上腾飞巨龙，贴上大红对联，勾出 Happy CNY；忙着在每个教室的桌子下粘上了红包，再三叮嘱学生会同僚定要广播通知；忙着在放学后急急赶回家，打开 YouTube 看春晚重播。

年味不浓，储在心中。深知未来还有很多个春节是自己过，待我归家之时，许是派送红包之人，听着面前曾熟悉的吉祥话了。有多少学子会因为一个人的春节而放弃求学之路，落寞回城？既然意已决，何来那么多伤感落泪；既然踏出国，就应预料到深夜一灯一月相伴，此时多少一般年龄的孩子，同是第一年在远离熟悉的地方过着熟悉得不过的节日，我们都一样，走在自己选择的路；同在自己的影子中，一出神一恍惚，度过了春节，历经了成长。

**下篇：送女儿出国留学是我送给她的一份"成人礼"**

Jade 佳珣虽然从小品学兼优，在生活自理能力上却是娇弱的，家里有保姆可赖。留学后在寄宿家庭生活，成熟独立了许多，竟然能从宜家买个书柜回来自己组装。

虽然女儿离后看似安好如初，但是妈妈对女儿的牵挂思念关爱丝毫不减！更多的是对女儿的成长感到欣慰！

## 五、西安妈妈：陪读这半年，我的八大收获

室外，狂风怒吼，夹杂着雪粒刷刷地敲打着窗户，今年多伦多的冬天姗姗来迟，仍然让我们这些外乡人领教到多伦多之冬的威力。陪读的生活由夏到冬，不知不觉半年过去了，对陪读妈妈来讲，虽不是惊心动魄，却也如同孩子适应新的校园生活一样，经历了一切从新开始的历程。

中国传统观念里的衣食住行，在陪读的生活中按重要性变成了住食行衣，还要加上通讯一项。

1. 住处离学校最好步行 15 分钟左右

我们租住的地方离学校走路 15 分钟左右的路程，家门口有公交车直通学校。刚来时，天气很好，孩子每天走路来回，是一种很好的运动；现在这个季节，时常狂风雨雪，我们也没有太多的担忧，如果住的地方到学校坐公交车都不方便，冬季孩子上学是一个很大的问题。

### 2. 选择少通话时间多流量的电话套餐

安顿了住处，我们就办理了这边的电话卡，电话卡有很多种计划包，我们选择了网络流量大而通话时长相对少的计划包，事后证明这个选择是对的，因为初来乍到，本地通话量相对少，而大的网络流量保证了我们出门在外时上网查询相关信息。

### 3. 中西合璧，搭配煮食

新家离西人超市很近，超市中蔬菜水果肉类等十分丰富，只是调料与中国餐有所不同。自己在做饭方面不十分擅长，只能保证干净有营养，口味方面不太讲究，孩子却也因此养成不挑食的习惯。我从超市买来各种自己都不太认识的调料，换着花样给他做，孩子很高兴，每天都能吃到不一样的饭，于是我大胆创新，厨艺进步不少。

### 4. 敢于尝试，善用公共交通工具

外出的交通，也是陪读妈妈需要面对的一个重要问题，对我尤其如此，因为我不太会开车，在国内时勉强考了驾照，几乎从来没有独自在路上开过，我学车时的种种经历是朋友聚会时最令人发笑的段子……幸运的是新家离公交车站很近，所以出门坐车不是问题，至于公交路线，我在手机上下载了谷歌地图，不但能搜索到公交线路，而且只要把目的地设置为家的位置，无论怎样都走不丢，有了它，孩子上学后，天气好时，我就可以大胆出门探索新环境了。

### 5. 穿衣戴帽，入乡随俗

关于穿衣，入乡随俗是我最大的感受，这里很多衣服的设计质地与当地气候有很大关系，国内带来的衣服有时候不一定适用，尤其是我们一般夏天来，冬季的衣服还是在这里买更实用。寒冷还没有开始前，这里的朋友建议我买一双防水夹棉的雪地靴，看着鞋子笨重的样子，我心里有点犹豫，但还是听从了朋友的建议，现在，每天出门都离不了它了。

### 6. 寻宝探险，母子齐乐

其实，异乡的生活除了柴米油盐外，还有许多生活细节需要摸索，有时候还得硬着头皮尝试，我们给这些过程起名为寻宝探险。刚来第三天，我和儿子尝试

去坐公交车，上车就傻眼了，司机怎么知道我们在哪站下车啊？因为这里的公交不是每站都停！我和儿子迅速交换眼神，开始了默契的合作，他打开谷歌地图，负责搜索目的地，我默默观察别人下车前的举动，到达目的地后，我俩击掌庆贺，第一次探险成功！

### 7. 求助的意外收益

有一天，突然接到电讯公司的电话通知，我家里的电脑有病毒，如果不查杀，将在 48 小时之内断网，而且电脑维修只提供英文服务！接到电话的瞬间，我大脑轰地一下，感觉自己的每根头发都竖了起来，我的英文水平应付日常生活勉强凑合，电脑用语我一窍不通，而且我几乎是电脑盲，如果断网，我们将和国内的家人失去联系……万般无奈之下，我拨通了电讯公司的维修电话，维修工程师态度热情，知道我不懂电脑后，更是十分耐心，一点点指导我点开电脑网页，帮我测试，无奈，电脑是国内带来的，工程师不懂中文，我又不能准确地翻译，对方只能同情地告诉我，实在无能为力！儿子虽然电脑比我懂得多一点，但也没有遇到过这种情况，电脑自带的查毒软件查不出病毒，一旦联网，就收到警告。于是，我们又开始了新一轮的探索，不断地卸载重装，那段时间我们的话题都是关于电脑，白天孩子上学，我也有了新工作——研究电脑！经过大概两周的努力，我们终于完全重做了系统，目前一切运行良好。想不到异乡的生活，让我们成了半个电脑技术员。

### 8. "小子变老头"

当然，哪里的生活也少不了幽默和笑声。那天在地铁站，一个检票员突然要求儿子出示学生证才能用学生票，以前从未遇到过这种情况，孩子出示证件后，我忍不住问，为什么啊？检票员认真地说："这人看起来比我还老。"望着他一脸的大胡子，我不由地笑了，说："我可不这么认为！"他愣了一下，也哈哈大笑起来，一场小尴尬，以双方的笑声化解。

感悟：陪读，我和孩子都有收获！

异乡陪读，真是一段难得的人生经历，仿佛给了我一个崭新的世界，让我有机会深入了解全新的地方，接触完全不同的文化，每天的生活似乎都要面对各种挑战，也有解决问题后的成就感。此时此刻，我想起出国前一位在海外生活多年的好友送我的美国海军陆战队生存训诫：improvise、adapt、overcome（随机应变、接受适应、克服超越），不由感慨万千，谨借此文向远方好友致以深深的谢意！

### 延 伸 阅 读
## 第一次与女儿"隔岸"过年

作者：广州黄妈妈

"您听锣鼓响一片， 声声送旧岁， 您看大众多欢畅，个个乐绵绵……" 春节快到了，喜气洋洋的商店响着欢乐的贺年歌，我走在熙熙攘攘的繁华闹市，看着笑容满脸的人们和琳琅满目的商品，我却不知买什么才好。糖莲子、糖莲藕、糖冬瓜、油角、煎堆，都是女儿喜欢吃的，但她今年却在外国上课不能回家，我们第一次与女儿"隔岸" 过年了。

记得女儿曾讲过："我是多么的喜欢过年，有新衣服穿、有压岁钱收，好多好吃好玩的，还不用担心作业是否已经完成。"是呀，孩子在家里是独生女，父母都娇惯得很，只要是孩子喜欢的，我们都尽量满足她。女儿最喜欢行花街了，因为有孩子喜爱的玩具及食物。她小时候行花街，通常是左手拿着大风车，右手拿着巨型棒棒糖，骑在爸爸肩上边吃边四处张望，坐累了， 她要下地跑， 蹦跳着在人群中左穿右插，人太多，我怕她丢失，总是小跑跟着她，冷冷的天气也跑出一身汗，但我却累并快乐着。到后来她上初中，就不跟我们行花街了，她会去帮同学卖年货了，有卖围裙的，卖玩具的，一班同龄人嘻嘻哈哈的在花街叫卖，比跟父母在一起开心多了。

过年逗利是，也是女儿最喜欢的节目之一。大年初一的早上，女儿会收到爸爸妈妈的第一封利是，然后穿上新衣服、新鞋，打扮得像一个美丽的童话小公主，背上新包包跟我们到亲戚朋友家拜年。甜美乖巧的她，见到大人总会笑着说：恭喜您发财啦！祝您万事如意啦！所以她的红包特别多，每年她的红包都自己存起来，所以，小小年纪的她便学"理财"了。

今年是第一次女儿不在家过年，家里已贴了春联，买了年橘、鲜花、灯笼，还有贺年糕点。我环顾四周，思绪万千：家，还是那个家；年，还是那个年，但缺了那个叽叽喳喳、蹦蹦跳跳的女儿，这个年，少了一些热闹，却多了一种感觉——思念。孩子出国留学了，就像一只放飞的风筝，渴望飞得更高、更远，而风筝另一头的线，却紧紧缠绕着父母的心，稍一触动，心灵深处总有那么一点忐忑，一种思念，更有一份别样的期待。

今天，我要做的第一件事就是拉上丈夫去快递公司，干什么呢？给孩子寄东西。每逢佳节倍思亲，孩子在国外，我们做家长的十分牵挂，尤其是过年过节，总想寄些东西给孩子。其实，我们寄给孩子的东西都十分普通，比如饼干、果仁、烤鱼片、朱古力等，有时快递公司的人还开玩笑地"批评"我们，说邮费这么贵，寄这些小孩食品不划算，应该让孩子早早独立。但我说："我们给孩子寄去的不仅仅是一点小食品，更是父母无尽的思念呀！"

可怜天下父母心，第一次与女儿"隔岸"过年，就是这种感觉——思念，它无法形容，却令人魂牵梦绕，它无法摆脱，却已深深植入我的心田。

## 第十六章

## 北上广
## 等地的分享：
## 带你走出
## 留学误区

2015年，我也接受了腾讯大奥网、《看世界》和《虎妈牛娃》杂志的专访，分享我在留学教育和陪伴孩子共同成长方面的心得体会。留学是一门教育，但接受教育的首先是我们做父母的家长们。

## 一、北京（新浪网）: 如何规划孩子的留学之路？

"子女教育是一门深奥的学问，如何引导孩子、陪伴孩子一步步地实现留学梦想，是广大家长非常关注的问题。假如父母提早的给孩子做一些规划，而且孩子知道为什么要出国留学的话，相对来说，这种留学成功率是非常高的。请听朱凡博士的分享。"——新浪教育

### 1. 不是每个孩子都适合出国留学，但每个孩子也可以都适合出国留学

很多家长都来问我，我的孩子适合出国留学吗？我总是回答，不是每个孩子都适合出国留学，但是假如你规划好的话，孩子有一些学习能力的话，每个孩子也都是可以适合出国留学的。假如父母提早的给孩子做一些规划，而且孩子知道为什么要出国留学的话，相对来说，这种留学成功率是非常高的。孩子没有出去之前，清楚自己的兴趣爱好和将来想要读什么专业。等他真的出去留学，可能在语言方面需要一年半载适应期，然后，孩子很快地适应了国外的生活。

### 2. 千万不要因为听了一场讲座就把孩子仓促送出去留学

特别提醒正准备要把孩子送出国的家长，切忌跟风。虽然未来低龄留学是一个趋势，但是诸位家长记住，不要盲目跟风。留学出国教育是一种高风险的投资，

小心谨慎，做好规划同时，还要有心理上准备，千万不要因为听了一场留学讲座就把孩子仓促送出去留学。

**3. 出国留学一定要选择华人少的地区吗？**

主要看孩子的实际状况。独立性强、心胸宽广、不怕孤独的可以选择一些偏僻的少中国人的地方。选择华人多一点的地方，在教育资源方面能够得到一定的支持。事情都有两面性，有利有弊。

**4. 孩子到底什么年龄出国最合适？**

也是因人而异。我自己的3个孩子,老大(女儿)是在17岁高二出国的,老二(女儿)是在初三出去的,小儿子14岁念完初一跟着我们到多伦多。3个孩子去加拿大的年龄都不一样，关键要看孩子是否准备好了，孩子是否具备了一定的学习能力、独立自主和有抗压能力。大女儿经过了中考，读完九年的义务教育之后，某种程度上来说，孩子对于中文的掌握，以及对学习方法的掌握有一定的学习能力和自理能力了，我觉得可以放她出国了。至于老二为什么会早点出去，除了孩子有了自己学习能力外，也有姐姐在那边照应，就放心她出去了。小儿子年纪小但因为有我和太太在陪读。

一个策略性的去选择出国的年龄，假如你的孩子是出去读大学，你在加拿大没有读够四年或三年的话，很多大学录取的时候都要求考雅思和托福的，如果不想考雅思和托福的话，那你就提前四年去那边读书，就是9年级开始。

现在独生子女在心理和自控能力方面还是欠缺的，我建议最好在16岁左右出国是比较合适的。经过中考之后了，孩子基本上有了自己的一个学习的能力和方法，承受过学习上的压力心智也相对成熟些。

**5. 公立学校 VS 私立学校如何选择？**

加拿大公立学校与中国公立中学是不同的。中国的公立学校，到了高中的时候了只是为把孩子送到大学，一条腿走路，只是为了走高考那个独木桥。加拿大公立中学是两条腿走路的。班里面的同学一半的可能是想去读大学，但是一半的可能是要就业的。也就是两条腿走路，一条是就业一条是升学。加拿大公立中学注重的是一种就业和平等的教育，不像中国公立名校都很集中，加拿大每一所学校基本上差不多。

加拿大的私立学校很多种类，中国家长希望自己的孩子可以进入历史比较悠久的私立学校，我的两个女儿都是读那种历史较久的寄宿女子学校。中国家长管这种寄宿学校叫"贵族学校"。这类私校对学生的选拔要求非常的严格。实际情况是大多数中国留学生进入一些历史较短但也有接待国际学生经济的私立学校。

公立学校注重的学生的出勤率和毕业率，不追求升学指标；私立学校更注重升学率，有的私校甚至以学生 100% 的升读大学为培养目标。

### 6. 学校排行不是为留学家长择校准备的

加拿大并没有一个所谓的官方的排行榜，只是有一些非营利组织他会为了政府制定政策或研究来做一些对学校的排行。其实这个排行榜并不是为中国留学生或者家长准备的，只是为了学校某些教育指标的反映。所以不能把排行榜当作唯一参考，口碑是最重要的。要看学区和中国留学生的比例。

很多大家觉得不错的在排行榜上的这些学校，现在一般来说都有很多中国学生。因为每一个家长可以选择三个学校，很多留学中介拿到这些家长的选择名单后，一等到教育局通知开放名单的时候，就赶紧把这个名单填上去，争夺资源。

### 7. 你以为寄宿家庭真的能帮助孩子提高英语吗？

很多家长会替孩子选择白人家庭，因为有一个语言环境，孩子在家里可以练英语。不可否认，在白人的这种家庭能够得到这些好处，但是任何事情都是有好的一面和坏的一面。

假如你的孩子年龄较小出国的话，我建议在初期的话尽量选择一些有亚洲文化家庭，其实大部分的寄宿家庭他们会讲英文的，但是如果会做中国菜就是一个比较好的组合了。不要太过于强求寄宿家庭能够给孩子在英语上带来多大提高，倒不如他们把中国菜做好，不然孩子经常到外面去吃外卖。虽然寄宿家庭他是可以跟你聊，但是绝对不会真的像我们想象当中的那样跟你坐在一起，然后我们一起来练习英语。因为他只要能把三顿饭做好就是尽到职责了，寄宿家庭不会像保姆一样的，能给孩子吃饱就仁至义尽了。

第一，孩子英语不是很强，跟人家寄宿家庭所有的谈资也就是饭桌上这几句话而已；第二，饮食方面不习惯，孩子很容易想家，民以食为天，胃舒服了，少一种负担，有助于减轻新环境带来的压力。

### 8. 低龄留学"监护人"角色不可忽视

大多数低龄留学的孩子还不满 18 岁，所以要求有一个监护人的问题。关于监护人，很多家长不太重视这个的问题，总是觉得找一个朋友、亲戚就行了。监护人对孩子的监管还是有重要意义的。除非你的朋友、亲人乐意代表你们开家长会，见老师，在学业上给孩子必要的指导，那么他们的监护人角色才算得上尽职尽责。

### 9. 低龄留学到底是不是"低能"留学？

把孩子送出国只是一个万里长征的第一步。孩子出去之后他们将面临各种问题。避免出现低龄留学变成"低能"留学。"低能"不是说我们孩子真的很差，可能是自理能力学习能力方面。前不久一个朋友告诉我说，他的孩子和寄宿家庭吵架了，很大的原因的就是因为寄宿家庭限制他的行动，对中国很多独生子女来说，"我的地盘我做主"。到了国外，在寄宿家庭里面受到很多限制，处理得不好就会吵架。孩子提出换寄宿家庭。这就暴露了一个问题，我们的孩子在人际关系的处理上，尤其是跟陌生的另外一种文化的交往当中，有很大的欠缺，表现出很"低能"。另一个极端，孩子怕事，怕家里大人担心，通常报喜不报忧。有一个朋友的孩子住在一个白人家里，他们煮的东西不符合中国孩子的口味，这个孩子也不敢提出，经常吃不饱就到外面去乱买东西吃。

孩子出去变"低能"的第二种表现就是自制力比较弱。很多家长反映说，孩子出去之后完全变了，下课之后就在网上，一回到家里面打开电脑就是上网、通宵达旦玩游戏。说老实话，在国外中学管理都宽松很多的，下午 3 点钟下课之后，剩下的时间，假如你的语言能力不够的话你不会想主动去参加当地学生组织的活动的，那孩子就会出现一个现象：老窝在家通宵达旦地上网打游戏。

### 10. 孩子出国之后如何度过"断奶期"不"失联"

孩子出国之后怎么进行有效的沟通和交流？很多孩子出国之后就会出现一种现象就是"失联"，与家长失去联系，不仅仅是因为时差原因，孩子跟父母沟通不上，孩子希望出国，尤其是主动希望出国的孩子，很大一部分他在潜意识里，是希望摆脱父母的管理和控制的。

在这里有一个很好的解决方法与大家分享。一个新疆的家庭，他们家里三个人：爸爸妈妈孩子建立一个微信群，放学回来了就在群里说一声回来了，爸爸妈妈下班了也说一声"回来了"。好像感觉到一家人虽然远隔千里，但是好像都仍然能感觉到对方的存在。到了周末的时候一家人进行视频，这两位家长知道聆听孩子比自己唠叨更有效。

## 二、上海（沪江网）：工薪父母帮孩子留学成功的故事

"送孩子出国留学，不再是高收入阶层的专利，不再是一个奢侈品。现在工薪阶层，尤其是新一代，也都争相把孩子送出国去读书，留学工薪阶层化、低龄化已然成为未来的一个趋势。工薪家庭如何成功送孩子出国留学，朱凡老师讲了两个故事。"——沪江网

故事一：父亲的士司机、母亲公司会计，女儿 May 来自广州一所外语中学，一直想到国外读书，是图书馆英语之角常客。

父母租住公房，把买房的钱用作女儿出国读高中大学 6 年的费用。他们一家提前两年就做足了准备，未雨绸缪。父母两人和孩子一起去听了各类讲座，上加拿大网站了解了各种学校的情况和周围的生活环境，对多伦多甚至比朱凡老师还要熟悉。自从来加拿大读 11 年级起，May 每天都会通过视频与父母介绍自己的学习情况，沟通非常充分和及时。可能 May 的父亲母亲英语不好，但是通过与孩子的沟通，基本上就能够知道她第一年要做什么，第二年要做什么，尤其第 12 年级，对于 May 要报考的大学志愿，她的父母也非常清楚。后来 May 进了提供

奖学金的多伦多大学政治系，还多修了一个经济学专业，为今后就业多做了一手准备。

**感悟：**有钱可以任性，没钱可以规划。我有一位富豪朋友周末全家去宾馆吃饭，正遇上出国留学展，进去一看，问女儿想不想去读中学，女儿点头，朋友头脑一发热，帮孩子报名。但因为是一时冲动，女儿在私立寄宿学校待了一年，最后还是待不下去回家了。

May 的父母除了有规划外，当孩子出去后他们一直以自己在各自岗位上的工作去激励女儿。爸爸会分享同乘客那听来的故事，尤其遇上堵车时他主动安慰乘客，他用这个方法告诉女儿，人的一生如同乘搭一辆计程车，目的地要明确，顺畅时可以哼哼小调，遇上逆境跟人聊聊，这样才是积极的态度。

**故事二：**父亲超市工作、母亲售货员，儿子 Andy，香港人，父母不希望孩子将来也是从事体力劳动，连积蓄加借钱送孩子来加拿大读高中。

Andy 的爸爸在年轻的时候来过加拿大，但却没能找到好的职业，只能在超市里做一些体力劳动。回到香港之后，Andy 的爸爸一直觉得孩子应该来加拿大接受好的教育，于是他们就把所有的积蓄都拿出来送孩子到加拿大这边读高中。Andy 非常懂事，他知道每一分钱都是父母辛辛苦苦挣来的，为了省钱，他来加拿大三年都没回香港一次。Andy 的爸爸因为在超市工作，常常会告诉 Andy 一些省钱绝招。比如说，超过 8 点去超市买东西经常会很便宜、在收到的单页中找到特价的东西等。同时 Andy 的妈妈也会时不时教他些烹饪的手艺，不时地改善生活。

**感悟：** Andy 父母学识不多但知道知识可以改变命运。他们会把从生活中领悟的道理同孩子分享。他妈妈说过一句话，我做工很辛苦但比起你读书算不了什么，读书是苦，不过吃苦有福。他们认同孩子读书辛苦，加以鼓励。现时不少孩子出国读书误以为轻松好玩，缺乏吃苦精神，一遇到困难就逃避。

我见过一个家庭环境不差的孩子，他一到寄宿家庭就诉苦，房间小床太硬没有大浴缸，洗澡还规定不超过 15 分钟。换了另一个家庭，饭菜又不对胃口，又换一家。本来读二年高中要拖延四年。他父母只知道顺从孩子，老怕照顾不周。

我的观察：

工薪父母把家底告诉孩子让孩子知道出国留学不是"面子工程"，也不是跟风出去玩，更不是"锦上添花"的镀金，父母直截了当告诉孩子出国留学是为了改变未来人生命运，这样一来，目标变得明确，动力也很直接。

工薪家庭如果没有聘用保姆之类的，更能从小训练孩子自立。生活上自理，继而训练学习上自律，独立完成作业和有节制上网。

"低龄留学生"普遍都缺乏自立自理自制能力，工薪家庭的父母会比富裕家庭更重视在这些方面的训练。"低龄留学生"大都不喜欢吃苦，但出国留学避免不了吃苦，这包括攻克语言的"学习之苦"，未能融入的"交友之苦"，未能适应"想家与孤独之苦"。工薪家庭的父母会从自己的经历里与孩子分享如何吃苦是福的。

最后一点，我发现工薪家庭的父母更乐于花时间跟海外孩子沟通，更用心倾听孩子，认同孩子的感受，这些都不是用金钱可以换来的亲子关系，有了父母的支持理解帮助，孩子自然表现出色。

## 三、广州（广东电台）：留学教育，先教育父母

"在加拿大读中学的孩子是被父母送出来的。所以，朱博士呼吁：留学教育，先要教育父母。什么时候送孩子出国，送孩子去什么学校，基本上都是父母的主意。家长如何接受留学教育，通过今天朱博士列举父母对出国留学的八大误区，了解真相，相信家长们已受教不浅。我们接下来让朱博士回答听众问题。"——广东电台。

问：有什么参考的指数或者指标，让我知道自己的孩子是否适合出去留学？

答：有很多家长会问我，你觉得我的孩子适合还是不适合出去读书，有什么参考的指数或者指标告诉我孩子是否适合出去，我通常问这些家长以下问题：

第一，出国留学是你们的决定还是孩子主动提出的，如果是孩子主动提出，

这可以作为一个指标，通常一个年级里面有一两个同学出国，可能会影响到他们的情绪或者会向你透露，这个时候可能就是一个标志。

第二，他真的想出国，肯定会有行动表现出来，他对英语会感兴趣，会主动学习英语，因为去国外读书，以英语国家为例，起码要学会英语，跟人家有沟通能力。

第三，你要留意孩子有没有自学的能力，在加拿大的学习好像很轻松，其实大部分时间都是自己找书看，自己上网找资料，如果他没有自学的能力，往往在那边一到考试的时候，他就抓瞎了。

第四，有没有自理能力的经历，这点不出去不明白，你的孩子一出去，你就非常清楚他有没有自理能力的经历。

第五，价值观，他是否有乐观的状态，尤其是遇到困难的时候，他用什么方式来处理：跟父母沟通、跟同学聊、求助于老师，还是关起门来不理、逃避、放任自流……

问：我不放心孩子一个人出国，我打算陪读。你怎么看陪读？

答：中国现在 90 后的孩子先天独立不是那么强，我们那个年代的人出国留学其实已经做好了吃苦的准备，孤独其实就是吃苦。现在互联网兴起，孩子一有什么苦都会晒在网上，也不甘寂寞。父母能够陪读一段日子，帮他们度过断奶期，否则一下子出国完全中断，没有一个缓冲，我觉得这也不好。

据我所知，在多伦多大概有 300 多中国年轻父母在那边陪读。家长陪读是一把双刃剑，好的方面：孩子有安全感，饮食也不会有不适应，作为父母来说，也可以利用这个机会去当地社区学英语，了解加拿大的教育，或者说有针对性的辅导孩子的学业。不好的地方，你把孩子送出去留学，读书是一个目的，更多的是想给他一个锻炼的机会，一个新的人生篇章，按道理来说应该是他自己闯的，可能会有失败挫折，父母在旁边好的一方面是对他有情感的帮助，不好的一方面就是孩子投入不到当地生活，不知道怎么跟当地孩子交流，这也要分两方面看，这在我的圈子里面也有很多讨论。

问：陪读父母在加拿大那边，会有哪些生活上的便利？

答：陪读父母是临时的，加拿大对于陪读父母会签发十年内多次往返的旅游签证，陪读家长带动加拿大的经济。近年加元兑换人民币比较低，节省下来留学费用正好用在陪读。家长利用出去陪读，好好了解当地的文化，好好学习英语、交朋友，也会为将来孩子读完书之后，他可以跟孩子有更多一点的沟通语言。如果父母留守在中国，孩子讲什么，他都有可能不太明白。

## 延伸阅读
## 1. 腾讯专访：好的规划是孩子留学成功的关键

"中国人不扎堆的'名校'，一定不是真正的名校。"

"寄宿家庭首选白人家庭是一个很大的误区。"

"孩子在那边如果不打游戏的话没有共同语言，家长不要去妨碍。"

"中国家长说中国的教育不好，某种程度是抬高了外面。"

近年来，越来越多的家长考虑把孩子送出国读书。您或许就是其中一位。逛过大大小小的展会，咨询过许多的留学顾问，打听"过来人"的各种经验。可是像朱凡博士这样精通留学规划与子女教育的专家您也许并不多见。

朱凡博士在加拿大生活20余年，作为留学专家，他对西方教育有着深入的研究。作为一个父亲，他培养2个子女入读加拿大名校，在子女教育方面有切身的体会。今天大粤网为您采访朱凡博士，看看他对留学有什么不一样的精彩观点。

**【留学考验的不仅是孩子，也是家长。】**

腾讯大粤网（以下简称大粤网）：在您培养孩子的过程中，一直强调规划二字，那么您认为留学前与留学中，父母应该需要做哪些准备？

朱凡：首先，何时出国的问题，有五个因素。第一，孩子有没有这个意愿。第二，作为孩子来说，有没有基本的生存能力，所谓的生存能力就是他自己可以管理自己，照顾自己，你有没有给他一些零用钱，他怎么去用，很多人是不会的。第三，语言上要准备好。第四，策略上的考虑。孩子假如不想考雅思、托福，国外的大学有规定，假如没有在当地读满三年或者是四年，必须考雅思、托福。达到多少分，大学才录取，如果在当地读三年、四年就不需要去考托福、雅思，你就这样去着手，（如果不想高考）我自己提倡大概16岁，在这边的初三、高一的阶段。第五，父母还要算一下费用。

其次，尽可能多了解国外的情况，我在我的书里讲到，你要出去之前，把你出国留学的费用拿1/10出来，先给孩子去游学一下，为什么要游学，我说的游学跟旅行社的游学不一样，我的大女儿在当地住了一个月，学校组织的，一直跟着当地的学生一起上课，这样就知道国外是怎样上课了，就有所准备。第二，他知道这个环境、饮食，一些基本的风俗习惯，你去那边起码要读大学四年，如果中学也出国的话，起码是6、7年在国外，你花一个月出去了解一下，这样才知道是否适合。

假如有可能的话，父母一定要去孩子读书的国家去看一看，实在去不了的话，也没有关系，你要在网上看，可以在谷歌里用3D去看一下周边是什么环境，学校附近还有住宿等的情况。孩子跟家长分开的预备期也得有一段时间去做规划，我是非常鼓励家长最起码在孩子没有出国之前那一年有机会跟他出去一下，看看他个人动手能力，甚至让他自己去安排住啊，因为单独离开家到一个陌生的环境可以看到另外一面。总之，如果真的要出国留学的话，在时间上宽松一点，因为很多时候都是很匆忙的，最短起码也要提前一年半的时间，对于家长和孩子都是一个调整时期，这个是很重要的。

大粤网：在留学前做了这些功课之后，可能孩子与家长热衷的学校不一样，这时候应该怎么办？

朱凡：对于这些家长来说，这一步怎么走，首先要很坦诚跟孩子讲，第二要孩子参与，让孩子自己选择学校。举一个例子，最近我有一个昆明的朋友，他在两个学校挣扎了半年，也问了我很多意见，最后我说你的孩子想去哪儿，我说当年我的孩子说 A 的时候，我就说好，因为他选择了他要负责任，如果你选择了，将来读得不好，你要负责任。你倒不如鼓励孩子按照他的选择，当然你要给他分析要面对什么困难。毕竟留学我们父母不能代替他，孩子一说这个的时候，你再帮他分析这个学校怎么样，这个专业怎么样，逼他给你答案。

大粤网：最终是要尊重孩子，但是我一定把前因后果，你为什么选这个，我为什么选这个，把这些事情跟他交代清楚，最后让孩子觉得哪个更加适合自己，让他既有选择权利，又必须担负责任。

朱凡：对。

大粤网：在孩子留学期间，家长应该做些什么？

朱凡：我发现现在很多时候跟家长聊的时候，他们觉得没有话跟孩子聊，说在家里也不用聊，因为在一起生活，看到就可以了，不用说。但是出国的时候紧张了，天天要追着孩子视频，开始孩子会接受，慢慢就会讨厌了，只给你报喜不报忧，这需要一种默契和准备。

我经常跟家长说，第一，你多做听众，你就知道了他的状态了；第二，多认同，因为在加拿大或者是北美的教育跟我们不一样，是赏识教育，可能他们赏识得过分了一些。在那边做作业做得怎么差，老师说不错，同学之间都有这样的现象，我画画明明画得很差，人家说不错啊，很好啊。

留学孩子为什么很多时候出去变得没有自信了，因为语言的原因，到了那边，如果家长再给他一些压力，他就更加没有自信了。留学期间，家长跟孩子多交流，往往是他后面成功与否的一个关键。

**【谈误区：中国家长常犯的那些错误】**

大粤网：在您的《轻松留学加拿大》其中下篇"陪洋校长见中国家长"，我们想了解一下在这个过程中，中国家长有哪些观念误区值得我们注意呢？

朱凡：很多时候，家长随便带着孩子参加留学展，一时冲动，就上了贼船，就出国了，至于去哪个国家和哪个学校都没有概念。出国之后，发现很多问题。为什么？面子问题。尤其是在北方，大家的父母一讲，你的孩子在哪里读书，美国、英国，但是不管你是在美国英国读什么学校。

第二，以为在选学校的时候是越少华人的学校越好，但是说实话，这是一个很大的误区。加拿大的高中，或者是北美的高中，或者是西方的高中，是两条腿走路，我们到高中只有一条腿——直奔高考。他们在初中的时候没有怎么分，到高中的时候是两条腿。一条是你毕业就是就业，另外一条你毕业之后再读大学。

其实本地学校里的本地人只有50%是继续升读大学、学院，50%是进入社会就业的，因为他觉得他足够了，将来需要什么技术，比如修车，他再去读修车的大专，拿一个修车的文凭就可以了。另一个方面国外读大学是很贵的，而且国外读大学，国家不给钱，读中学是免费的，这个体制方面我们不能照抄了。但是家长要知道人家的体制是这样的。

中国人出去都是一条腿，就是冲着要考大学才出去，对于这些本地的学校，所谓的排行榜是非官方的，官方是不给排的，因为它要强调两条腿走路，是排就业率高？还是排升学率高？没有办法去排。

所以在当地所谓的好学校，其实大部分都是中国人很多，因为中国人的概念中，好学校就是升学率高，被什么大学录取了。凡是在加拿大所谓排名很前的学校都是中国人挤破头去的，我开玩笑说所谓的名校没有中国人，一定不是名校。

第三，寄宿家庭去找白人的最好。其实也是一个误区，通常来说一个孩子在这边都已经习惯了，和白人家庭的饮食习惯也大不同。科学研究，一个中学生到大学的食堂，必须要经过3个月胃才能适应。同样有人也做过研究，一个中国的中学生跑到国外去，最起码需要4个月才能习惯。孩子长身体吃不饱，天天只能吃菜园里的东西怎么行？

我建议最好刚刚去的半年，寄宿家庭一定要找跟亚洲习惯适应的。第一，你的孩子英语不是很强，你跟人家寄宿家庭有什么谈的，就是饭桌上谈这么几句话；第二，饮食方面你不习惯，很容易想家，很多现在出国的留学生都是城市长大的，不像农村的孩子能吃苦，以前可以跟父母发泄，现在父母看不见了。所以找一个对于亚洲文化熟悉的，甚至中国人都没有关系，让孩子吃得好，民以食为天，肚子舒服了，其他的都好办了。而且在国外又不像在中国满街大排档，你让孩子每天到外面吃是不可能的事情。家长以为住寄宿家庭有机会沟通，其实没有。第一是隐私，你不主动跟人家讲话，人家不会跟你讲话的，更多的时候，这些中国孩子都是关上门自己在网络上沟通，这样更加没有人去管了，他英语又不行，又不好问，这个又是一个误区，以为离开了中国都希望去到一个完全陌生的环境，是不可能的，而且对于这些孩子来说不太合理。

第四，父母喜欢用自己的想法告诉孩子怎么读书。中国父母很多时候对西方的教育体系不了解，一不了解的话，他就用不上劲儿，你不了解当地的学校，肯定给他很多错误的指令，因为你是用原来的想法告诉他怎么读书，这是一个很大的误区，你要知道你现在把孩子送出去的，孩子以前的优势在哪里，你要帮他挖掘出来，但是这个优势不一定在当地的教育用得上，比如孩子背书是很厉害的，但是用不上，所以你不能再要求他多看书。他经常在网上打游戏，你也不要着急去妨碍，在当地如果不打游戏的话之间没有共同语言，他们现在不串门的，在网上串的。

你要明白西方的教育很大部分就是关于体育和未来的教育，不管孩子读什么，身体好就绝对有优势，所以他们很强调体育运动和课外的这些内容。我们原有的体系是书呆子，你不能只是让他多看书、多学习和补习，你反而要鼓励他多跟当地交朋友，多去参与当地的一些集体活动，当然他的语言要可以。我估计很多家长只是追求读大学，但是没有考虑到将来的职业做什么。那边很注重孩子的优势，在所有的学科里其中有一门叫做职业规划，所有的公立学校和私立学校一定强调孩子一定要明白你的优势，你的兴趣，你要为你自己负责任，这个要设计好，将来才可能有所作为。这点我们中国的家长恰恰忽略了这一点。

我想家长们要去参与的话，第一要了解当地教育的特点，第二要明白孩子出国后，真的要面对不同的挑战，这种挑战我相信很多家长是之前没有想过的，以为很简单，就是读书，其实你知道不是上学那么简单，而是要面对一个全新的挑战：新语言、新知识、新环境。我开玩笑说，在中国读书是给孩子加压的，但是在加拿大要给他减压，让他越轻松，让他慢慢知道怎么去学。

## 【对比中西方教育，切莫贬低自己抬高他人】

大粤网：谈到留学，有些家长喜欢拿中西方教育作比较，您是如何评价中西方教育的优劣差异的呢？

朱凡："我们一方水土养一方人"，目前我国的基础教育非常强调知识的扎实，我把这个跟洋校长讲过，我们这边是叫熟能生巧，要记，要背。她说这个其实是好的，国外是不愿意付出这个代价，任何东西都是要经过努力才能收获，所以我们的基础教育我是非常赞成的。我写过一本书提到"基础教育在中国，创新教育在国外"。我们这边因为人口、传统的原因，所以我们的基础教育就是以书本为主的，你要是把这个丢掉的话，等于没有别的了。我绝对相信我们的文化沉淀了很多的内容，我们不断地用前人的智慧来教育我们的孩子，这个是千万不要丢的，这是非常看好的。

很多家长和老师跟我诉苦中国教育，我说如果你有这个能力，就把这个教育制度改变，如果你没有这个能力的话，你一定要遵守这个游戏规则，你也要教育孩子遵守游戏规则。将来你出去工作，你也教育孩子服从工作规则，这不是哪个教育的问题，出国也是有游戏规则的。

中国家长在孩子出国的时候千万不要讲这边的教育很多负面的内容，这个某种程度是抬高了外面，这不是同一个文化、国情和体制上的评比，所以没有办法比较的，凡是有人跟我说，你看中国的教育不好，我们要出国，这样的一种诉苦的心态，消费者的心态，一种很不现实的分析，去到哪里都不会成功。而且对于孩子来说，会发现到了那边水土不服的话，还不如回国。我说不要轻易地批评中国的教育，国外也有很多陋习的，我们只是感觉到外面的月亮比中国圆，这是一种自卑和崇洋。加拿大崇尚多元文化，一定尊重你的文化，而且教育每个移民一定要尊重你的文化，你尊重你的文化的话，别人才尊重你。你越看不起自己的文化，别人也看不起你，你就自卑了。

我发现很多人出去的时候都是很自卑的，觉得我们这里不行，其实就是找一个理由，心里觉得坦然，但是他出去之后发现不一样，我是20年前移民的，我们那个时候觉得外面的世界很精彩。但你想想，就算在广州和上海都是不一样的，你在这里生活，你就要服从这里的规则，存在还是有其合理的原因。

## 2. 《看世界》专访："猪爸"朱凡："父亲的角色"很重要

看世界：您认为要教育好孩子，首先要成为好爸爸，那一个好爸爸的必备条件是什么？怎样才算一个好爸爸？您认为自己算一个好爸爸吗？

朱凡：其实挺难用一个标准去衡量。我在书中讲了一个好爸爸的标准，要有信仰，有爱心，擅长规划，舍得花时间。对中国内地的大部分爸爸来说，最后那点最重要。大部分爸爸可能都舍得花钱不舍得花时间。就是舍得花时间也多是在孩子3岁之前，因为那时的孩子很好玩。到了读小学之后，会发现大部分爸爸就缺席了。在我列的这些标准里面，首先信仰是很重要的，这个不是宗教的信仰，而是你想把你的孩子培养成什么人。其实现在很多家长没有这个概念，只是说现在流行"狼爸"，那都一窝蜂"狼爸"；"狼爸"不行了，那就"羊爸"。比如很多人说我是赏识教育，那也可以归入"羊爸"，其实我不喜欢这个称呼。因为联想到所谓羊群效应，羊其实是很盲目的。关于规划，比如很多家长知道我是从加拿大回来的，就来向我取经，问什么时候送孩子出国好。其实真的有规划，就知道什么时候该出国，而不是看班上有多少个出国了，就一窝蜂跟着出国。关于爱心，我想大家都明白，这个爱心体现在哪里呢，爱跟管教是有关的。我以前是不太喜欢孩子的，可当我有了孩子，发现我整个生命都不一样了。我用一句话说是生命改变生命，是孩子改变了我，让我更有责任感、更重承诺、更具榜样感。至于我自己是不是个好爸爸，其实还不敢说。只是希望成为我设定的这几个目标中尽职的爸爸。

看世界：我们常说要言传身教，那您认为身教、成为孩子的榜样是最重要、最有效的吗？

朱凡：是的，其实我觉得我们做父母不在于对孩子做了什么，而在于我们本身是什么样的人，这个更重要。家庭教育就是生活的教育，言传身教。你是什么样的人，孩子就会受什么影响。我觉得，孩子对父母要有一个敬畏。具体一点，比如16岁之前要教孩子怎么生存，包括安全意识、生活能力、生命价值。我认为对孩子来说，生命的素质很重要。但是素质这个词现在被滥用了，其实单是学校教不了素质教育，应该是家庭、社会、学校的综合作用。现在的孩子多不缺吃穿，重要的是怎么让他们生命更丰富。在家庭教育中首先要教育孩子的就是诚实，我在孩子小的时候，会蹲下去平视他们的眼睛，跟他们说眼睛是心灵的窗户，我知道你讲话是真的还是假的。

看世界：在子女教育上，您很看重父亲的角色和作用，您认为父亲的角色在子女的教育中是什么样的定位，应该承担些什么？

朱凡：父亲，一句话来说，就是我们中国人讲的一家之主，包括要挣钱回来养家，教养孩子。母亲的天性就会非常关注孩子，但是教养孩子不能只是妈妈一个人承担。为什么现在不少孩子性别模糊，男孩不像男孩，就是父亲缺位造成的。在教养当中，妈妈和爸爸的功能是完全不一样的。我觉得爸爸会更有创意、更阳刚、更理性、更有责任感。另外爸爸参与教养当中，妈妈也会很开心，利于夫妻关系稳定。我总结的一个定位是，在婴孩的时候，爸爸应该是妈妈的好助手；孩子长大一点，应该是孩子的玩具；读书的时候，成为孩子的故事大王，成为孩子的第一个英雄。我印象最深的是，我的爸爸教会我骑单车，到现在都记得。我常常对来咨询的爸爸讲，一定要教会孩子一样只有你才能教会的东西。如果孩子不敬畏、不崇拜家长，很多话他不会听。到了孩子念小学的时候，我们应该"培读"，培养他学习习惯。我问过很多人，你们生孩子是什么目的？传宗接代是一种，还有人说养老，当然这个他们现在觉得也是不靠谱了。大部分人说人有我也有，还有人是没有任何计划就有了。所以我很感慨现在在国外流行"爸爸上岗证"，很欣慰在北京西城区现在也有了。如果你没有任何想法和计划就去做这个角色的话，你就是被牵着走，走一步算一步。我觉得生孩子最大的目的就是跟他做朋友，你在教他一些事情的同时，也在学习、在成长。

看世界：您怎么看待"狼爸"、"虎妈"现象？以他们为代表的严苛、棍棒教育方式在中国很有市场，甚至被当作成功经验推广，您怎么评价？

朱凡：我觉得这些现象从另一个方面说明家长们更关注对孩子的家庭教育了，而且不满足于传统的正规教育。以往在华人当中，我们太注重学校教育，把读书作为唯一的出路。现在很多家长有自己的办法。有的选择出国；有的选择自己做老师，像"狼爸"、"虎妈"。

看世界：您提倡柔性、赏识教育，并自称为"猪爸"，是因为要与"狼爸"对应吗？

朱凡："猪"跟"朱"谐音嘛，其实我并不喜欢冠上动物的名称，更多是媒体在报道时的一个方便。我跟"狼爸"本来是好朋友，但出了书后很多人就叫我们俩打擂台，棍棒教育 PK 赏识教育。其实他也并不像外界说的那样打孩子，媒体总要抓点吸引眼球的东西。"虎妈"我也认识，也是有些给妖魔化了。

看世界：国内很多地方引进了蒙氏教育、巴学园这些西方的教育理念和模式，却遭遇水土不服。很多人质疑这样的教育方式难以适应中国社会的现实，您怎么看？

朱凡：在早教中，我觉得很有必要跟这些世界大师学习。之所以一些先进的理念在这边行不通，不是理念本身的问题，而是执行人的问题。比如蒙特·梭利教育里面，很多是父母一起参与的，但来了中国后，两个人执行的事情都变成妈妈一个人干，爸爸不参与，甚至有些是姥姥爷爷来，效果一定打折扣。很多爸爸送孩子来早教，宁愿自己在楼下抽烟、玩手机。他们只舍得花钱，但舍不得花时间。很多地方请我去讲座，来的都是妈妈，很少有爸爸。其实在家庭中，爸爸参与，很多事情都不一样。我这些年回来推广家庭教育心得，很多朋友就说你一定行不通，你是在教人怎么做老爸。我说没关系，我知道我改变不了 70 后、60 后，对

80 后我也只是告诉他们还有这样一个方向，你可以去尝试。

看世界：那您认为孩子最重要的素质是什么？

朱凡：我觉得最重要是善良、诚实。我家的三个孩子，别人的评价都是很有爱心。比如说老二，她曾经说过将来要读的专业是特殊教育，她想帮助那些困难群体，这个就是跟她一直接受的教育有关，善良的种子从小就播下。比如她的班主任知道她写作业有点拖拉，就让孩子每天 9 点钟打电话给老师。很多人说现在哪里有这样好的老师，其实这就是将心比心，老师会看到这个孩子身上的一些特质，愿意主动地关心帮助。另外，自私一点讲，培养孩子善良的品质，父母也不必担心将来子女会对自己不好。

如果分开来说，对男孩子，要培养他们更有责任感、能吃苦、有幽默感，这样的男孩子会很受女孩的欢迎。对于女孩来说，需培养她们通情达理，也要有主见。

看世界：您提醒家长要做好"三陪父母"，但是面对社会竞争和生存压力，在中国很多父母打拼事业的同时，难以兼顾家庭、投入更多精力在子女教育。而从您的经历来说，从中国到加拿大再回到中国，跨界做过很多工作，也很成功，事业育儿两不误，您是如何做到的？

朱凡：我觉得父母只要认清什么是最重要的，都是可以做到的。特别是父亲，印象最深的是很多男性家长跟我聊，他们孩子教育最重要的周期也刚好是升官、打拼事业的上升期。这个时候就看你要怎么选择、平衡。很多能力大一点的也许可以并驾齐驱，但多数还是要做一个取舍。我也做过选择，在我有第三个孩子之前，我是一家香港上市公司的 CEO 助理，满世界跑。一次出差去法国，在一家餐厅里看到一个婆婆一边打工一边还随身带着自己的小孩，很有触动。我后来想作为父母真正可以陪伴孩子的时间，长一点有 9 年，短一点可能只有 3 年，不珍惜的话转眼就没有了。我小时候父母都不在身边，这是一个很大的遗憾，所以我有机会成为父亲一定要陪伴他们。回来后我就打辞职报告，自己再重新创业做生意，那至少就不用频繁出差了。我很赞同我太太说的，很多人经营事业很成功，可是如果家庭经营不好，事业再成功有什么意义。你生一个孩子就要养育他，不是挣了钱回来就行了。我们回到广州后住的房子很差，但是孩子们还是很快乐，我的老大、老二这么多年还是睡架子床，他们并不在意，他们其实更在意的是童年时有没有父亲的陪伴。我现在有两个孩子都已经独立了，只剩下一个小的在身边，可是没两年他也要离开了。所以我很珍惜，孩子带给我们很多乐趣，也教会我们很多。

看世界：很多父母为了下一代能接受更好的教育，在孩子很小的时候就送出国去，家长或一方陪读或双方缺位，您怎么看待这种现象？留在国内的父母要注意些什么？

朱凡：现在送孩子出国的确有越来越低龄化的趋势，那么送孩子出国前家长就得想清楚、想好代价，孩子出国你就不能遥控了。换句话说，孩子就不是你的了。就好比是山里的娃娃进了城，他接受城里的文化，可能回来都不会跟你再讲山里的话了。而出国还跟进城不同，文化、语言、饮食都不同，一个小孩子面对这么多，为什么会产生很多叛逆，不想读书，甚至吸毒的情况？其实他真的有很多困惑的东西。陪读是其中的一个方法，但一方陪读又会产生另外的问题，家就可能散掉了。现在很多留学生出去，出国的中国人也大都很有钱。但是有一点，他们跟当地原有的文化并不融合。西方文化里有一点，很注重家庭的价值观。我们中国都没有一个法定的假日"家庭日"，各种文化的差异会导致孩子很难融进当地主流社会。

看世界：面对处于青春叛逆期的子女，做父母的应该注意什么？您有三个子女，您是怎样应对这一时期的教育的？

朱凡：当孩子进入青春期，我们要做好打持久战的准备，起码两三年。女孩子一般是初二，男孩子是高一。我们家孩子最怕的不是打，而是开会，开会就是讲道理。我们讲道理不是面对面我压着你，而是肩并肩，并排坐着谈话。开完会我们会写一个会议记录，我和孩子都签上名。在我的书中，征得我大女儿的同意，登出了三次会议记录。面对叛逆期的孩子，家长永远不要说一句话"你不要回来"。其实孩子有青春期，对家长来说也是最好的学习。我最近听了一个朋友的分享：当更年期遇上青春期，这样的两个人就一直僵持，最后斗得两败俱伤。《圣经》里有句话：不要惹孩子生气。很多人不明白，其实很多时候就是这样的，我们是在惹孩子生气，而孩子生气，不会像大人那么理智，好在信仰帮了我。其实只要我们家长多花点时间心思，两三年的青春期就这样过去了。

看世界：您怎么定义成功？《哈佛女孩》、《牛津男孩》之类的书籍很受追捧，考上哈佛、牛津就算成功吗？"不能输在起跑线上"是一句广为流传的口号，您如何评价？

朱凡：我很小心用"成功"这个字眼，我更看重成长的过程，而不看重成功的目标。我觉得不要输在终点更重要。"不要输在起跑线上"这句话多少有炒作的成分，特别是成为一些早教机构的广告语。其实这句话本身没有问题，比如对于父亲来说，如果早一点参与进去，那就会不一样。现在更多的问题是"偷跑"，都是盯在成绩、应试上，放弃本来属于培养兴趣和亲子关系的时间。我做一些讲座过程中，有人说应该列一些明确的条目、一些功利性的东西教人怎么做。我说首先我总结的经验不一定适合每一个父亲，再说快餐性、功利性的东西是不是健康的呢？我觉得宁可慢一点，在应试教育中吃亏一点，也要弄清楚从长远来看什么对孩子的成长是最重要的，是成绩最重要还是你和孩子的关系才最重要？这些东西如果跟着人家走，那亲子关系就没有了。如果你把孩子当成朋友，那应试教育对他是不是真的那么重要？如果他有一个好爸爸引导，有一个好的家庭教育，那他是不会差到哪里去的。我很喜欢问别的父亲，你的孩子有什么优点。记得有个人想了很久跟我说，他学习很好，因为给他定的目标是北大、清华。考上名校是很不容易，其实在国外，倒不是那么注重学校，而是看专业，名专业更重要。哈佛、牛津这些名校某种程度上是误导了国人，因为中国人有这个名校情结，也好面子。我并不认同进名校就是成功，在漫长的人生当中，进名校只是一步。衡量一个人成不成功，不是看他读什么名校，而是看他对社会有什么贡献，所以要小心地看待成功。在加拿大，你读什么学校基本上是自己的事情，不喜欢读哈佛也没关系，他们对成功的衡量标准更多元。

看世界：您夫妇和孩子都在跨语言、跨文化中学习和生活，转换之际有障碍吗？如何面对不同文化之间观念的矛盾和冲突呢？

朱凡：有的。如果你是以西方文化为主体的，那可能你很多的做法都不一样，很多要慢慢适应。加拿大的小学是没有什么作业的，中学是讲规划、学分制。国外多是鼓励父母去教育孩子，而不鼓励课外教育。他们分成四条支柱来培养一个孩子：才艺、语言、体育、社会教育。前三点中国也有，社会教育就是去参加童子军、做志愿者等，这些都算学分。中国就相对缺失社会教育，基本上孩子完全交给学校。

我们当初回国要买房子，和太太商量不如就选在少年宫对面。撇开应试教育，只要孩子的分数过得去就可以了，但会花大量时间来让他们培养课外兴趣。在国外学钢琴什么的都很贵，而中国相对便宜，我们就利用这个时间让孩子在少年宫培养各种兴趣。孩子在中国待得越长，可能身份认同会越强。

## 3. 《虎妈牛娃》杂志专访：如何成功留学，对孩子和父母说的心里话

6年前，当我先后将两个女儿送加拿大读高中，我开始关注中国少年留学现象。2015年，我们回流多伦多，小儿子就近入学，我留意到少年留学已经成为一种潮流。从每年的新生入学水平测试中反映出来，来加拿大读高中的"学渣"减少，"学霸"增加了。今年在我居住的大多伦多市，中学留学生行列中更出现多名"中考状元"和雅思、小托福成绩优秀者身的身影。

### 不负少年梦

我有机会同一批16岁左右的少年留学生交谈，我真的被他们的梦想打动。其中，来自石家庄的小明，他说来加拿大想读环境工程，希望将来学有所成，可以改变家乡目前严重的污染；来自北京的小王正准备报读大学的国际关系专业，她想十年后成为中国驻联合国大使；父母是工薪阶层的广州Alex，他最大的心愿让父母来加拿大旅行，所以他会选择读学院汽车修理专业，早日毕业找到工作，赚

钱满足父母的愿望。

当然，万丈高楼起，过好留学生活的第一年，是我要同孩子们讲的话。

出国留学第一年是学会生存挑战的一年。教育制度的不同，教与学规则改变，即便你是中国"学霸"，也要在加拿大从零开始，重新适应而且你知道，学习，无论是在中国还是加拿大，都不是要承受压力的。语言障碍和文化冲突，会令你交友有困难，不得不往中国同学里扎堆。你还要调整与父母全新沟通，抵御网络的诱惑，学会没人管制自由的节制……

第一年能生存下来，是你实现少年出国留学理想的第一步。规划好你的第一年留学目标：早日听懂老师上课内容、投入课堂上小组讨论、利用午餐用膳时间交当地朋友、定期去公共图书馆借书、学会欣赏当地体育比赛……建议你把一年分成不同的四个阶段，每个阶段都有一个具体的目标。每个月的第一天问自己，我为什么要来加拿大留学？记住，过好充实的每一天就是你梦想的阶梯又登上一个台阶！


### 乐做助梦人

现在每一天，我都会在加拿大同那些打算把孩子送出来和已经把孩子送出来的家长们沟通。我很敬佩中国父母的勇气和胆量，放手让未成年的独生儿女在加拿大陌生世界闯荡。孩子有他们的梦想，我们也有自己的梦想，在我们的梦想中有一部分是为了帮助孩子实现他们的梦想的！父母家长，乐于做个助梦人。我们的付出，这一切都是为了让下一代有更广阔的平台。

我被陪读妈妈和留守父母问及最多的是：如何做个聪明的助梦人的。

我分享自己的三个做法：

第一，放飞孩子出国，但放手不等于放任自由，该管教的做父母要尽职责还是要管教。青春期遇上留学期，孩子成长关键阶段，是非黑白，我们一定会表明立场。不过，方式方法要改变，不重复和少啰嗦，重点要点，点到即止；

第二，与孩子同步，我太太努力学英语，我研究加拿大教育，我们与孩子之间多了沟通的话题和内容，即使我们这样陪伴孩子一起成长，我们夫妻俩也不时互相提醒，留学的主角是孩子不是我们，我们切忌遥控、包办，代替孩子成长；

第三，做孩子情感的忠实支柱，从专心聆听开始，我们收到孩子的投诉、诉苦甚至哭泣，总是学习快快听、慢慢讲，认同孩子的感受，理解他们的焦虑，取得孩子的信任，然后可以对症下药，给予适当的引导。

当然，孩子出国留学难免令年轻父母产生牵挂和焦虑。留学亲子是一门学问，但如果我们把聚焦点全都投射在孩子身上，会烤焦孩子的梦想翅膀！留学生父母们，我们还要学会调整"空巢"后的全新生活。

## 后记

### ——为什么写第三本关于加拿大留学的专著

我是土生土长的广州人，20 世纪末移民去了加拿大。我和太太虽然是加拿大籍华人，但因后来在国内工作，三个孩子都在广州长大。作为新移民，我们俩曾经历过中外两种制度和文化的冲突，并且花了相当长的时间去适应这种改变。因此，我们明白这种环境的改变，对将要远离父母呵护的孩子，绝非容易。所以，我们早在孩子读小学就开始规划，包括孩子游学和家长考察加拿大学校。

2009 年，我们的大女儿 Christie 去加拿大念高中。一年后，二女儿 Garbo 也去加拿大念中学。后来，在国内许多场合，我现身说法，分享孩子留学的规划，并在 2013 年初出版了《中学就去加拿大——我将两个女儿送入加拿大名校》一书。该书未出先热，口碑相传，不少打算送孩子来加拿大读书的父母，纷纷向我咨询如何留学规划的事情。

留学，首先做好规划，好的规划是孩子留学成功的第一步。

2014 年夏天我们全家回流加拿大，定居多伦多。小儿子 Donald 就近上学，升读 9 年级，开始了他的加拿大高中生活。不少朋友知道我回到加拿大，也向我打听留学加拿大中学事宜。各种细节，我不厌其烦，有问有答。利用网络平台，线下讲座交流，我已经帮助了许多国内家长和学生。

2015 年初，我出版了第二本关于加拿大留学专著《轻松留学加拿大》。书中除了收录家长们最关注留学加拿大中学的近百个问题以外，还记录了我连续几年陪伴加拿大中学校长在中国主要城市与留学生家长们见面的故事。

其实，孩子留学成功后，家长仍要绷紧人生规划这根弦的。今天，不少孩子的父母已经意识到这一点的重要性。无论陪读家长还是留守父母都十分关心，如何帮孩子顺利过渡，成功留学，学有所成。

成功留学，第一年的适应和调整是关键。如何帮助我们的孩子尽快适当第一年的留学生活，父母除了对加拿大教育有所了解，还要清楚你的孩子在加拿大中学所面对的一系列挑战。

我希望带着大家走进加拿大高中，从新生报到、选课规划、学好英语新途径、适应课堂学习、取得优异成绩、与同学老师保持良好关系、参与校园内外活动等方面，认识和了解一个与中国有所不同的加拿大中学教育。同时，也希望带家长走出留学某些误区，诸如择校、选择寄宿家庭和参加教会活动，等等。通过故事分享，本书有相当篇幅探讨留学生家长如何同孩子保持良好的沟通，从而帮助孩子成功留学等大家关注的话题。可以说，这是一本针对低龄留学生和他们的父母所写的关于留学加拿大高中的书。

能够在最短的时间完成《带你走进加拿大高中》这本书，我特别感谢多伦多教会对我工作实际的帮助，感谢我太太和三个孩子大力的支持，感谢我们身边中国留学生和家长无私的分享，还有众多从未谋面的网络上朋友们热情的鼓励。

我所写关于加拿大中学留学的书，都会收录《中学就去加拿大》(Canada, eh A High School Country) 丛书系列里面的。迄今为止，该系列已经完成了三本专著。亲爱的朋友，目前，我开始着手准备第四本专著，关于加拿大高中最后一年的故事。

我热切期待与你在下一本书相遇。